böhlau

Eva B. Ottillinger (Hg.)

JOSEF FRANK UND DIE ANDEREN

Neue Möbel 1920 – 1940

Band 41

BÖHLAU

eine publikationsreihe M MD
der museen des mobiliendepots

Das Buch erscheint zur gleichnamigen Ausstellung im Möbelmuseum Wien, 9. April 2025 – 11. Jänner 2026

Gedruckt mit Unterstützung der Bundesmobilienverwaltung, Wien

Möbelmuseum Wien
Andreasgasse 7
A-1070 Wien

Bibliografische Information der Deutschen Nationalbibliothek:
Die Deutsche Nationalbibliothek verzeichnet diese Publikation in der Deutschen Nationalbibliografie; detaillierte bibliografische Daten sind im Internet über http://dnb.d-nb.de abrufbar.

Umschlagabbildungen: Kat.-Nr. 29, Kat.-Nr. 51

Korrektorat: Philipp Rissel, Wien
Einbandgestaltung: Michael Haderer, Wien
Satz und Layout: Michael Rauscher, Wien
Druck und Bindung: Finidr, Český Těšín
Gedruckt auf chlor- und säurefrei gebleichtem Papier
Printed in the EU

Vandenhoeck & Ruprecht Verlage | www.vandenhoeck-ruprecht-verlage.com
E-Mail: info@boehlau-verlag.com

ISBN 978-3-205-22276-7

INHALT

7 : Vorwort

9 : Die befreite Einrichtung. Wiener Wohntheorien von Falke, Loos und Frank · *Eva B. Ottillinger*

15 : Möbel-Geschichten erzählt von *Eva B. Ottillinger* und fotografiert von *Edgar Knaack*

87 : Josef Frank und das Einrichtungsunternehmen Haus & Garten · *Marlene Ott-Wodni*

97 : Firmengeschichten · *Stefan Üner*

101 : Kurzbiografien der Architekt*innen · *Stefan Üner*

123 : Anmerkungen

129 : Publikationsreihe der Museen des Mobiliendepots

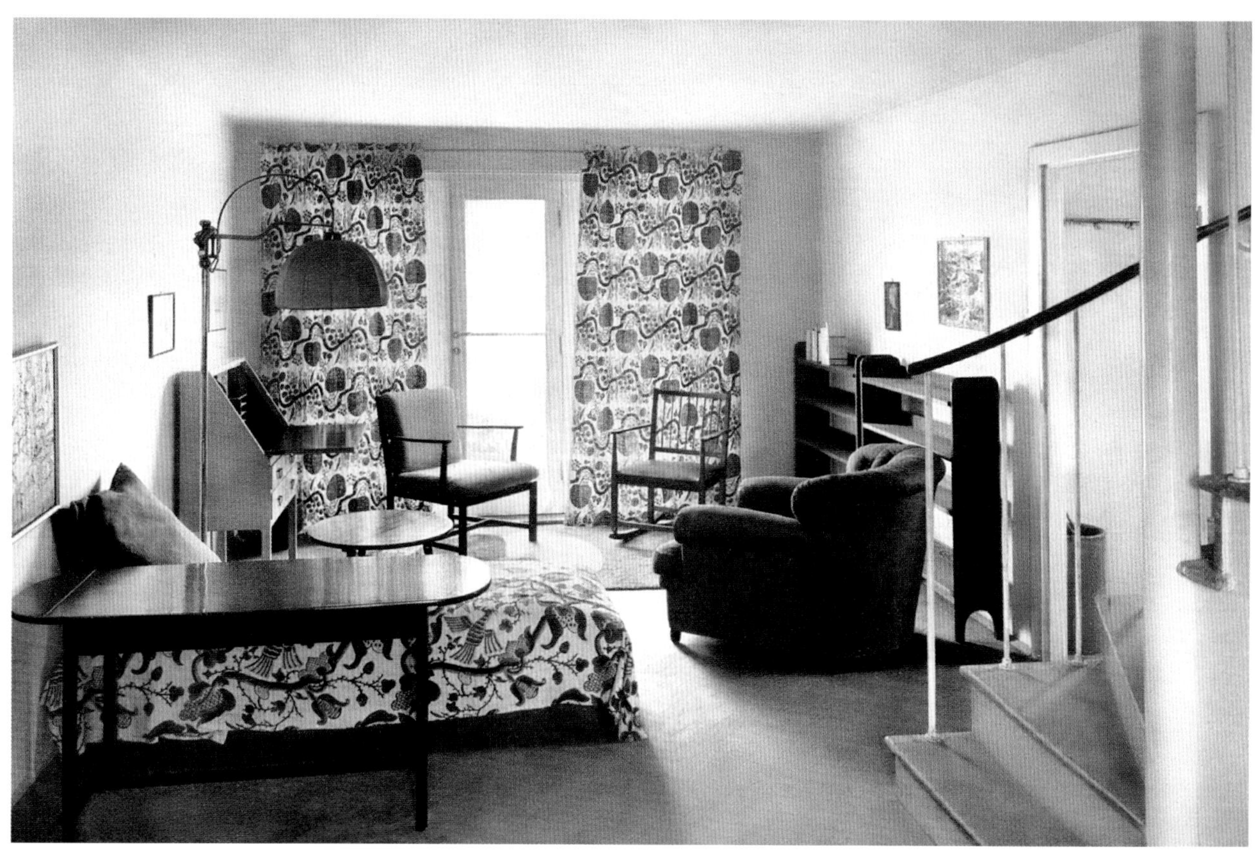

Abb. 1: Josef Frank, Wohnraum in seinem Musterhaus in der Wiener Werkbund-Ausstellung, 1932 (Innen-Dekoration, 1932)

VORWORT

Das Möbelmuseum Wien widmet sich 2025 dem modernen Möbeldesign der Zwischenkriegszeit in Österreich. Anlässe für den Themenschwerpunkt sind der 140. Geburtstag des Architekten Josef Frank (1885–1967) und das 100-jährige Jubiläum der Gründung des Wiener Einrichtungsunternehmens Haus & Garten.

Bereits vor der Firmengründung hatten die Architekten Josef Frank, Oskar Strnad, Walter Sobotka und Oskar Wlach im November 1923 beim Bundesministerium für Handel und Verkehr angesucht, um im ehemaligen Hofmobiliendepot (heute: Bundesmobilienverwaltung) eine künstlerische Werkstätte für Möbel und Wohnungseinrichtungen installieren zu dürfen. Ihre Initiative blieb damals erfolglos. 1924 wurden im Depotgebäude erste Schauräume eröffnet, aus denen 1998 das Museum »Kaiserliches Hofmobiliendepot« (heute: Möbelmuseum Wien) hervorging.

Durch Ankäufe und Schenkungen wurden Möbel der Zwischenkriegszeit zu einem Schwerpunkt der Sammlung der Bundesmobilienverwaltung. Die 1928 von Ernst A. Plischke gestaltete Wohnung von Lucie Rie (1902–1995) konnte vor genau dreißig Jahren unmittelbar nach dem Tod der Keramikkünstlerin erworben werden und gehört nach der umfassenden Restaurierung in den Werkstätten der Bundesmobilienverwaltung zu den Highlights des Möbelmuseums. Erstmals präsentiert werden kann eine komplette Wohnungseinrichtung von Josef Frank, die 1932 von der Firma Haus & Garten ausgeführt wurde. Darüber hinaus werden vollständige Ensembles und Einzelmöbel der österreichischen Architekten Felix Augenfeld, Herbert Eichholzer, Heinrich Glaß (später: Henry P. Glass), Hugo Gorge, Walter Loos, Ernst A. Plischke, Otto Prutscher und Robert Schläfrig (später: Sheldon) vorgestellt.

Die neuen Möbel aus Österreich zeichneten sich in den 1920er- und 1930er-Jahren durch gestalterische Vielfalt, Komfort und hohe handwerkliche Qualität aus. Das österreichische Möbeldesign der Zwischenkriegszeit unterschied sich damit wesentlich vom dogmatischen Designkonzept des Bauhauses und von der luxuriösen Formenwelt des französischen Art déco.

Frauen hatten nicht nur als Auftraggeberinnen, sondern auch als Büromitarbeiterinnen wesentlichen Anteil an der Gestaltung der modernen Wohnambiente in Österreich. Hervorzuheben sind die Architektin Rosl (Rosa) Weiser im Büro von Josef Frank in Wien und die Architektin Anna Lülja Simidoff (später: Praun) im Büro von Herbert Eichholzer in Graz.

Während zur Zeit der Wiener Moderne um 1900 vor allem begüterte Schichten Träger des neuen Stils waren, ließ sich in der Zwischenkriegszeit auch der bürgerliche Mittelstand von Architekt*innen neu einrichten. Zu den Auftraggeber*innen der Einrichtungen in der Sammlung gehörten ein Lehrer, eine Privatangestellte und ein Zahnarzt, aber auch Kunstschaffende wie die Keramikerin Lucie Rie und der Maler Walter Gamerith.

Die Möbel erzählen auch von der politischen Realität der Zwischenkriegszeit. Architekt*innen und Auftraggeber*innen waren von Verfolgung und Vertreibung durch das NS-Regime betroffen. Mehrere Wohnungseinrichtungen haben weite Reisen hinter sich gebracht.

SAMMELN UND FORSCHEN

Publikation und Ausstellung basieren auf einer langjährigen Sammlungs- und Forschungstätigkeit, die in der hauseigenen Publikationsreihe MMD der Museen des Mobiliendepots veröffentlicht wurde. 2003 wurde zum 100. Geburtstag des Architekten Ernst A. Plischke (1903–1992) im Möbelmuseum Wien die Ausstellung »Ernst Plischke als Möbeldesigner« gezeigt. Begleitend dazu erschien als Band 15 der MMD-Reihe das Buch »Ernst Plischke. Das Neue Bauen und die Neue Welt. Das Gesamtwerk« (Hg. Eva B. Ottillinger/August Sarnitz). Die Monografie mit Werkverzeichnis wurde im Rahmen eines gemeinsam mit dem Plischke-Nachlass im

Kupferstichkabinett der Akademie der bildenden Künste durchgeführten FWF-Projekts erarbeitet.

2009 folgte als Band 28 der MMD-Reihe der Begleitkatalog zu der im Möbelmuseum Wien präsentierten Ausstellung »Wohnen zwischen den Kriegen. Wiener Möbel 1914–1941« (Hg. Eva B. Ottillinger). 2015 wurde von Marlene Ott-Wodni das Buch »Josef Frank 1885–1967. Möbel und Raumgestaltungen« als Band 33 der MMD-Reihe publiziert, das auf Grundlage ihrer 2009 an der Universität Wien abgeschlossenen gleichnamigen Dissertation erschien. Weitere Erwerbungen aus den letzten Jahren ermöglichen jetzt den Blick auf neue Positionen und zeigen die unterschiedlichen Formensprachen im österreichischen Möbeldesign von 1920 bis 1940.

DANK

Ausstellung und Katalog konnten durch die gute Zusammenarbeit von zahlreichen Personen und Institutionen realisiert werden. Unser Dank gilt den Katalog-Autorinnen Dr. Marlene Ott-Wodni und Dr. Stefan Üner, der auch Texte für die Ausstellung verfasst hat, für ihre interessanten Beiträge.

Für Leihgaben danken wir dem MAK – Museum für angewandte Kunst, Wien (Dr. Sebastian Hackenschmidt, Dr. Reinald Franz). Die Objekte der hauseigenen Sammlung wurden vom Fotografen Edgar Knaack auf kluge Weise für den Katalog ins Bild gesetzt.

Für Abbildungsvorlagen, Informationen und Unterlagen danken wir dem Adolf Loos-Archiv in der Albertina, Wien (Alice Hundsdorfer-Zhou, MA), dem Architekturzentrum Wien (Mag. Sonja Pisarik und Mag. Iris Ranzinger), dem Plischke-Nachlass im Kupferstichkabinett der Akademie der bildenden Künste, Wien (MMag. René Schober) mit © Bildrechte, Wien, dem Legat Gamerith in der Österreichische Galerie Belvedere, Wien (Mag. Carmen Müller), dem Eichholzer-Nachlass im Architekturarchiv Steiermark der TU Graz (Dr. Bernhard Reismann, DI Bettina Paschke), dem MAK – Museum für angewandte Kunst, Wien (Mag. Thomas Matyk), dem Meldeamt der Stadt Graz, dem Bildarchiv der Österreichischen Nationalbibliothek (Mag. Ulrike Polnitzky), dem Wien Museum (Mag. Ursula Gass) und dem Wiener Stadt- und Landesarchiv.

Unser besonderer Dank gilt den Familien der Auftraggeber*innen für zahlreiche Auskünfte und Unterlagen: Agostino und Vincenzo Biavati, Maria Bohm-Jabcobson (†) und Jonathan Bohm-Jacobson, Elli Gamerith (†), Anne Karin Glass, Marianne Gorge (†), Anne Gregor, Mag. Christine Kitzwegerer, Dipl. Ing. Knut Leitner, Celia Male-Cohen (†), Lisa Illoway (†) und Monica Meyer-Illoway, Prof. Dr. Franziska Smolka und Robert Zykan (†).

Die Gestaltung der Ausstellung wurde auf einfühlsame Weise vom Designer Mag. Robert Rüf und der Grafikerin Mag. Larissa Czerny entwickelt. Für die Ausleihe der Exponate aus der Sammlung der Bundesmobilienverwaltung und für die Bereitstellung der Bildvorlagen sorgten mit großem Engagement Sabine Appl und Ingrid Blümel aus der Abteilung für Historische Sammlungen im Bundesministerium für Arbeit und Wirtschaft (BMAW). Das Ausstellungsmanagement lag in den bewährten Händen von Mag. Petra Reiner und Dr. Stephan Becker vom Möbelmuseum Wien. Ihnen allen sei für die gute Zusammenarbeit herzlich gedankt.

Der abschließende Dank gilt dem gesamten Team der Bundesmobilienverwaltung unter der Leitung von Christian Pollak und Alexander Focht für die aufwendigen Restaurierungen und die Objektmontagen sowie allen Kolleginnen der Abteilung für Historische Sammlungen in der Sektion Kulturelles Erbe unter der Leitung von Sektionschef Mag. Alexander Palma im BMAW für ihre vielfältige Unterstützung.

Dr. Eva B. Ottillinger
Ausstellungskuratorin und Bandherausgeberin

Mag. Anja Hasenlechner
Leiterin der Abteilung für Historische Sammlungen

DIE BEFREITE EINRICHTUNG

WIENER WOHNTHEORIEN VON FALKE, LOOS UND FRANK

Eva B. Ottillinger

> *Zivilisation ist das Bestreben, sich möglichst bequem einzurichten.*[1]
> Josef Frank, Architektur als Symbol, 1931

1929 veröffentlichte der Kunsthistoriker und Sekretär der Congrès Internationaux d'Architecture Moderne (CIAM) Sigfried Giedeon (1888–1968) das Manifest »Befreites Wohnen«.[2] Die bei Orell Füssli als Band 14 der Reihe »Schaubücher« erschienene Publikation enthielt 85 fotografische Abbildungen von beispielhaften Projekten des Neuen Bauens, darunter Gebäude von Le Corbusier, aus dem Neuen Frankfurt, vom Bauhaus in Dessau und aus der Werkbundsiedlung in Stuttgart-Weißenhof, nicht jedoch aus Wien und Österreich. Dies, obwohl das Rote Wien im sozialen Wohn- und Siedlungsbau wesentliche Impulse gesetzt hatte und dies auch, obwohl der österreichische Architekt Josef Frank (1885–1967) 1928 ein Mitbegründer der internationalen CIAM-Kongresse war und 1927 für die Werkbundsiedlung in Stuttgart-Weißenhof ein Musterhaus geplant hatte. Giedeons Verständnis des Begriffes »Wohnen« hatte nämlich den mit industriellen Mitteln errichteten Massenwohnbau im Blick, über den beim CIAM-Kongress »Die Wohnung für das Existenzminimum«[3] 1929 diskutiert wurde. Licht, Luft und Offenheit sollten, wie das Coverbild von Giedeons Buch zeigte, die neuen Qualitäten des von den »Zinskasernen« der Gründerzeit »befreiten Wohnens« sein. Einrichtungsfragen standen dabei nicht im Zentrum der Diskussion.

In Wien gab es hingegen seit dem Beginn der Kunstgewerbereform in der Mitte des 19. Jahrhunderts vielfältige theoretische Überlegungen über das Einrichten von Wohnungen und Häusern des bürgerlichen Mittelstands, der als Kunde neben den Entwerfern und Produzenten zum dritten Träger der Reformideen werden sollte.

Wesentliche Positionen dieser Wohntheorie formulierten Jakob von Falke (1825–1897), Adolf Loos (1870–1933) und Josef Frank. Ihre Schriften galten nicht Fragen eines nationalen oder modernen Baustils, sondern den Bedürfnissen der Bewohner*innen der neu eingerichteten Wohnräume und Häuser. Ihre Ideenwelt war nicht auf eine paternalistisch vorgetragene Doktrin des »richtigen« Bauens und Einrichtens gegründet, sondern hatte ein selbstbestimmtes Wohnen in den eigenen vier Wänden zum Ziel.

Der Kunsthistoriker Jakob von Falke, Mitbegründer und nach Rudolf von Eitelberger zweiter Direktor des Österreichischen Museums für Kunst und Industrie (heute: MAK), eröffnete die Wiener Einrichtungstheorie in seinem erstmals 1871 erschienenen Buch »Die Kunst im Hause, Geschichtliche und kritisch-ästhetische Studien über die Decoration und Ausstattung der Wohnung« mit folgender Beschreibung:

> Es ist noch nicht so lange her, da galt es für ein Zeichen des sublimsten Geschmacks, wenn man Wände, Möbel, Vorhänge, Portieren und selbst für den Bettumhang einen und denselben Stoff, am liebsten einen glänzenden, blumigen Zitz sich auserkor. Man findet auch wohl heute noch diese Meinung. Da fehlte allerdings zu vollen Harmonie gar nichts, als daß auch die ganze Familie sich in den gleichen Glanzstoff kleidet. Dann hätte nichts den ästhetischen Frieden des Hauses zu stören vermocht. Nur Eines ist dabei übersehen: das erreichte Ziel ist Einförmigkeit, nicht Einstimmigkeit, ist Langeweile, aber keine Kunst. Die Harmonie besteht in dem schönen Zusammenklang des Verschiedenen und Mannigfaltigen, und Kunst ist es, dies Verschiedene zur gelungenen Gesamtwirkung zu vereinigen.[4]

Der kritische Blick des Autors war auf die Wohnräume des Spätbiedermeier in der Mitte des 19. Jahrhunderts gerichtet, als Tapezierer in der Rolle des Dekorateurs gutbürgerliche Wohnzimmer mit Dekorstoffen so gestalteten wie früher nur die Salons des Adels. Gemusterte Dekorstoffe dienten hier wie dort als Wandbespannungen, Vorhänge und Möbelbezüge. Die einst luxuriösen Seidenstoffe waren durch die mechanischen Jacquard-Webstühle nun für breitere Kreise erschwinglich geworden.

Falkes Kritik galt nicht nur der Einrichtungspraxis der 1840er- und 1850er-Jahre, sondern auch der von den Reformkräften propagierten Vorstellung von der Einrichtung als Gesamtkunstwerk, wenn er weiter ausführte:

Schaffen wir uns mit unserem Hause, mit unserer Wohnung ein wirkliches Kunstwerk, das heißt ein Werk, welches in sich abgeschlossen, fertig und vollendet ist, von dem man nichts hinwegnehmen, nichts hinzusetzen, an dem man nichts ändern kann, ohne die Einheit zu vernichten, ohne das Kunstwerk zu schädigen, ohne sich der Barbarei schuldig zu machen, so setzen wir all unseren wechselnden Wünschen und Bedürfnissen ein Ziel. Ja, wir möchten Wehe rufen über den armen Sterblichen, der in einem solchen monumentalen Kunstwerk wohnt! Ewig von dem Besitz schöner Gegenstände gereizt, wie sie uns die täglich schaffende Kunst oder der Zufall des Lebens vor Augen führt, müssen wir diesem Verlangen entsagen. Wir können kein neues Bild an die Wand hängen, keine Figur aufstellen, kein Möbel vertauschen, keines hinzufügen, dessen schöne Arbeit uns gefallen hat. Es ist alles auf das Beste und Vollendetste bestimmt. In dieser Weise werden uns am Ende Haus und Wohnung zur Last und zur Plage, und statt uns Genuß zu verschaffen, verhindern sie uns an der Erfüllung der berechtigten Wünsche. Ist es nicht weit besser, wenn Haus und Wohnung der nimmer ruhenden Beweglichkeit und Veränderlichkeit des modernen Lebens Rechnung tragen? Die Wohnung möge uns erlauben, dasjenige, dessen wir müde geworden sind, mit dem Besseren und Bequemeren, wie es die im Fortschritt begriffene Zeit erschafft, zu vertauschen, sie möge uns gestatten, Neues, das wir erworben haben, dem Alten gefällig einzufügen und mit dem veränderten und gewachsenen Bedürfnis auch Veränderungen und Erweiterungen vorzunehmen! So wird die Geschichte unseres Lebens in der Geschichte unserer Wohnung sich reizend und anmutig abspiegeln.[5]

»Ebenso wie bei diesen höchsten und absoluten künstlerischen Anforderungen fühle ich mich«, fügte Falke hinzu, »auch der Forderung einer unbedingten Einheit des Stiles gegenüber, d. h. eines bestimmten, historischen Stiles, ich gestehe es offen, ein wenige ketzerisch.«[6] Denn nicht alle »erweiterten Bedürfnisse der modernen Civilisation«, können mit demjenigen, »was uns die früheren Zeiten überliefert haben«[7], befriedigt werden.

Jakob von Falkes um 1870 formulierte Überlegungen zum Einrichten fielen zunächst auf keinen fruchtbaren Boden. Architekten wie Theophil Hansen gestalteten die neuen Palais an der Wiener Ringstraße bis ins kleinste Detail als Kunstwerke. Die Wohnungen des Bürgertums verfügten hingegen über »stilrein« möblierte Räume. Für die neuen Einrichtungen sorgten Ausstattungsfirmen, die »komplette Zimmer« in den Formenwelten des Historismus – von der Neo-Gotik über die Neo-Renaissance bis zum Neo-Rokoko – anboten.

Mit Blick auf diese Entwicklung begann der Architekt Adolf Loos in den späten 1890er-Jahren mit der kritischen Analyse der Wohnungseinrichtungen der Ringstraßen-Zeit und seiner Zeitgenossen. Unmittelbarer Anlass der kritischen Auseinandersetzung war die »Kaiser Jubiläums-Ausstellung«, die 1898 in der Rotunde im Wiener Prater stattfand. In seinen in der Neuen Freien Presse veröffentlichen Ausstellungsberichten entwickelte Loos seine persönliche Theorie vom Wohnen und Einrichten.

Ausgangspunkt seiner Überlegungen waren die »stilvolle[n] Zimmer«: »Was ist den stil überhaupt?«, fragte er 1898 in »Die Interieurs in der Rotunde«.

Er lässt sich schwer definieren. Meiner meinung nach fand jene wackere hausfrau auf die frage was stilvoll sei, die beste antwort: Wenn auf dem ›nachkastel‹ ein löwenkopf ist und dieser löwenkopf auf dem sofa, auf dem schrank, auf den betten, auf den sesseln, auf dem waschtisch, kurz auf allen gegenständen des zimmers gleichfalls angebracht,

> so heißt dieses zimmer stilvoll. [...] Solche Zimmer tyrannisieren ihre armen besitzer. Wehe dem unglücklichen, wenn er es gewagt hätte, sich selbst etwas hinzuzukaufen! Denn diese möbel vertrugen absolut kein anderes in ihrer nähe. Bekam man etwas geschenkt, konnte man es nirgends hinstellen.[8]

Loos erkannte in den »stilvollen Zimmern« ein Produkt der Ringstraßen-Zeit und sah sie als Gegenmodell zum noch biedermeierlichen Haushalt seiner Eltern in Brünn:

> Ich bin gott sei dank noch in keiner stilvollen wohnung aufgewachsen. Damals kannte man das noch nicht. [...] Hier der tisch, ein ganz verrücktes krauses möbel, ein ausziehtisch mit fürchterlichen schlosserarbeiten. Aber unser tisch, unser tisch! [...] Und hier der altmodische sessel! Ein überbleibsel aus dem haushalt der großmutter. [...] Jedes möbel, jedes ding, jeder gegenstand erzählt eine geschichte, die geschichte der familie. Die wohnung war nie fertig; sie entwickelte sich mit uns und wir mit ihr. Wohl war kein stil darin. Das heißt kein fremder, kein alter. Aber einen stil hatte die wohnung, den stil ihrer bewohner, den stil der familie.[9]

Während Otto Wagner als Ziel der modernen Architektur forderte, »Ohne Zweifel kann und muß es soweit kommen, daß nichts dem Auge Sichtbares entsteht, ohne künstlerische Weihe zu empfangen«,[10] wandte sich Loos 1898 auch gegen die Bestrebungen der »Wiener Moderne«, Wohnräume durch Architekten als moderne Gesamtkunstwerke gestalten zu wollen, wenn er in »Die Interieurs in der Rotunde« weiter festhielt: »Ich bin ein gegner jener richtung, die etwas besonders vorzügliches darin erblickt, dass ein gebäude bis zur kohlenschaufel aus der hand eines architekten hervorgehe. Ich bin der meinung, dass dadurch das gebäude ein sehr langweiliges aussehen erhält.«[11]

Loos, der Jakob von Falkes »Die Kunst im Hause« zweifellos gelesen hatte, erzählte dessen Warnungen vor dem als Kunstwerk gestalteten Wohnhaus in der Geschichte »Von einem armen, reichen Manne« für seine Generation auf satirische Weise nochmals neu. Als der stolze Besitzer zu verstehen begann, was es für ihn bedeutete in einem modernen Gesamtkunstwerk zu wohnen, »Da vollzog sich in dem reichen manne eine wandlung. Der glückliche fühlte sich plötzlich tief, tief unglücklich. Er sah sein zukünftiges leben. Niemand durfte ihm freude bereiten. [...] Er fühlte: Jetzt heißt es lernen, mit seinem eigenen leichnam herumzugehen. Jawohl! Er ist fertig! Er ist komplett!«[12]

Die erstrebenswerte Alternative zum Wohnen in einem Kunstwerk war für Loos das »Familienzimmer«, wie er es selbst als Kind zu Hause erlebt hatte. »Das gleiche, gemeinsame band, das alle möbel im raum miteinander verbindet, bestand darin, daß sein besitzer die auswahl getroffen hat. [...] Ist doch so ein zimmer wie eine violine. Die kann man einspielen, jenes kann man einwohnen.«[13]

Konkrete Vorbilder für eine bequeme und gemütliche Art, Wohnzimmer einzurichten, fand Loos neben dem heimischen Biedermeier auch im angelsächsischen Raum, wie er in »Das Sitzmöbel« 1898 darlegte: »Die Engländer und Amerikaner, die von einer kleinlichen denkungsweise frei sind, sind denn auch wahre virtuosen des ausruhens. [...] Dem grundsatze gemäß, dass jede art der ermüdung eine andere art sessel verlangt, zeigt das englische Zimmer nie einen durchgehend gleichen sesseltyp. Alle arten von sitzmöbeln sind in demselben zimmer vertreten. Jeder kann sich seinen ihm am besten passenden sitz aussuchen.«[14] Das Herrenzimmer aus der Wohnung Roy zeigt, wie Loos diese Idee selbst in der Praxis umgesetzt hat. (Kat.-Nr. 1)

Architekt Josef Frank, 15 Jahre jünger als Loos, begann unmittelbar nach dem Ersten Weltkrieg über Möbel und Räume zu schreiben. Im 1919 veröffentlichten Aufsatz »Die Einrichtung des Wohnzimmers« hielt er zunächst ganz im Sinne von Falke und Loos fest:

> Wohnzimmer, die nicht nur Repräsentationszwecken dienen, sind keine Kunstwerke und auch keine in Farbe und Form wohlabgestimmte Harmonien, deren einzelne Teile (Tapeten, Teppiche, Möbel, Bilder) ein fertiges Ganzes bil-

den, in dem sie nun unauflöslich verbunden sind; ein jeder neu hinzugefügte Gegenstand würde hier auf jeden Fall unangenehm empfunden werden und den einheitlichen Eindruck zerstören. Wohnzimmer sollen im Gegenteil Räume sein, die nicht nur durch ein ganzes Menschenleben als Hintergrund und Aufenthalt ihrer Bewohner mit ihren stets wechselnden und sich entwickelnden Anschauungen dienen können, sondern sie müssen auch im Stande sein, alle die Gegenstände, die die Bewohner in ihrer Umgebung haben wollen, als organischen Bestandteil aufnehmen zu können, ohne ihren Charakter zu verlieren. [...] Das Wohnzimmer ist nie unfertig und nie fertig, es lebt mit den Menschen, die in ihm wohnen.[15]

1927 fügte Frank dem Thema Einrichten in »Die moderne Einrichtung der Wohnung« neue Gedanken hinzu:

Der moderne Mensch, den seine Berufstätigkeit immer stärker anstrengt und abhetzt, braucht eine Wohnung, die viel behaglicher und bequemer ist als die alten Zeiten, weil er sich seine Ruhe in kürzerer Zeit konzentrierter verschaffen muss. Die Wohnung ist deshalb das absolute Gegenteil der Arbeitsstätte. Dies bezieht sich nicht nur auf die Bequemlichkeit der Sitz- und Ruheplätze, sondern auf alles Sichtbare, da das Auge sich auch erholen will, weshalb alle in Fabrik, Büro usw. vorhandenen Dinge vermieden werden sollen. [...]. Einheitlichkeit und Schmucklosigkeit machen unruhig, Ornamentik und Vielfalt verschaffen Ruhe und beseitigen das Pathetische der reinen Zweckform.[16]

Josef Frank (Abb. 1) vertrat hier einen völlig anderen Ornament-Begriff als Adolf Loos in seinem berühmten Vortrag »Ornament und Verbrechen«. Für Loos war das Ornamentieren von Gebrauchsgegenständen nämlich der Ausdruck einer niedrigen Kulturstufe und die »evolution der kultur« war für ihn »gleichbedeutend mit dem entfernen des ornaments aus dem gebrauchsgegenstande.«[17]

Frank formulierte 1927 allerdings keine späte Reaktion auf Loos, sondern setzte sich mit der 1924 in Stuttgart gezeigten Ausstellung des Deutschen Werkbunds »Form ohne Ornament«[18] auseinander und wohl auch mit den Musterhäusern bei der Werkbund-Ausstellung 1927 in Stuttgart-Weißenhof. Während Walter Gropius und Mart Stam ihre Bauten mit den Stahlrohrmöbeln einrichteten,[19] verwendete Frank zur Einrichtung seines Musterhauses bewusst die handwerklich gefertigten Holzmöbel und bunten Stoffe seiner 1925 gegründeten Firma Haus & Garten.

1931 griff Josef Frank sein Plädoyer für Handwerksarbeit und Ornamentik beim Einrichten von Wohnräumen 1931 in »Architektur als Symbol« erneut auf und stellte klar, dass Architektur nicht nur zur Befriedigung des »Existenzminimums« diene:

Was der Zweck eines Hauses ist, kann allerdings in Worten nicht ausgedrückt werden. Es ist nämlich nicht zum Kochen, Essen, Arbeiten und Schlafen da, sondern zum Wohnen. Zwischen den Begriffen Kochen, Essen, Schlafen, Arbeiten und dem des Wohnens liegt das, was wir Architektur nennen. Das Bewusstsein, in einem Zeitalter zu leben, das seine Veränderung anstrebt [...], hat uns jedes Gefühl von Ruhe genommen. Jeder Schmuck ist Ausdruck von Spielerei, zu deren Herstellung und Genuss Zeit gehört, die man ihm ungestört widmen kann. Deshalb wirkt auch alles Ornament aus vergangener Zeit so unglaublich beruhigend (wie etwa der orientalische Teppich), während alles glatte, schnell übersehbare Industrieerzeugnis auf uns die Hast seiner Herstellung überträgt.[20]

Gleichzeitig entlarvt der Wiener Architekt die Ingenieur-Ästhetik im Wohnraum und die aktuellen Stahlrohrmöbel als neue Maske des alten Garniturdenkens: »Der Wahn von der Gleichheit der Form, der unendlichen Garnitur, die Grundlage veralteten Kunstgewerbes als geschlossenes System ist noch immer derselbe, und er kann nicht begreifen, wie vielförmiger unser Leben geworden ist, wie sich ihm alles Bestehende einfügen muss; unsere Zeit ist die ganze uns bekannte Zeit. Dieser Gedanke allein kann die Grundlage der modernen Baukunst sein.«[21]

1934 führte Frank in »Raum und Einrichtung« die »Leichtigkeit« und die »Unordnung« als weitere wichtige Qualitäten für das Mobiliar in den eigenen vier Wänden ein: »Im modernen Wohnraum herrscht Unordnung, das heißt, dort gibt es keine Möbel, die für einen bestimmten Platz gemacht sind, und deren Umstellen die Harmonie stören würde. Man stellt das Möbel (das Wort kommt von mobile, beweglich) dorthin, wo man es braucht. Daher sollte es so leicht wie möglich sein. Es genügen Millimeter, damit es schwer wirkt.«[22] Genau diese Leichtigkeit des Möbelbaus ermöglicht die Beweglichkeit der Möbel im Wohnraum, in dem es keine ästhetisch oder gesellschaftlich vorbestimmten Positionen für das Mobiliar mehr gab, sondern flexible, selbstbestimmte »Unordnung« herrschte.

Josef Franks Entwürfe für die Firma Haus & Garten entsprachen seinen theoretischen Vorstellungen vom Einrichten vollkommen. Die Möbel der Einrichtungsfirma zeichneten sich durch hochwertige Hölzer, gute Handwerksarbeit, Formenvielfalt und Leichtigkeit aus, die Stoffe wiesen fantasievolle Dekore auf. Diese Qualitäten charakterisieren auch den österreichischen Beitrag zum modernen Möbeldesign der Zwischenkriegszeit, der sich von einer »Moderne« als Dogma oder Stil wesentlich unterscheidet.

Der Wiener Universitätsprofessor und Mitbegründer des Österreichischen Werkbunds Max Eisler (1881–1937) beschrieb dieses neue Mobiliar 1935 in »Das Wiener Möbel gestern und heute« aus Sicht des Kunsthistorikers mit Blick auf das Biedermeier so:

Schon einmal hat das Wiener Möbel eine Rolle gespielt, bestimmend für den Geschmack und die Formenbildung auf den europäischen Kontinent. [...] Das Wiener Möbel der Gegenwart knüpft an diese Entwicklung wieder an. [...] Die Formen werden wieder klar, werden glatt, leicht und beweglich, aber auch klein und im Umriß beschwingt. [...] Das neue Wiener Möbel nimmt jedes Stück nur so groß und schwer, als es für seine Bestimmung sein muß. Und rückt schon damit, durch Maß und Gewicht näher heran an die Menschen, die es umgeben, denen es dienen soll. [...] Dies gilt ferner für die räumlich lockeren Zusammenstellungen von Möbelgruppen. Und das gilt endlich für jenen feinen und sicheren, von Geist und Empfindung hergestellten Zusammenhang der gesamten Einrichtung mit dem Stubenraum, worauf auch jetzt die ganz besondere Wohnlichkeit der Wiener Innenräume beruht.[23]

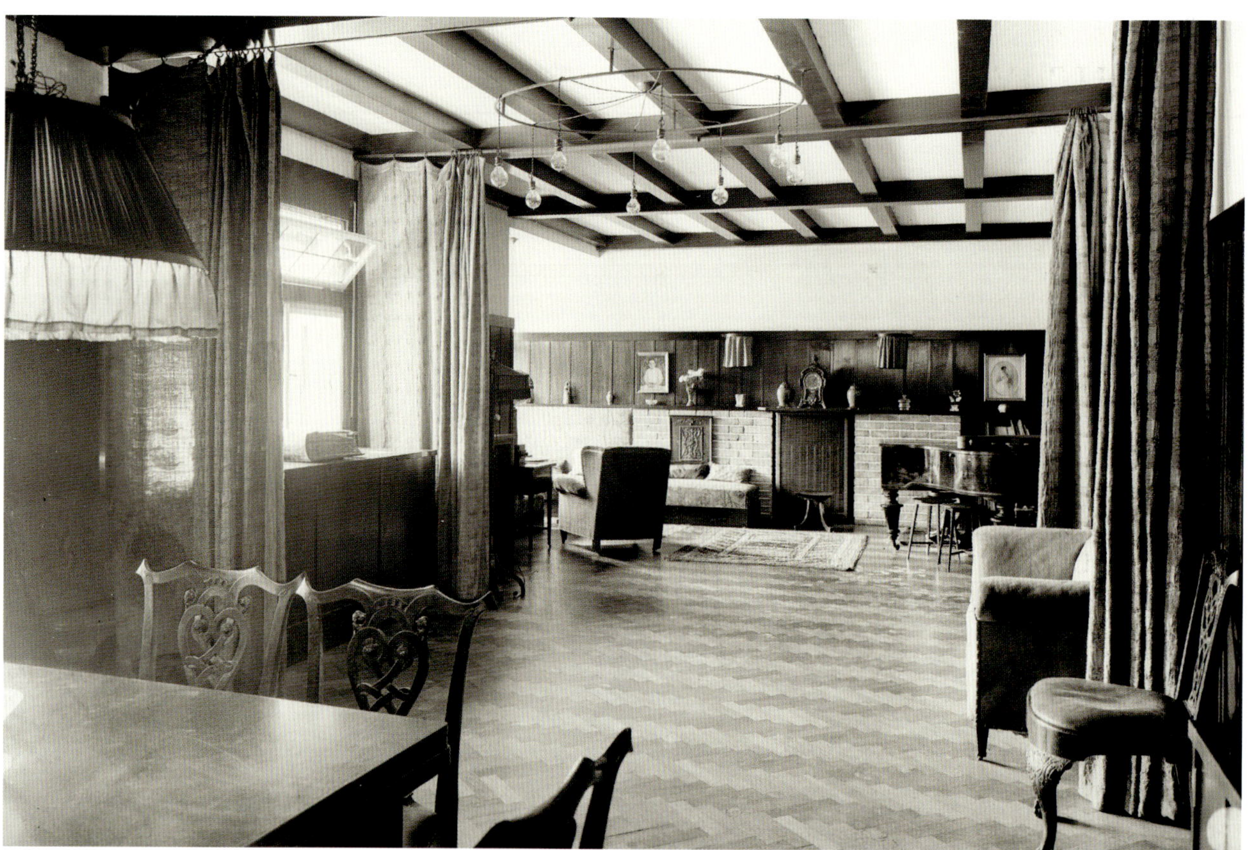

Abb. 2: Adolf Loos, Wohn-Esszimmer im Haus Steiner, 1910 (Adolf Loos Archiv/Albertina, Wien)

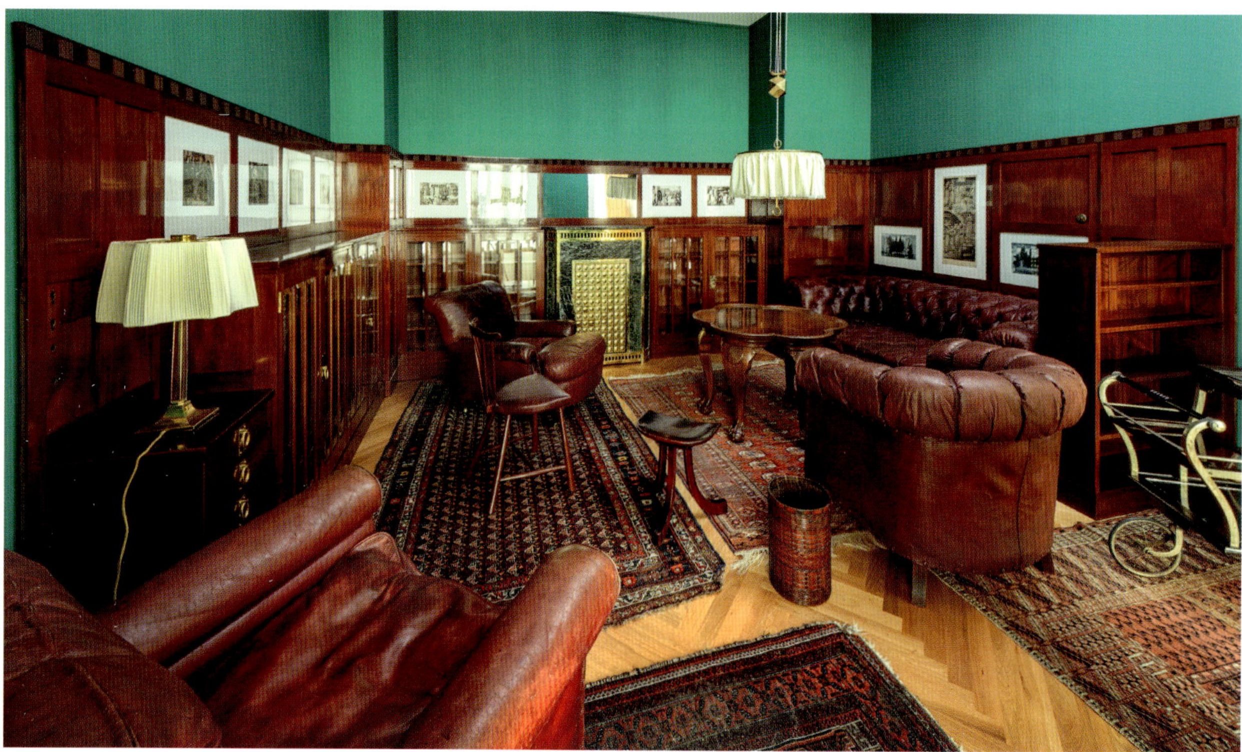

MÖBEL-GESCHICHTEN ERZÄHLT VON EVA B. OTTILLINGER UND FOTOGRAFIERT VON EDGAR KNAACK

ADOLF LOOS ALS VORBILD

Architekt Adolf Loos (1870–1933) wurde als Sohn eines Steinmetzmeisters in Brünn geboren, wo er auch die Gewerbeschule besuchte. Nach einigen Semestern Architekturstudium in Dresden reiste er 1893 in die USA, wo er in Chicago, Philadelphia und New York die moderne Hochhausarchitektur und die angelsächsische Wohnkultur kennenlernte. 1896 kehrte er nach Österreich zurück und begann in Wien als Kunstkritiker und Innenarchitekt zu arbeiten.

In kritischer Distanz zu den Stilkopien des Historismus und zur Ornamentik der Wiener Moderne entwickelte Loos um 1900 eine eigenständige Formensprache, die sich durch handwerkliche Qualität, die natürliche Schönheit der Werkstoffe und die Verwendung englischer Möbeltypen auszeichnete. Zu den ersten Aufträgen gehörten 1899 das Café Museum und das Speisezimmer von Eugen Stössler, das in der ständigen Sammlung des Möbelmuseum Wien dauerhaft zu sehen ist.[1]

Das Herrenzimmer der Wohnung von Georg Roy zeigt das Einrichtungskonzept des Architekten auf anschauliche Weise. Wandverkleidungen und eingebaute Bücherschränke wurden von der Firma Friedrich Otto Schmidt aus Mahagoni gefertigt. Schwere englische Lederfauteuils kombinierte Loos mit leichten Sitzmöbeln – einem Fan-Back-Stuhl und einem dreibeinigen Hocker – und kreierte so eine flexible Alternative zur traditionellen Sitzgarnitur (Kat-Nr. 1).[2]

Adolf Loos war sehr erfolgreich als Gestalter von Wohnungen, Geschäften und Lokalen. Bauaufträge erhielt er erst um 1910. Zu den ersten Bauten gehörten das Geschäftshaus des Herrenausstatters Goldman & Salatsch am Michaelerplatz und das Wohnhaus von Hugo und Lilly Steiner in Wien-Hietzing.

Das geräumige Wohn-Esszimmer im Haus Steiner ist mit Wandverkleidungen und Balkendecke gestaltet und mit englischen Möbeltypen eingerichtet. Vorhänge trennen den Wohn- vom Essbereich. (Abb. 2) Diese spezifischen Gestaltungselemente wurden zur Inspirationsquelle für die nächste Architekt*innen-Generation.

Kat.-Nr. 1
Herrenzimmer der Wohnung von Georg Roy
Entwurf: Adolf Loos, um 1901/04
Ausführung: Friedrich Otto Schmidt, Wien
Wandverkleidung: Mahagoni, massiv und auf Blindholz furniert, politiert, Marmor, Messingbeschläge, Druckgrafiken, Fensterglas
Einzelmöbel: Buche, Mahagoni, Nussbaumholz, originale Lederpolsterung
Bundesmobilienverwaltung, MD 76.575 bis MD 76.594

Der Stilwandel im österreichischen Möbeldesign setzte bereits vor dem Ersten Weltkrieg ein, als eine neue Architekten-Generation begann, Gebrauchsgegenstände und Räume zu gestalten. Für die weitere Entwicklung bedeutend waren Architekturstudenten von Professor Karl König an der Technischen Hochschule in Wien. Zum Kreis gehörten Oskar Strnad (1879–1935), Oskar Wlach (1881–1963), Hugo Gorge (1883–1934) und Josef Frank (1885–1967). Die Gruppe trat 1911/12 mit neuartigen Raumgestaltungen im Österreichischen Museum für Kunst und Industrie (heute: MAK) an die Öffentlichkeit. Bei der Frühjahrsausstellung 1912 zeigte Frank eine »Wohnhalle in einem Landhaus«, eingerichtet mit einfachen Holzmöbeln. (Abb. 3)

Strnad und Wlach hatten bereits 1906 ein Architekturbüro gegründet, dem sich Frank 1913 anschloss. 1914 plante er das Wohnhaus des Papierfabrikanten Hugo Bunzl in Ortmann/NÖ. Der großzügige Wohnraum mit Balkendecke und eingebauten Regalen erinnert an Interieurs von Adolf Loos, die Sitzmöbel folgen englischen Typen wie dem »Windsor Chair« und dem »Morris Chair« oder »Kanadier«-Armlehnsessel. (Abb. 4)

Neben der Architektentätigkeit lehrte Oskar Strnad ab 1914 als Professor an der Kunstgewerbeschule (heute: Universität für angewandte Kunst), wo Margarete Lihotzky (später: Schütte-Lihotzky) seine Schülerin war. 1919 begann auch Josef Frank an der Schule zu unterrichten. Ernst A. Plischke und Rosl Weiser studierten bei ihm.

1920 wurde im Österreichischen Museum die Ausstellung »Einfacher Hausrat« gezeigt. In diesem Rahmen präsentierte Josef Frank Mustereinrichtungen für eine Arbeitersiedlung. Sein Studienkollege Hugo Gorge zeigte eine Wohnzimmereinrichtung, ausgeführt von der Einrichtungsfirma Kunst und Wohnung, die 1919 von Rudolf Lorenz gegründet worden war. (Abb. 5-6)

Der 1920 ausgestellte »Kanadier«-Armlehnsessel verblieb im Besitz der Familie Lorenz und begleitete diese in die Emigration von Wien nach Prag und London. Mit der Textilkünstlerin Helen Francis Gregor (1921–1989), der Nichte von Rudolf Lorenz, gelangte das Möbel nach Toronto in Kanada. Als Geschenk ihrer Tochter, Anne Gregor, kam der »Kanadier« 2024 in die Sammlung und zurück nach Wien.[3]

Das Tischset stammt aus der 1925 von Gorge eingerichteten Wohnung des Bankiers Dr. Alfred Czuczka (1895–1982), des Bruders von Hugo Gorges Frau Lilly, in der Liebenburggasse 7 nahe dem Stadtpark. Die Tische sind eine Schenkung von Marianne Gorge (1921–2018), der ältesten Tochter des Architekten, die 1938 mit einem Kindertransport nach England kam und mit dem Heilpädagogen Karl König die Camphill Community for Children in Need of Special Care mitbegründete.[4]

Abb. 3: Josef Frank, Wohnhalle in einem Landhaus, ausgestellt im Österreichischen Museum für Kunst und Industrie, 1912 (Bundesmobilienverwaltung, Wien)

Abb. 4: Josef Frank, Wohnraum im Haus Hugo Bunzl in Ortmann/NÖ, 1914 (Bundesmobilienverwaltung, Wien)

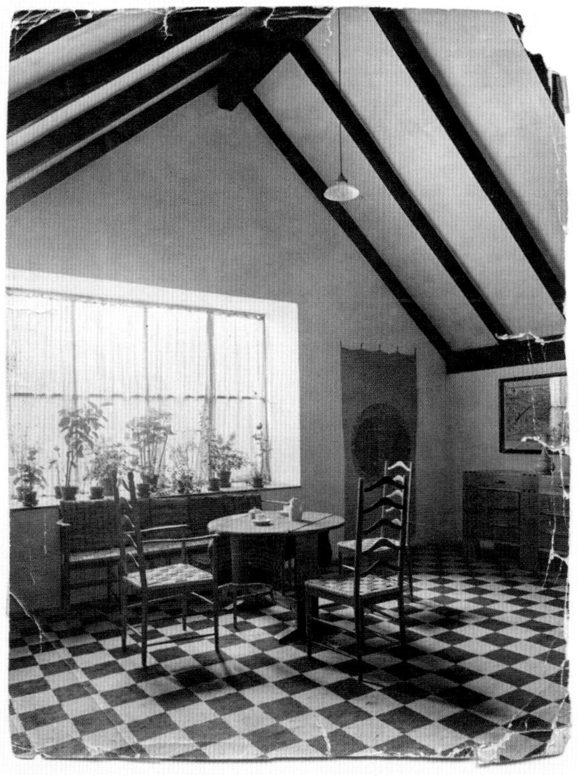

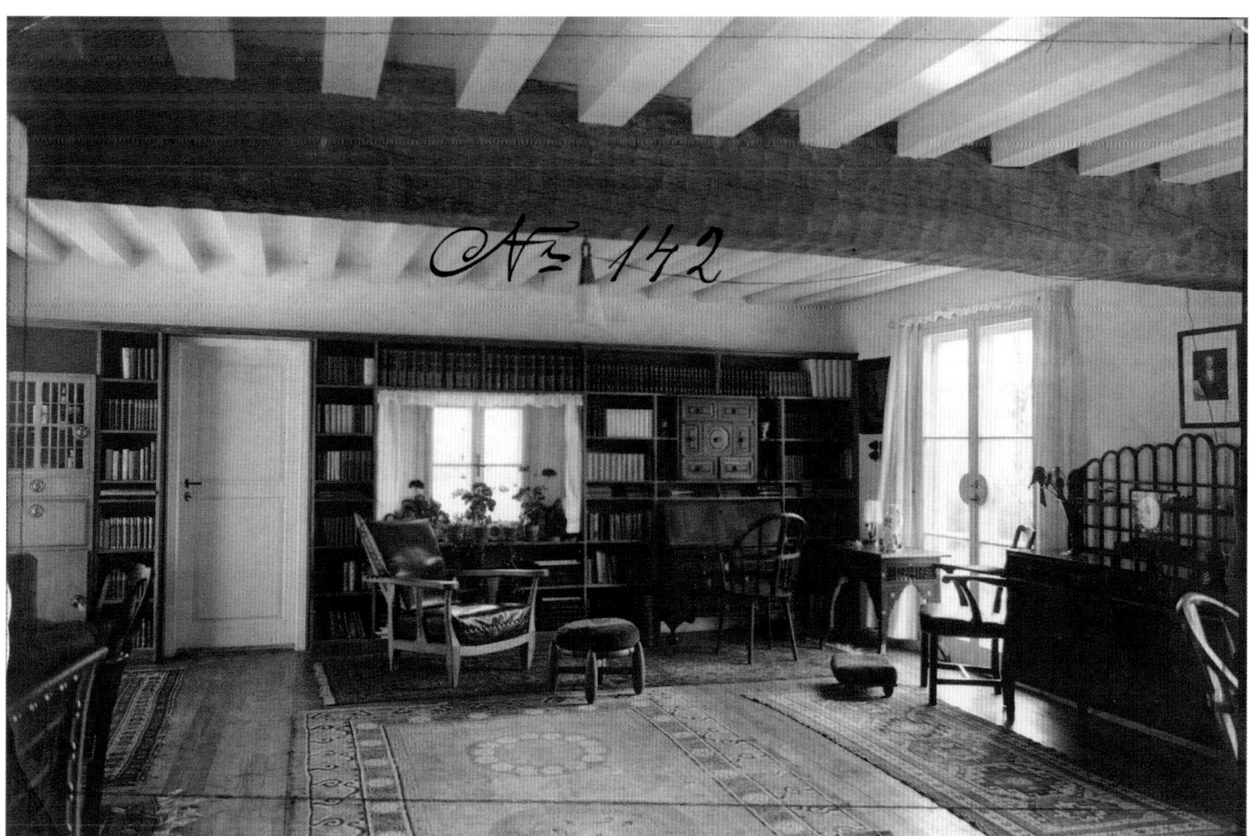

INTERIORS—CONTINENTAL

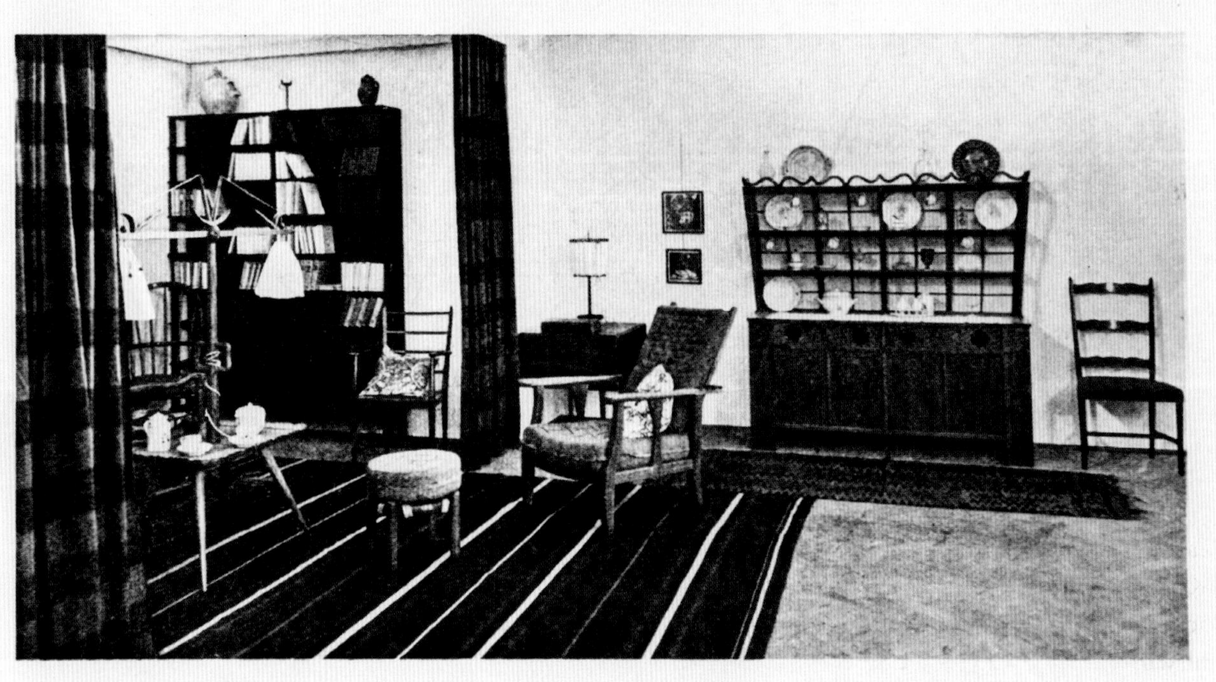

Abb. 5–6: Hugo Gorge, Wohnraum, präsentiert bei der Ausstellung »Einfacher Hausrat« im Österreichischen Museum für Kunst und Industrie, 1920 (Bundesmobilienverwaltung, Wien)

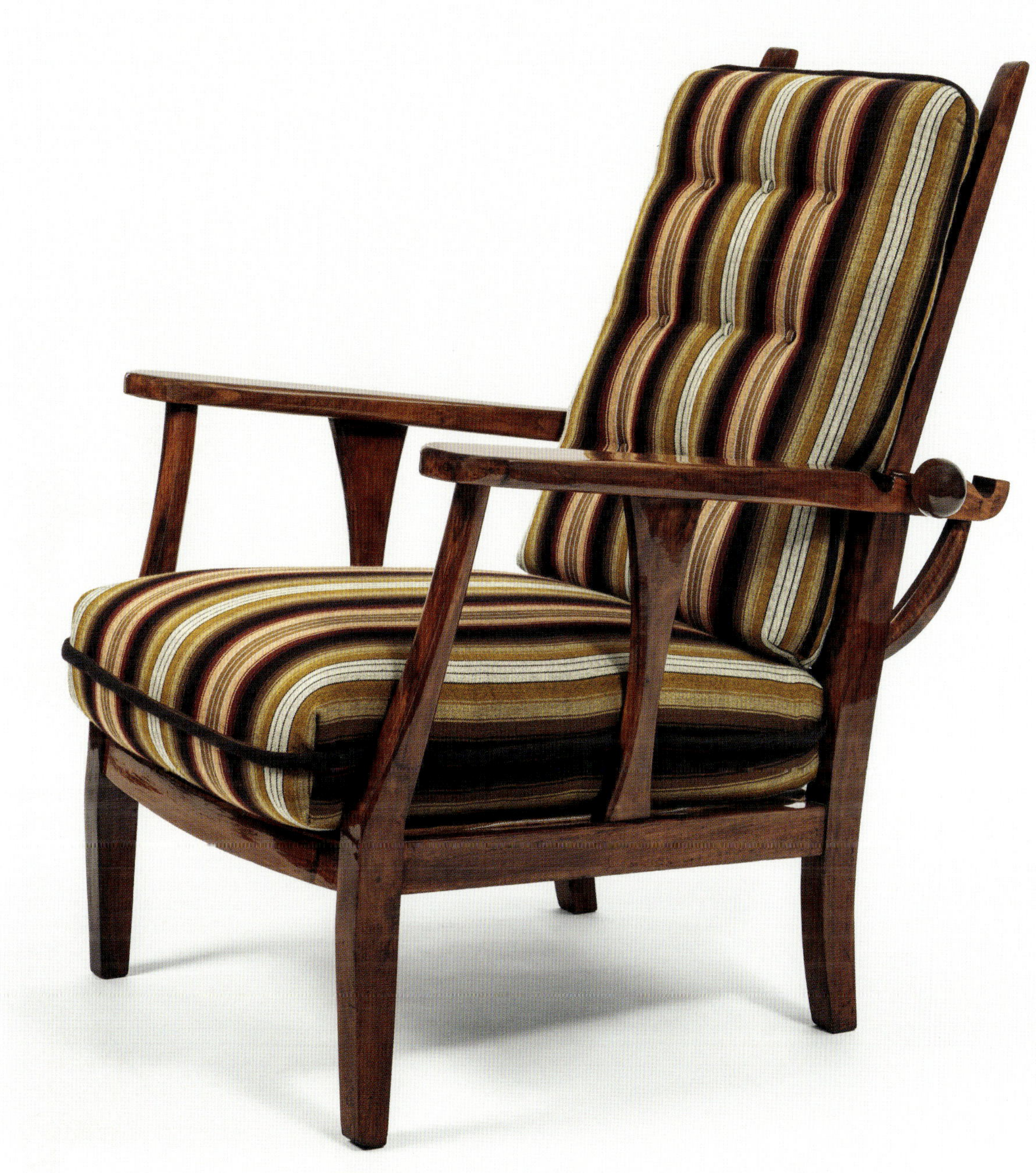

Kat.-Nr. 2
»Kanadier«-Armlehnsessel aus der Ausstellung »Einfacher Hausrat«
Entwurf: Hugo Gorge, 1920
Ausführung: Kunst und Wohnung, Rudolf Lorenz, Wien
Nussbaumholz, politiert, Stoffbespannung erneuert
H: 104,5, B: 76, T: 93 cm
Bundesmobilienverwaltung: MD 76.737

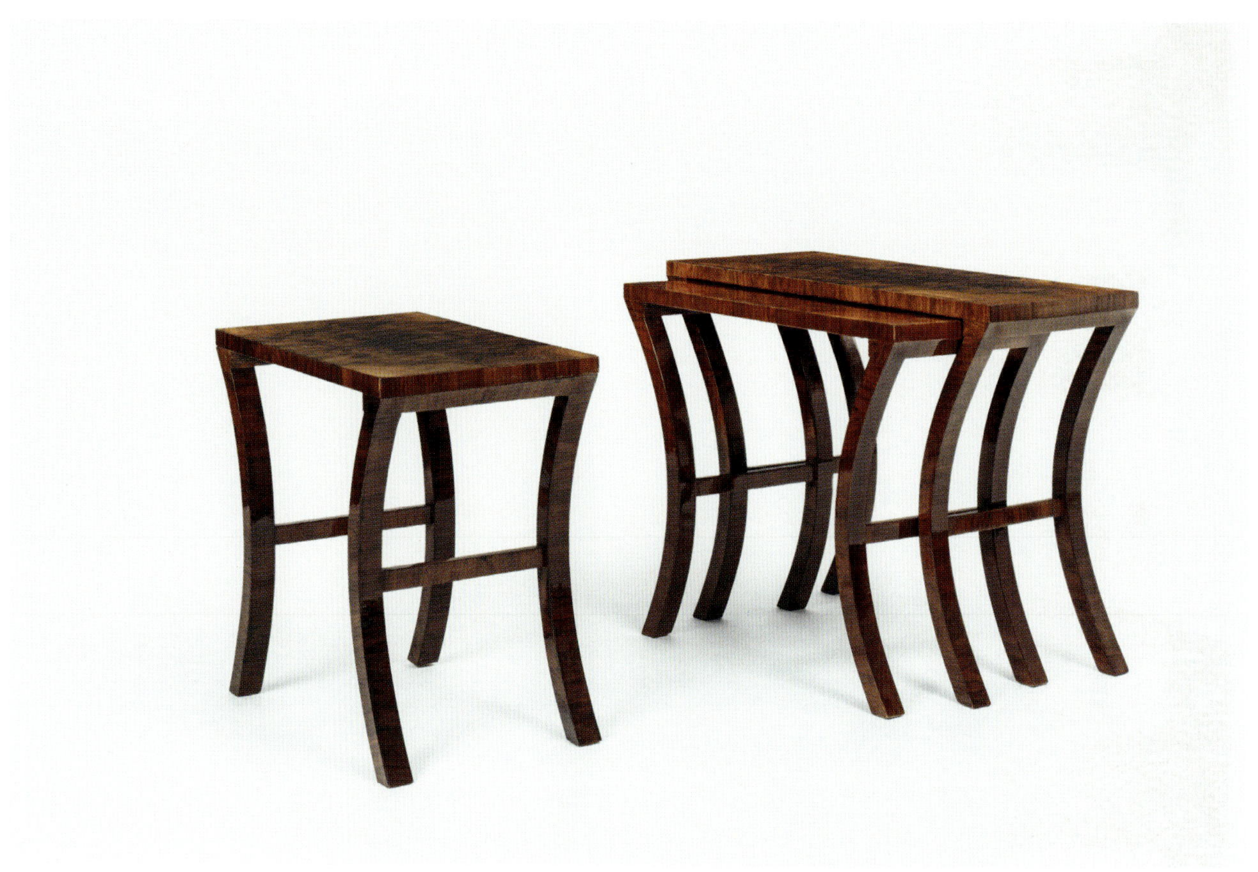

Kat.-Nr. 3
Tischset aus der Wohnung Dr. Alfred Czuczka
Entwurf: Hugo Gorge, um 1925
Nussbaumholz, politiert
H: 62, B: 75, T: 35 cm
Bundesmobilienverwaltung: MD 74.697/1–3

DIE »ÄGYPTISCHEN HOCKER«

Josef Frank wandte sich beim Einrichten moderner Wohnräume gegen den »Wahn von der […] unendlichen Garnitur«, die für ihn, wie er 1931 im Buch »Architektur als Symbol« erläuterte, die »Grundlage des veralteten Kunstgewerbes« darstellte.[5] Die moderne Alternative war in der angelsächsischen Wohnkultur zu finden. Adolf Loos schrieb »über das englische zimmer« 1898 in »Das Sitzmöbel«: »Alle arten von sitzgelegenheiten sind in demselben zimmer vertreten. Jeder kann sich seinen ihm am besten passenden aussuchen.«[6]

Zu den Stühlen, Armlehnsesseln und Kanapees kamen nun vermehrt Hocker in die Wohnzimmer. Historisch betrachtet waren Hocker im höfischen Ambiente niederrangige Sitzgelegenheiten, in modernen bürgerlichen Interieurs boten sie jedoch flexible Möglichkeiten zum Sitzen, als Fußstütze und Ablagefläche. Dreibeinige und vierbeinige, nach alt-

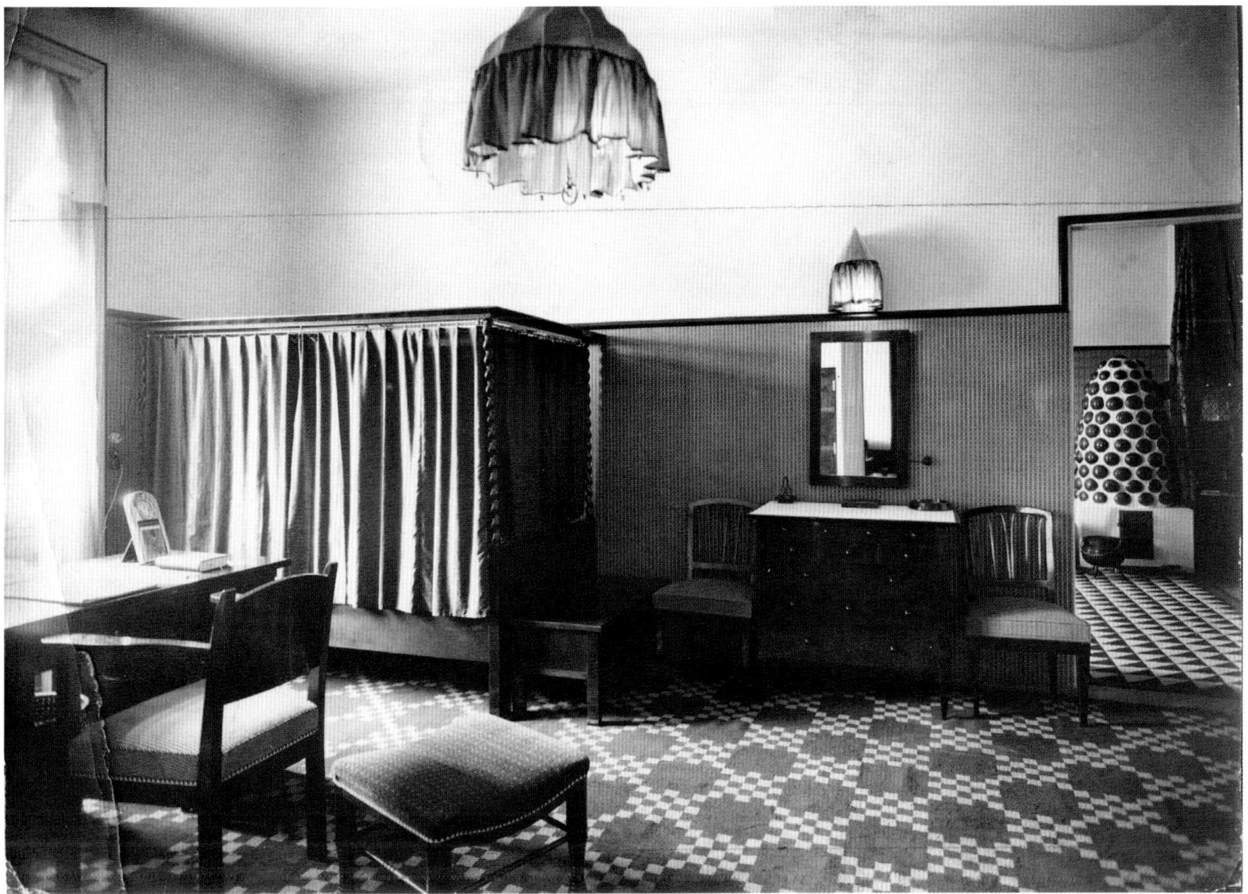

Abb. 7: Josef Frank, Hocker im Schlafzimmer der Wohnung Todesko, 1910 (Bundesmobilienverwaltung, Wien)

ägyptischen Vorbildern gestaltete Hocker illustrieren diese neue Rolle im Wohnraum.

1884 entwarf Leonard F. Wyburd (1865–1958) für das Londoner Ausstattungsunternehmen Liberty mehrere Hocker nach ägyptischen Originalen im British Museum, die als »Thebes Stool« bezeichnet wurden. Er kreierte eine dreibeinige Variante sowie zwei vierbeinige Varianten, wovon eine über rund gedrechselte Beine verfügte, die andere über eckige Beine und Streben.

Um 1900 griff Adolf Loos beide Modelle auf. Die vierbeinige Variante mit den gedrechselten Beinen wurde für ihn von der Firma Friedrich Otto Schmidt ausgeführt und um 1900 in der Wohnung des Kunsthistorikers Dr. Hugo Haberfeld verwendet. Die dreibeinige Variante wurde von seinem »Sesseltischler« Josef Veillich (1853–1929) angefertigt und war mehr als zwei Jahrzehnte lang in Loos-Interieurs zu finden.

Josef Frank verwendete den vierbeinigen, gedrechselten Hocker bereits 1910 in der Wohnung seiner Schwester und übernahm das Modell 1925 ins Programm seiner Firma Haus & Garten. (Abb. 7) Den dreibeinigen Hocker gestaltete er für Haus & Garten mit zwei Beinen hinten und einem vorne. Für das Stockholmer Ausstattungsunternehmen Svenskt Tenn entwickelte er den ägyptischen Hockertyp mit den eckigen Beinen weiter. Dieses Modell ist bei Svenskt Tenn noch in Produktion.

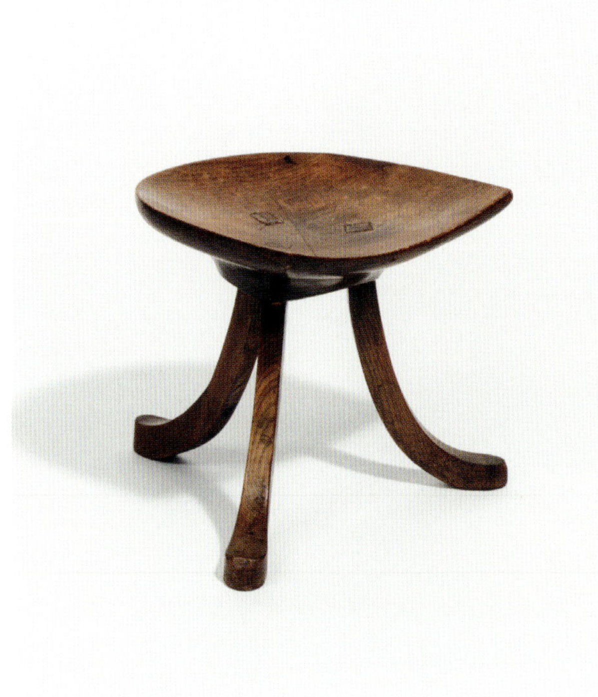

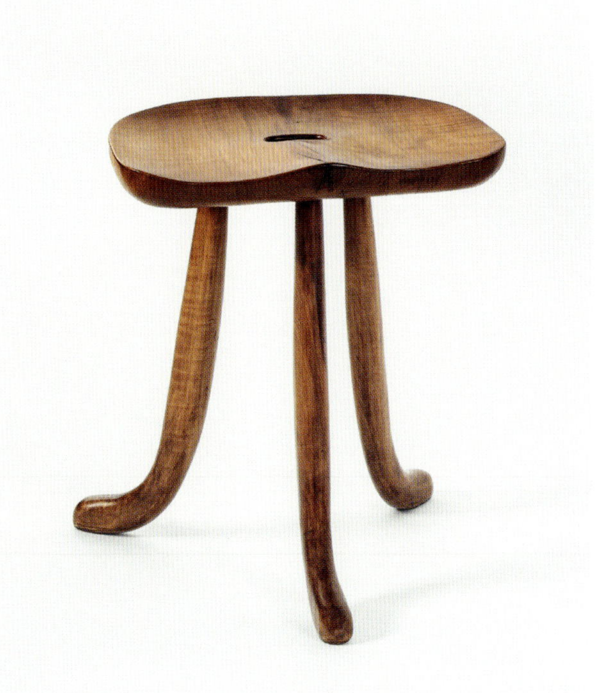

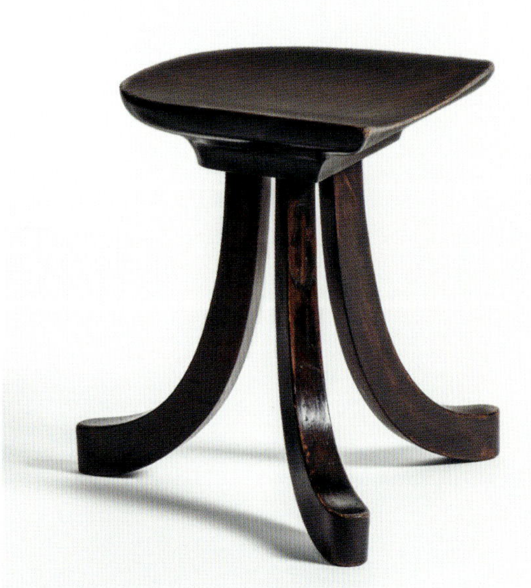

Kat.-Nr. 4
»Thebes Stool« mit drei Beinen
Entwurf: Leonard F. Wyburd, 1884
Ausführung: Liberty, London
Eiche, politiert
H: 34, B: 42,5, T: 37,5 cm
Bundesmobilienverwaltung: MD 52.462

Kat-Nr. 5
Ägyptischer Hocker mit drei Beinen
Entwurf: Adolf Loos, um 1900
Ausführung: Josef Veillich, Wien
Kirschbaumholz, dunkel gebeizt, politiert
H: 38,5, B: 40,5, T: 36 cm
Bundesmobilienverwaltung: MD 52.461

Kat.-Nr. 6
Ägyptischer Hocker mit drei Beinen
Entwurf: Josef Frank, um 1925
Ausführung: Haus & Garten, Wien
Birnbaumholz, politiert
H: 41, B: 35 T: 26 cm
Bundesmobilienverwaltung: MD 76.736

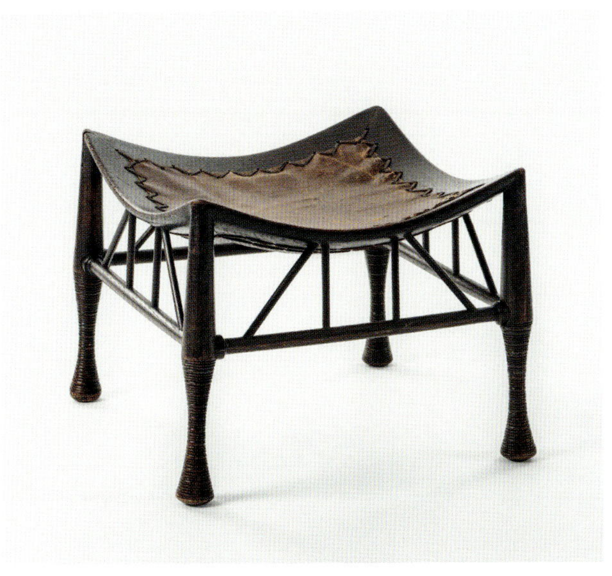

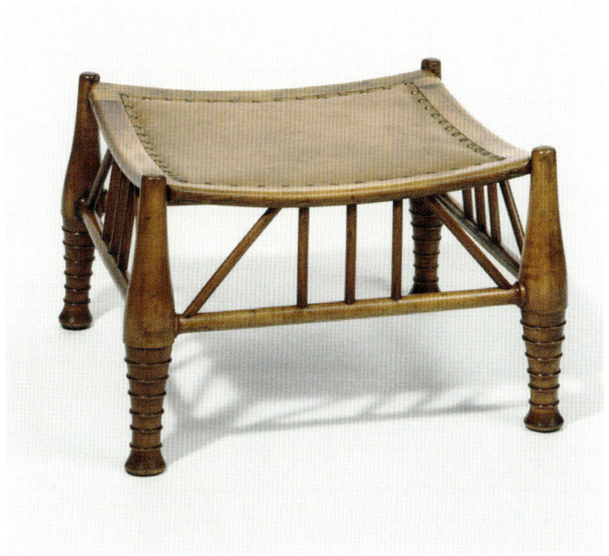

Kat.-Nr. 7
»Thebes Stool« mit vier Beinen
Entwurf: Leonard F. Wyburd, 1884
Ausführung: Liberty, London
Eiche, teilweise gedrechselt, politiert, Sitzfläche: Leder
H: 36, B/T: 46,5 cm
Bundesmobilienverwaltung: MD 75.889

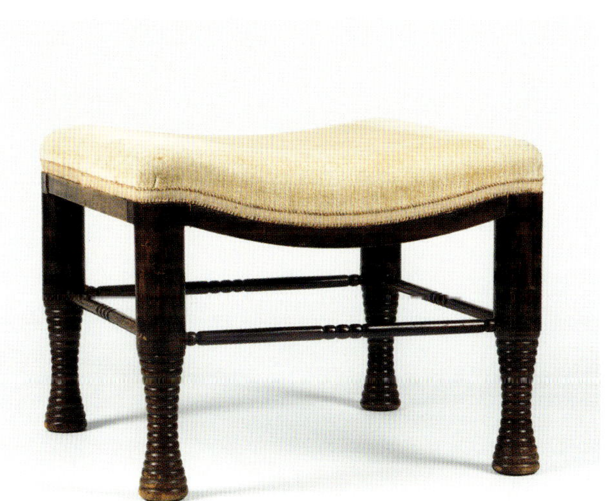

Kat.-Nr. 8
Ägyptischer Hocker mit vier Beinen
Entwurf: Adolf Loos, um 1900
Ausführung: Friedrich Otto Schmidt, Wien
Ahorn, teilweise gedrechselt, politiert, Sitzfläche: Leder
H: 42, B: 63,5, T: 64,5 cm
Bundesmobilienverwaltung: MD 66.008

Kat.-Nr. 9
Ägyptischer Hocker für die Wohnung Tedesko
Entwurf: Josef Frank, 1910
Ausführung: Leopold Spitzer, Wien
Buche, teilweise gedrechselt, poliert, Stoffbespannung
H: 39,5, B/T: 51 cm
MAK – Museum für angewandte Kunst, Wien: H 3874 (Foto: © MAK/Nathan Murrell)

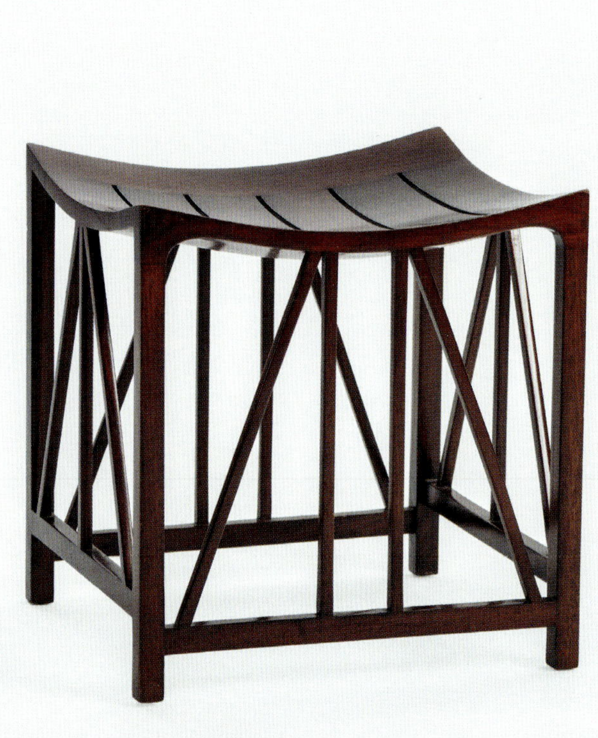

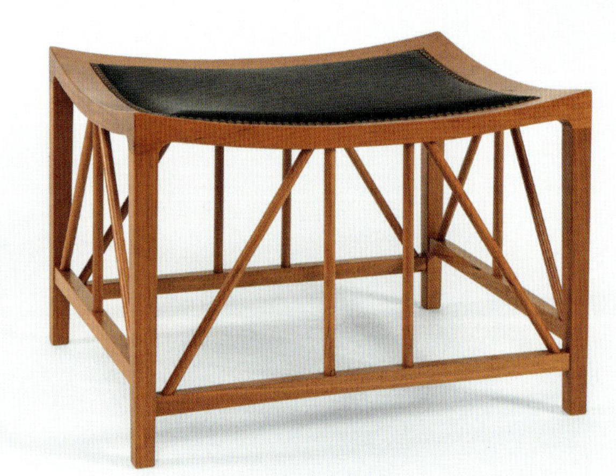

Kat.-Nr. 10
»Thebes Stool« mit vier Beinen
Entwurf: Leonard F. Wyburd, 1884
Ausführung: Liberty's, London
Mahagoni, politiert
H: 37, B: 35, T: 32 cm
Bundesmobilienverwaltung: MD 75.890

Kat.-Nr. 11
Ägyptischer Hocker mit vier Beinen
Entwurf: Josef Frank, um 1935/40
Ausführung: Svenskt Tenn, Stockholm
Kirschbaumholz, politiert, Sitzfläche: Leder
H: 38, B: 52, T: 42 cm
Bundesmobilienverwaltung: MD 71.527

DIE WOHNUNG VON BETTINA UND ISIDORE E. COHEN VON HAUS & GARTEN, 1932

In der Sammlung der Bundesmobilienverwaltung befindet sich eine vollständige Wohnungseinrichtung, entworfen von Josef Frank und ausgeführt von Haus & Garten, die 1932 zur Hochzeit von Bettina Kerner (1906–1999) und Isidore E. Cohen (1893–1963) in Auftrag gegeben worden war.[7]

Bettina Kerner war eine Mitarbeiterin in Josef Franks Einrichtungshaus Haus & Garten. Die Familie Kerner war mit Josef Frank verschwägert und mit Franks Bauherrenfamilien Bunzl und Biach verwandt. Bettina hatte den aus England stammenden und in Ägypten tätigen Bankmanager Isidore Cohen 1928 bei der Sommerfrische in Bad Aussee kennengelernt. In den nächsten Sommern trafen sie einander wieder, im Juli 1932 heiratete das Paar in Wien.

Die Möbel für ihre zukünftige Wohnung in Alexandria bestellte Bettina Cohen bei Haus & Garten. Sie wählte zwei Betten und Nachtkästchen, einen Wäscheschrank und einen Wandspiegel für das Schlafzimmer, einen Esstisch mit sechs Stühlen und zwei Armlehnstühlen sowie zwei Anrichten für das Esszimmer aus. Für das Wohnzimmer bestellte sie einen mit Stoff bespannten Kabinettschrank, unterschiedliche Armlehnsessel und Hocker sowie einen runden Beistelltisch. (Abb. 8–9) Zwei der ausgewählten Möbel – der schwere Polsterfauteuil und der grün lackierten Schreibsekretär – waren im Sommer 1932 auch in Josef Franks eigenem Musterhaus in der Wiener Werkbundsiedlung zu sehen. (Abb. 1)

Im Herbst 1932 reiste das Ehepaar Cohen mit den neuen Möbeln von Haus & Garten nach Alexandria in Ägypten, wo die Familie bis in die frühen 1950er-Jahre lebte. 1954 übersiedelten Bettina und Isidore Cohen mit ihren Kindern Michael und Celia nach England. Sie nahmen alle Möbel von Haus & Garten in das neue, südlich von London gelegene Wohnhaus mit.

Nach dem Tod der Eltern betreute Tochter Celia Male-Cohen (1937–2017) deren Haus samt den Möbeln zunächst weiter.[8] Als sie das Wohnhaus verkaufen wollte, suchte sie nach einem neuen Zuhause für die Möbel von Haus & Garten. Da das Victoria & Albert Museum in London kein Interesse an Wiener Möbeln der Zwischenkriegszeit hatte, fragte ein Freund der Familie in Wien nach. 2010 konnte das gesamte Ensemble mit den noch erhaltenen Angeboten und Rechnungen direkt aus dem Familienbesitz erworben werden und reiste zurück nach Wien.

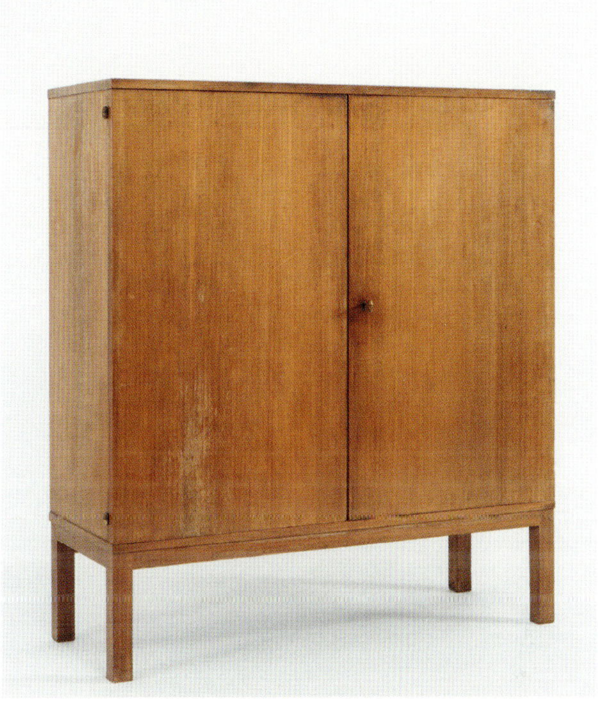

Schlafzimmer

Kat.-Nr. 12
Wäscheschrank aus der Wohnung Cohen
Entwurf: Josef Frank, um 1925
Mahagoni, politiert, Bronzebeschläge
Ausführung: Haus & Garten, Wien
H: 130,3, B: 118, T: 44,5 cm
Bundesmobilienverwaltung: MD 74.643

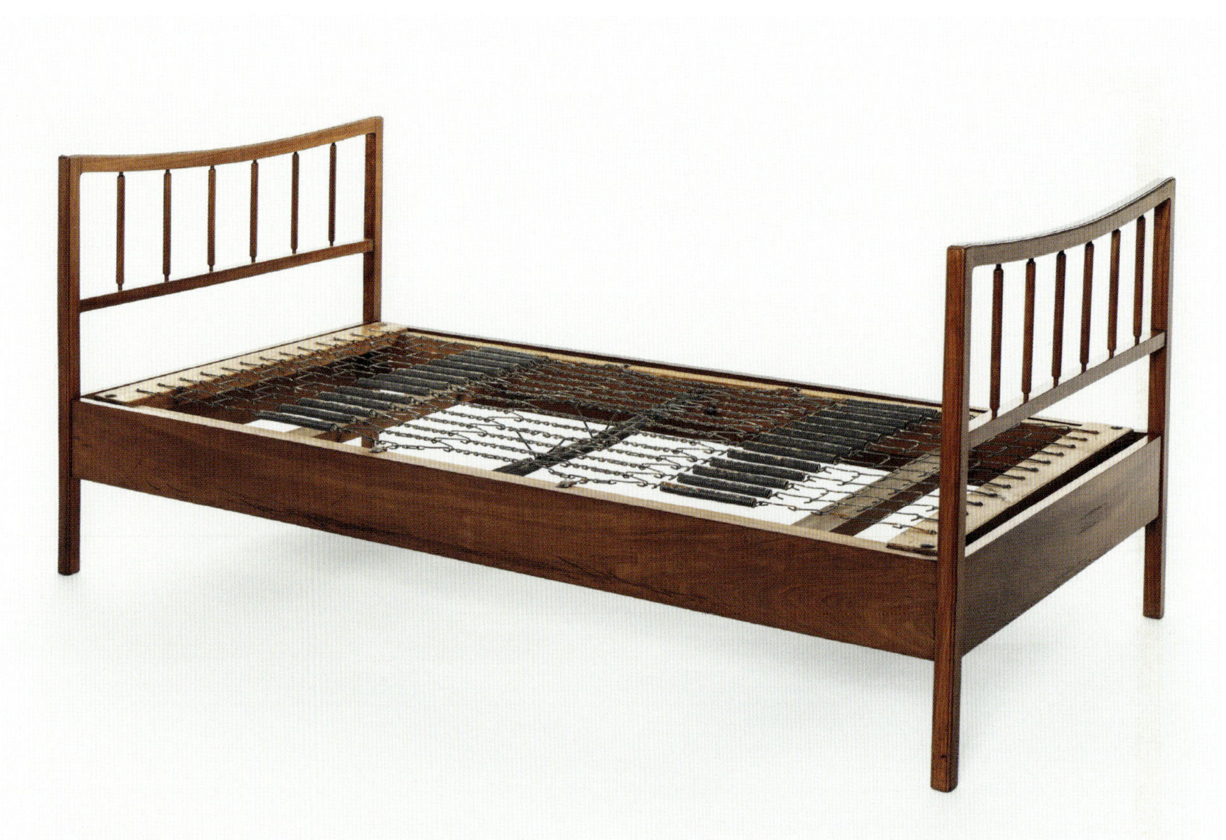

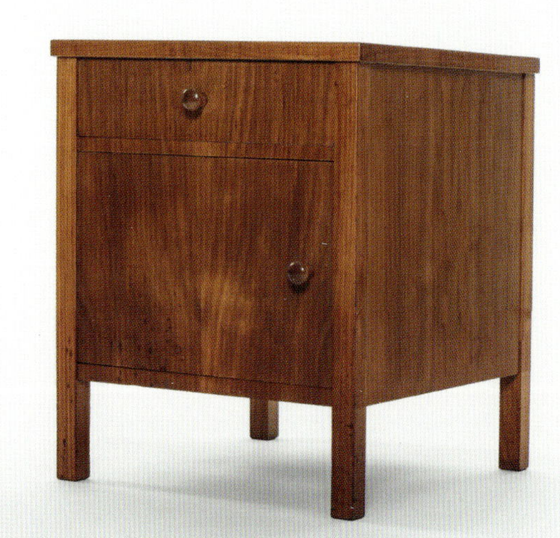

Kat.-Nr. 13
Zwei Betten aus der Wohnung Cohen
Entwurf: Josef Frank, um 1925
Ausführung: Haus & Garten, Wien
Kirschbaumholz, politiert
H: 85,5, B: 100, T: 206 cm
Bundesmobilienverwaltung: MD 74.646 und MD 74.647

Kat.-Nr. 14
Zwei Nachtkästchen aus der Wohnung Cohen
Entwurf: Josef Frank, um 1925
Ausführung: Haus & Garten, Wien
Kirschbaumholz, politiert
H: 50,5, B: 41, T: 48 cm
Bundesmobilienverwaltung: MD 74.648 und MD 74.649

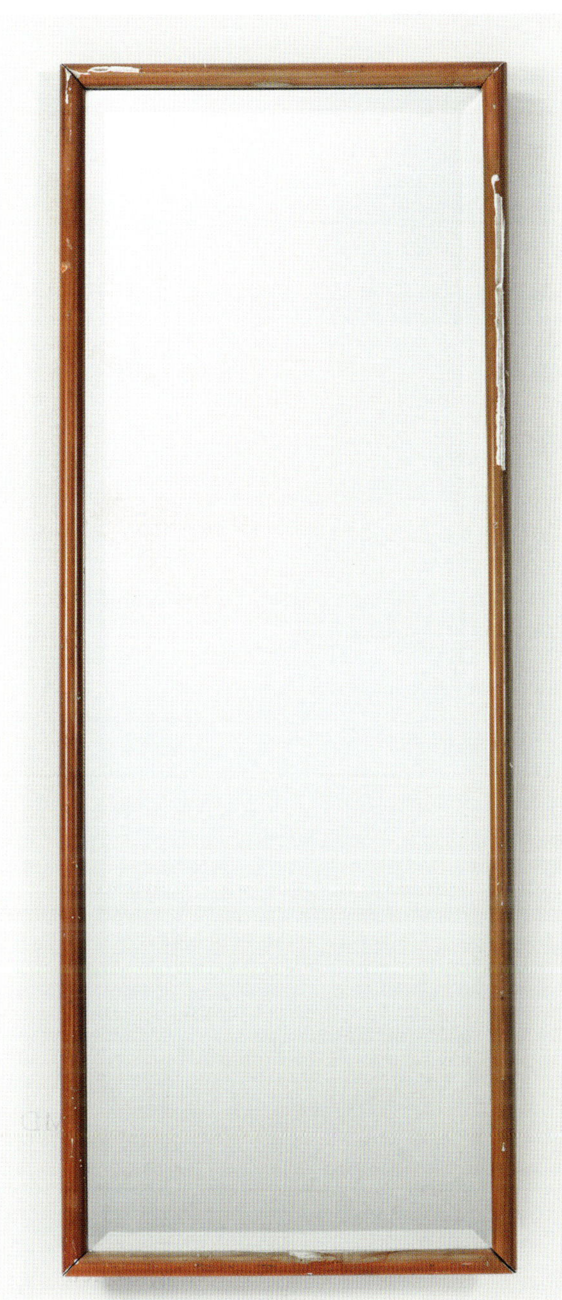

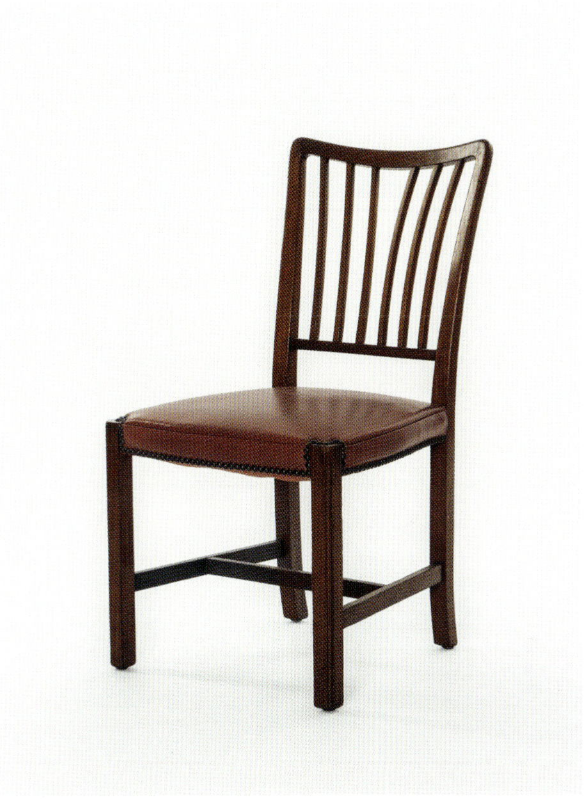

Speisezimmer

Kat.-Nr. 16
Sechs Speisezimmerstühle »Aktionär« aus der Wohnung Cohen
Entwurf: Josef Frank, um 1925
Ausführung: Haus & Garten, Wien
Mahagoni, politiert, Lederbespannung
H: 86, B: 47, T: 56,5 cm
Bundesmobilienverwaltung: MD 74.627 bis MD 74.632

Kat.-Nr. 15
Wandspiegel aus der Wohnung Cohen
Entwurf: Josef Frank, um 1925
Ausführung: Haus & Garten, Wien
Buche, rot lackiert, Spiegelglas
H: 145,5, B: 54,5, T: 4 cm
Bundesmobilienverwaltung: MD 74.650

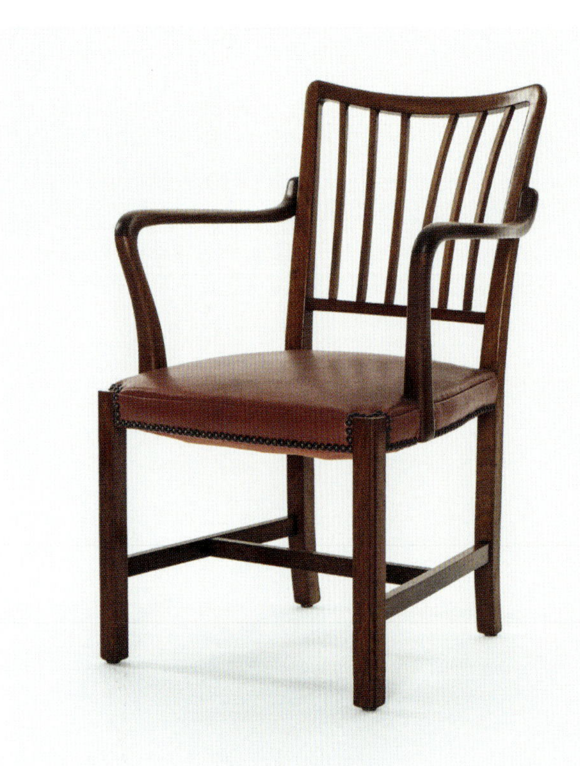

Kat.-Nr. 17
Zwei Armlehnstühle »Aktionär« aus der Wohnung Cohen
Entwurf: Josef Frank, um 1925
Ausführung: Haus & Garten, Wien
Mahagoni, politiert, Lederbespannung
H: 86, B: 57,5, T: 60,5 cm
Bundesmobilienverwaltung: MD 74.633 und MD 74.634

Kat.-Nr. 18
Esstisch aus der Wohnung Cohen
Entwurf: Josef Frank, um 1925
Ausführung: Haus & Garten, Wien
Mahagoni, politiert
H: 73,5, B: 125 (ohne Auszug), T: 91 cm
Bundesmobilienverwaltung: MD 74.641

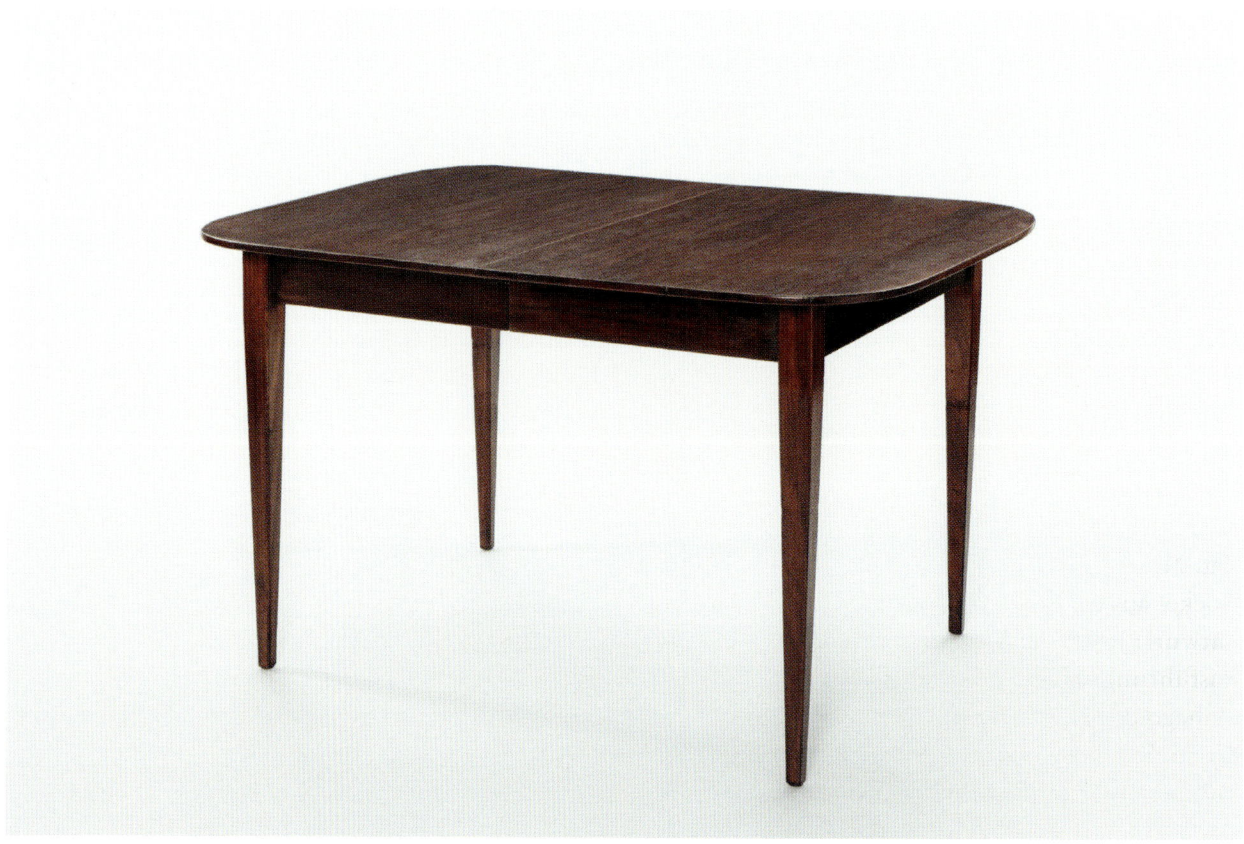

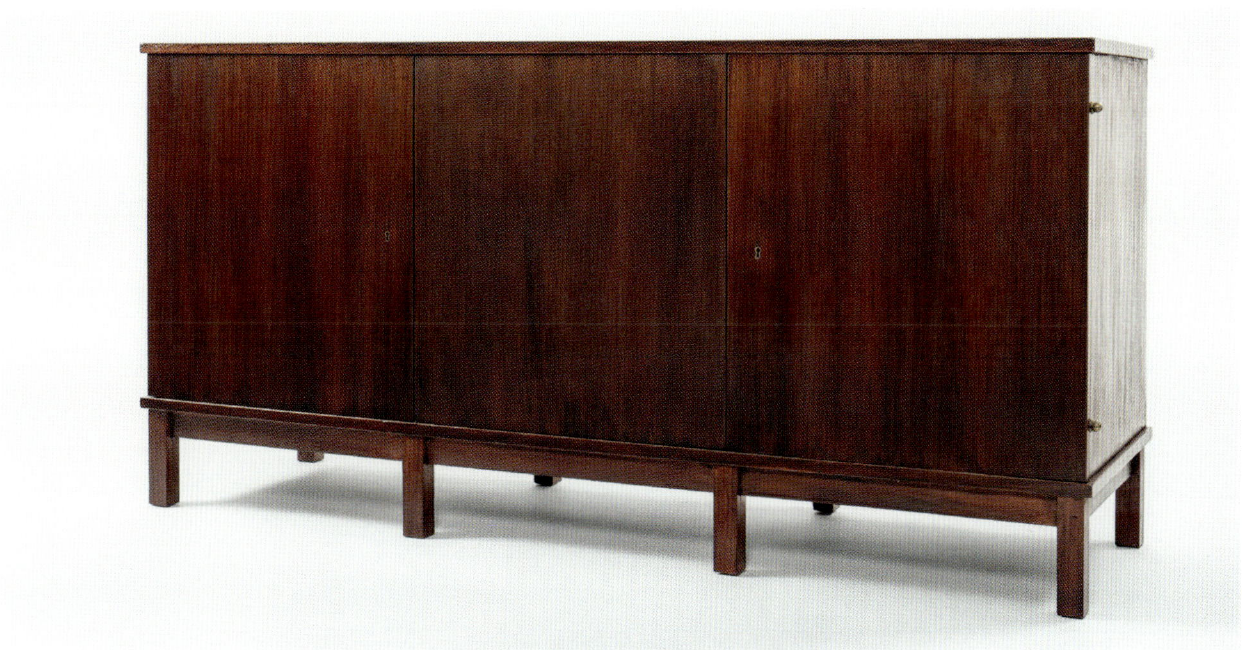

Kat.-Nr. 19
Große Anrichte aus der Wohnung Cohen
Entwurf: Josef Frank, um 1925
Ausführung: Haus & Garten, Wien
Mahagoni, politiert
H: 85,5, B: 174, T: 56,5 cm
Bundesmobilienverwaltung: MD 74.644

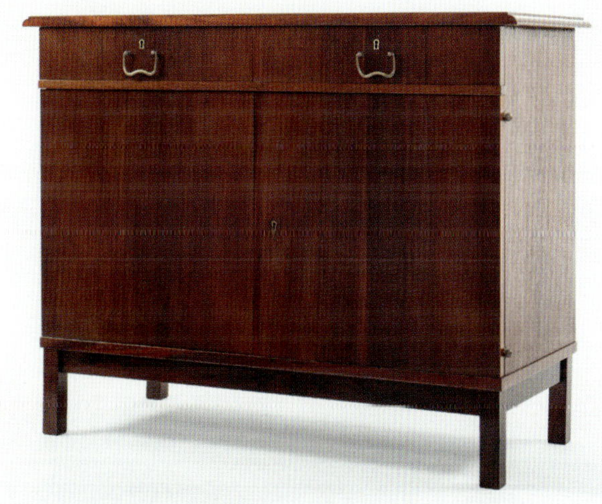

Kat.-Nr. 20
Kleine Anrichte aus der Wohnung Cohen
Entwurf: Josef Frank, um 1925
Ausführung: Haus & Garten, Wien
Mahagoni, politiert
H: 86, B: 108, T: 46 cm
Bundesmobilienverwaltung: MD 74.645

Wohnzimmer

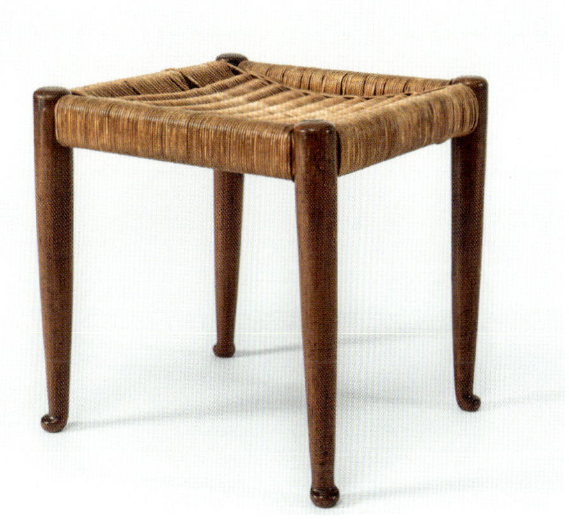

Kat.-Nr. 21
Hocker aus der Wohnung Cohen
Entwurf: Josef Frank, um 1925
Ausführung: Haus & Garten, Wien
Mahagoni, politiert, Peddigrohrgeflecht
H: 40, B/T: 38,5 cm
Bundesmobilienverwaltung: MD 74.635

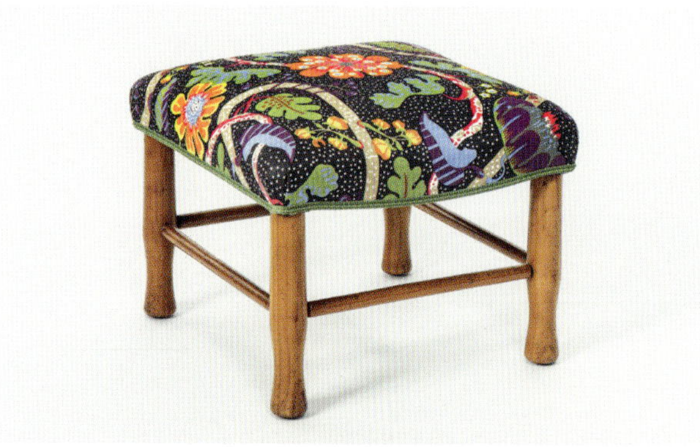

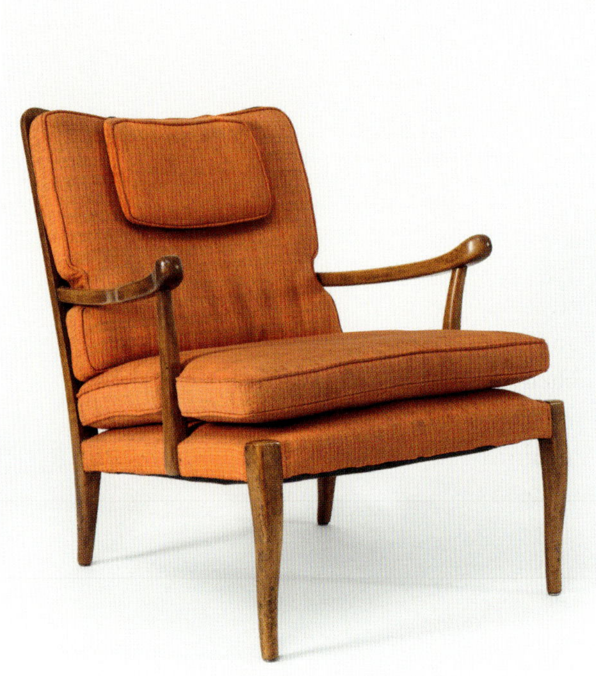

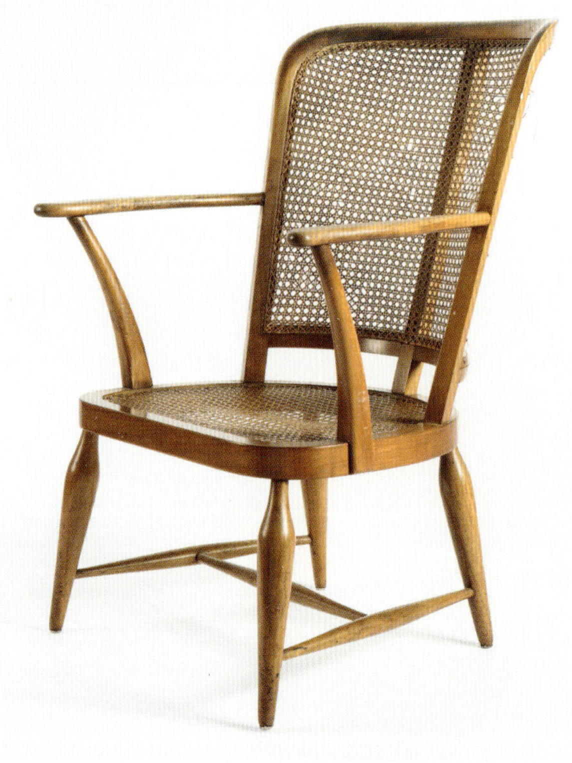

Kat.-Nr. 22
Hocker aus der Wohnung Cohen
Entwurf: Josef Frank, um 1925
Ausführung: Haus & Garten, Wien
Kirschbaumholz, Stoffbespannung mit Josef Frank-Stoff »Miracle« erneuert
H: 36,5, B/T: 49 cm
Bundesmobilienverwaltung: MD 74.636

Kat.-Nr. 23
Armlehnstuhl »Schnitzler« aus der Wohnung Cohen
Entwurf: Josef Frank, um 1925
Ausführung: Haus & Garten, Wien
Mahagoni, politiert, Rohrgeflecht
H: 91, B: 63, T: 65 cm
Bundesmobilienverwaltung: MD 74.637

Kat.-Nr. 24
Armlehnstuhl »Stendal« aus der Wohnung Cohen
Entwurf: Josef Frank, um 1925
Ausführung: Haus & Garten, Wien
Mahagoni, politiert, historische Stoffbespannung
H: 81, B: 66, T: 87 cm
Bundesmobilienverwaltung: MD 74.638

Kat.-Nr. 25
Fauteuil aus der Wohnung Cohen
Entwurf: Josef Frank, um 1925
Ausführung: Haus & Garten, Wien
Mahagoni, politiert, historische Stoffbespannung
H: 82, B: 93, T: 104 cm
Bundesmobilienverwaltung: MD 74.639

Kat.-Nr. 26
Runder Beistelltisch »Butterfly« aus der Wohnung Cohen
Entwurf: Josef Frank, um 1925
Ausführung: Haus & Garten, Wien
Mahagoni, politiert
H: 35,5, DM: 59,5 cm
Bundesmobilienverwaltung: MD 74.640

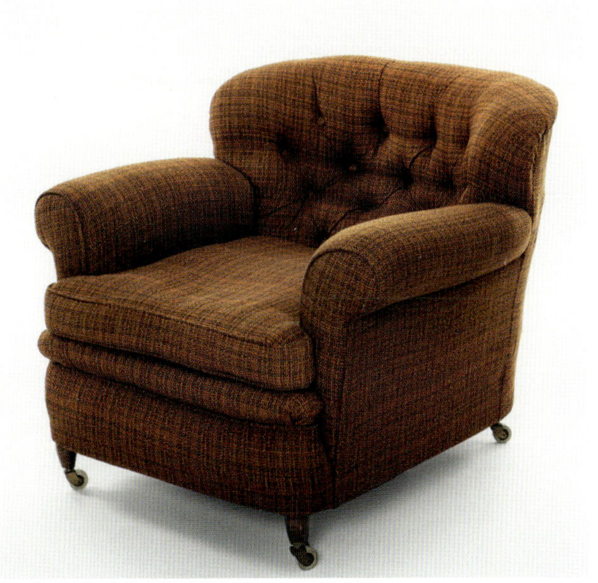

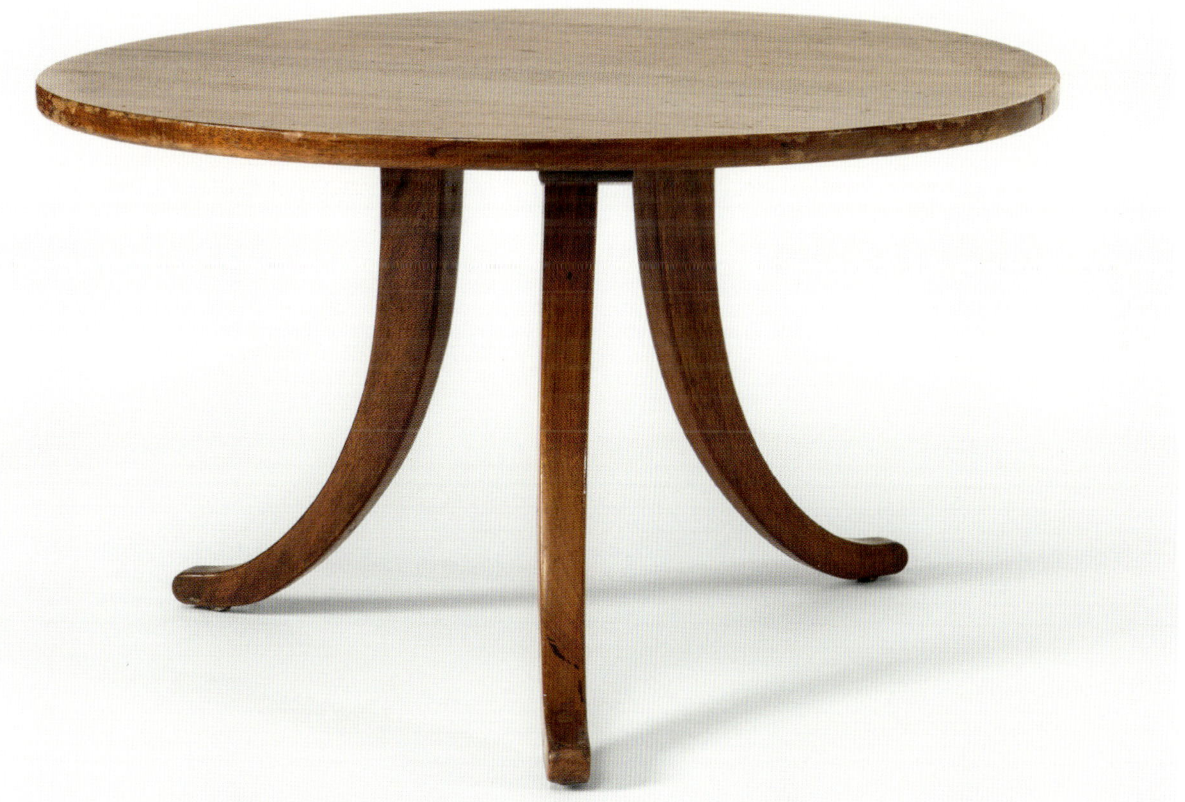

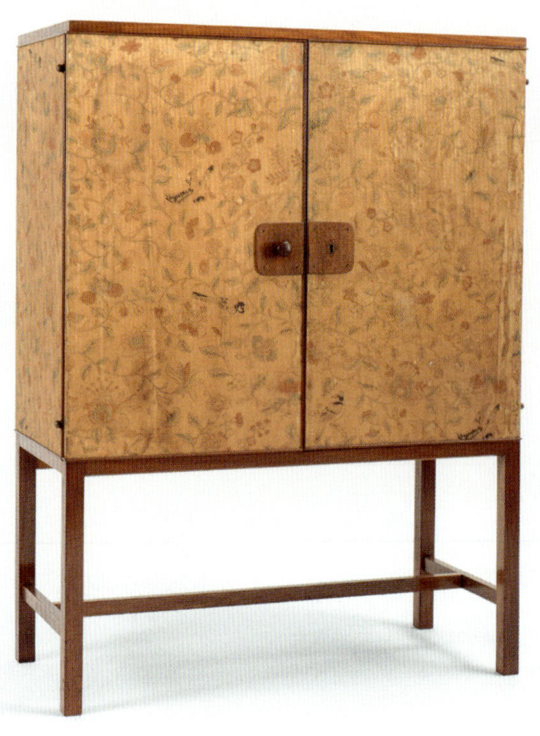

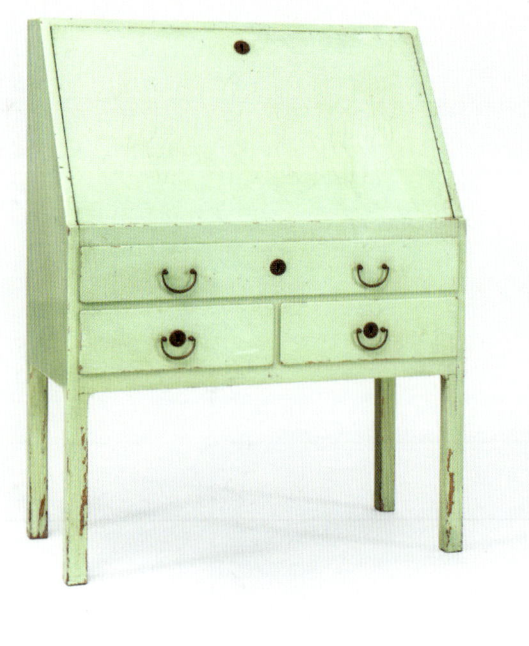

Kat.-Nr. 27
Wäscheschrank »Colibri« aus der Wohnung Cohen
Entwurf: Josef Frank, um 1925
Ausführung: Haus & Garten, Wien
Mahagoni, politiert, originale Chintz-Bespannung
H: 136, B: 104, T: 49 cm
Bundesmobilienverwaltung: MD 74.642

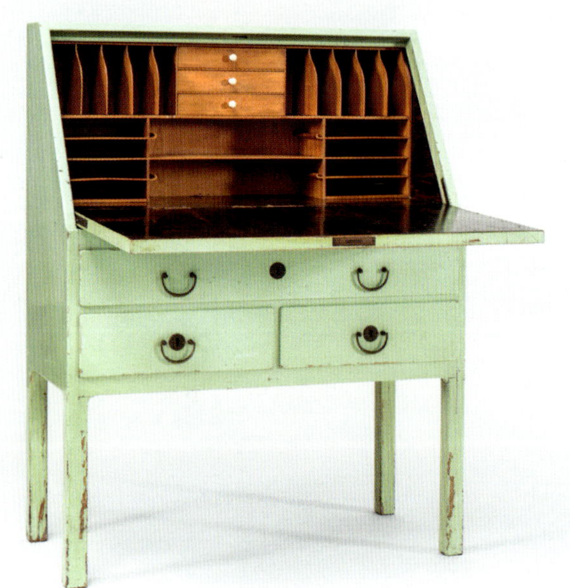

Kat.-Nr. 28
Schreibsekretär »Jugend« aus der Wohnung Cohen
Entwurf: Josef Frank, um 1925
Ausführung: Haus & Garten, Wien
Buche, grün lackiert, innen: Ebenholz und Kirschbaumholz, politiert, Bronzebeschläge
H: 109,5, B: 83,5, T: 41,5 cm
Bundesmobilienverwaltung: MD 74.651

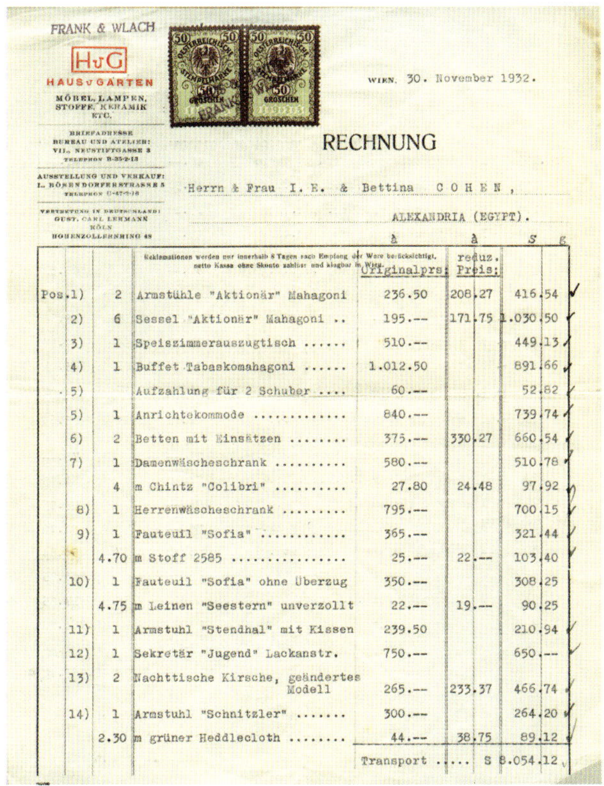

FRANK & WLACH

HuG
HAUS u GARTEN
MÖBEL, LAMPEN, STOFFE, KERAMIK ETC.

BRIEFADRESSE
BUREAU UND ATELIER:
VII., NEUSTIFTGASSE 3
TELEPHON B-35-2-13

AUSSTELLUNG UND VERKAUF:
I., BÖSENDORFERSTRASSE 5
TELEPHON U-47-2-18

VERTRETUNG IN DEUTSCHLAND:
GUST. CARL LEHMANN
KÖLN
HOHENZOLLERNRING 48

WIEN, 30. November 1932.

RECHNUNG

Herrn & Frau I. E. & Bettina COHEN,
ALEXANDRIA (EGYPT).

Reklamationen werden nur innerhalb 8 Tagen nach Empfang der Ware berücksichtigt, netto Kassa ohne Skonto zahlbar und klagbar in Wien.

Pos.			à Originalprs:	à reduz. Preis:	S g
1)	2	Armstühle "Aktionär" Mahagoni	236.50	208.27	416.54
2)	6	Sessel "Aktionär" Mahagoni ..	195.--	171.75	1.030.50
3)	1	Speiszimmerauszugtisch	510.--		449.13
4)	1	Buffet Tabaskomahagoni	1.012.50		891.66
5)		Aufzahlung für 2 Schuber	60.--		52.82
5)	1	Anrichtekommode	840.--		739.74
6)	2	Betten mit Einsätzen	375.--	330.27	660.54
7)	1	Damenwäscheschrank	580.--		510.78
	4	m Chintz "Colibri"	27.80	24.48	97.92
8)	1	Herrenwäscheschrank	795.--		700.15
9)	1	Fauteuil "Sofia"	365.--		321.44
	4.70	m Stoff 2585	25.--	22.--	103.40
10)	1	Fauteuil "Sofia" ohne Überzug	350.--		308.25
	4.75	m Leinen "Seestern" unverzollt	22.--	19.--	90.25
11)	1	Armstuhl "Stendhal" mit Kissen	239.50		210.94
12)	1	Sekretär "Jugend" Lackanstr.	750.--		650.--
13)	2	Nachttische Kirsche, geändertes Modell	265.--	233.37	466.74
14)	1	Armstuhl "Schnitzler"	300.--		264.20
	2.30	m grüner Heddlecloth	44.--	38.75	89.12
			Transport		S 8.054.12

Abb. 8: Rechnung von Haus & Garten, 1932
(Bundesmobilienverwaltung, Wien)

Pos.			à Originalpreis:	à reduz. Preis:	S g
		Transport			8.054.12
15)	1	Serviertischgestell mit Tasse	48.--		41.16
16)	1	Rote Tasse	17.50		15.42
17)	8	Lacktassen pro Stk. S 2.40	19.20		16.90
18)	3	Bastdeckerl " " " 3.40	10.20		8.97
19)	1	Schleiflackspiegelrahmen mit Rückwand	57.--		45.31
20)	1	Toilettetisch mit 2 Laden .	202.--		177.89
21)	4.40	m div.schwed.Kissenstoffe .	9.20	8.10	35.64
22)	-.50	m Leinen "Dryade"	11.30	9.94	4.97
23)	-.50	m Leinen "Haway"	12.30	10.82	5.41
24)	-.50) -.80)	m Leinen "Aralia"	11.20	9.85	12.80
25)	-.50	m Leinen "Kirschzweige" ...	12.80	11.27	5.63
26)	1	Hocker "Pharao" Lackiert bereits ermäßigt auf	81.--		78.--
27)	1	Hocker "Lido"	73.50		64.73
28)	1	Hocker "Genua" gepolster ..	106.--		93.36
29)	3	lackierte Holzlampen à S 12.-	36.--		31.70
30)	12	m Gardin weiss unverzollt .	5.20	4.57	54.84
					8.746.85
31)	7	Zierschlüssel		2.55	17.85
					8.764.70
			Stempel ..		1.--
				S	8.765.70

Sämtliche Schäden oder Folgen ... des Bestellers.

MD 0 74625/008

Abb. 9: Rechnung von Haus & Garten, 1932
(Bundesmobilienverwaltung, Wien)

MÖBEL VON ROSL WEISER VON HAUS & GARTEN

Rosl (Rosa) Weiser (1897–1982) gehörte – wie Ernst A. Plischke – zu den Schülern von Josef Frank an der Wiener Kunstgewerbeschule und danach eine Mitarbeiterin in seinem Baubüro. Ihre Arbeit als Architektin, Innenarchitektin und Designerin ist bisher nur fragmentarisch fassbar.

Umso bemerkenswerter war die Einrichtung ihrer Wohnung mit zahlreichen sehr unterschiedlichen Möbeln von Haus & Garten. 1974 und 1978 verkaufte sie dem MAK – Museum für angewandte Kunst in Wien mehrere Möbel der Firma, darunter seltene Modelle wie ein Schreibtisch aus Pyramiden-Mahagoni und ein Wäscheschrank aus Rosenholz, beide mit abgerundeten Ecken.

Die Ankäufe des MAK umfassten nicht die gesamte Einrichtung von Rosl Weiser. Eine kleine Ladenkommode aus ihrer Wohnung wurde erst mehrere Jahre nach ihrem Tod von Angehörigen an den Wiener Antiquitätenhandel weitergegeben und konnte 2009 für die Sammlung der Bundesmobilienverwaltung erworben werden.

Auf der Unterseite einer Lade der Kommode klebt ein Zettel mit der Aufschrift »Arch. Rosl Weiser, Wien III, Landstr. Hauptstr. 13«. Landstraßer Hauptstraße 13/33 war die Wohnadresse der Architektin. Wie Rosl Weisers Schrift auf ihren Meldezetteln zeigt, hat sie den Zettel in der Kommode selbst geschrieben.[9] (Abb. 10)

Die Möbel von Haus & Garten aus der Wohnung von Rosl Weiser werfen die Frage auf, in welcher Weise die Architektin als Möbeldesignerin bei Haus & Garten tätig war. Die Antwort ist derzeit noch offen.

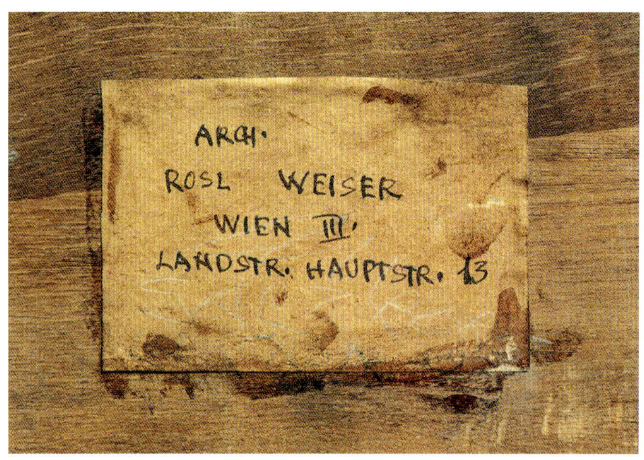

Abb. 10: Detail von Kommode Kat.-Nr. 29 mit der Adresse von Rosl Weiser (Bundesmobilienverwaltung, Wien)

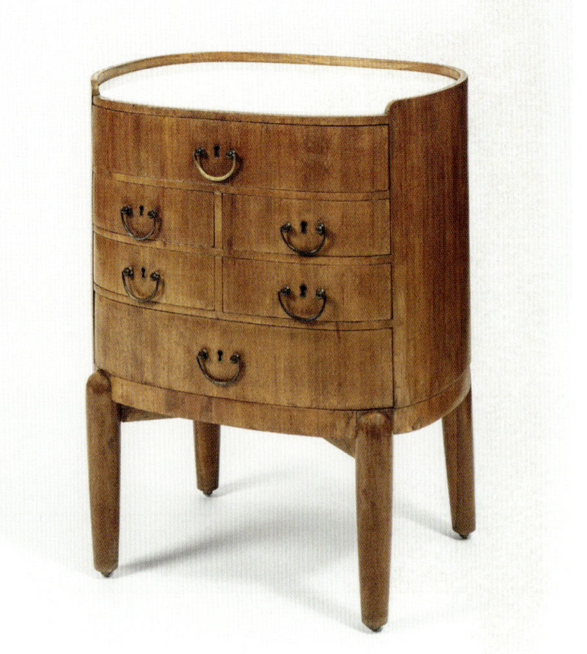

Kat.-Nr. 29
Kleine Kommode aus der Wohnung Weiser
Entwurf: Josef Frank, um 1925
Ausführung: Haus & Garten, Wien
Mahagoni, politiert, Milchglas, Messingbeschläge
H: 74, B: 60, T: 46 cm
Bundesmobilienverwaltung: MD 72.962

Kat.-Nr. 30
Schreibtisch aus der Wohnung Weiser
Entwurf: Josef Frank, um 1925
Ausführung: Karl Scheitel für Haus & Garten, Wien
Pyramiden-Mahagoni, politiert, Messingbeschläge, Lederbespannung, erneuert
H: 75, B: 152, T: 75 cm
MAK – Museum für angewandte Kunst, Wien: H 2279
(Foto: © MAK)

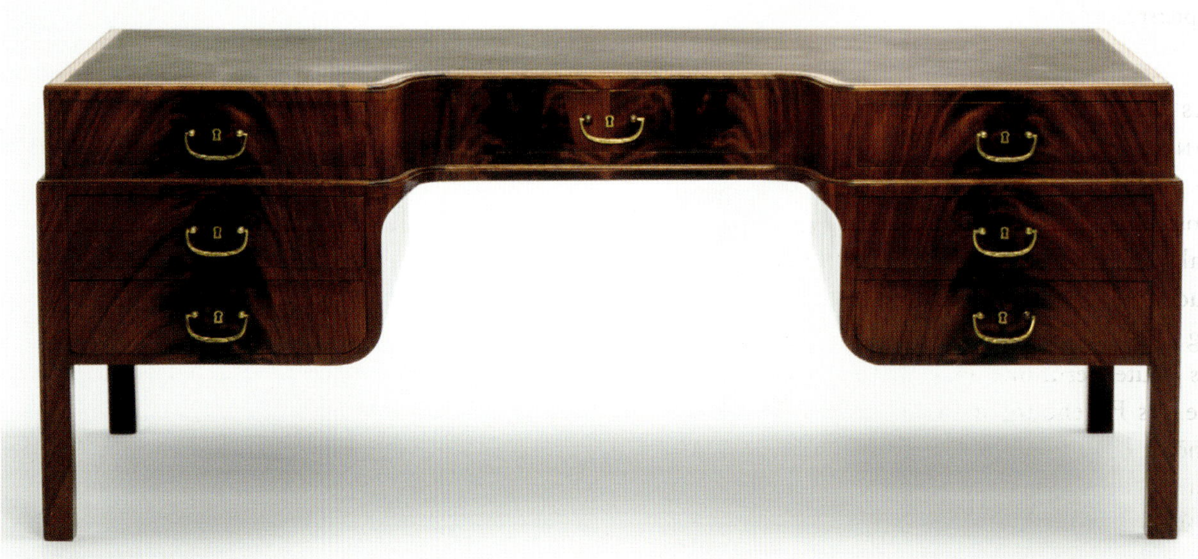

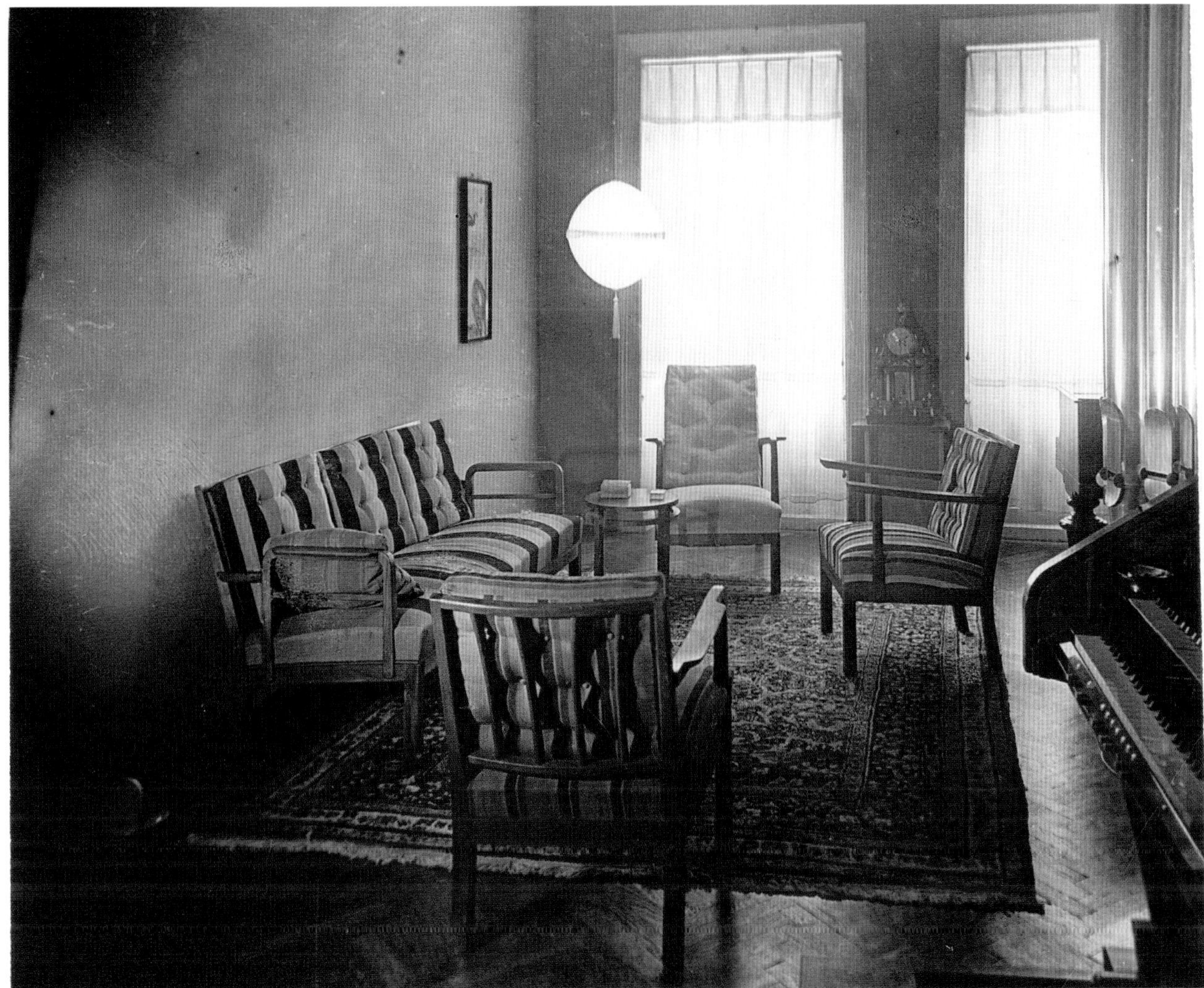

Abb. 11: Ernst A. Plischke, Wohnzimmer von Bruno Gamerith in Eggenburg, 1928 (Plischke-Nachlass im Kupferstichkabinett der Akademie der bildenden Künste, Wien, © Bildrechte, Wien 2025)

DAS WOHNZIMMER VON BRUNO GAMERITH VON ERNST A. PLISCHKE, 1928

Ernst A. Plischke (1903–1992) war mit dem Maler Walter Gamerith (1903–1949) seit der gemeinsamen Studienzeit an der Akademie der bildenden Künste eng befreundet und plante für den Maler 1933/34 das heute berühmte Haus Gamerith am Attersee. Die aus Eggenburg stammende Familie Gameriths gehörte bereits in den späten 1920er-Jahren zu den ersten Auftraggebern des jungen Architekten.

Walters Bruder Bruno Gamerith (1905–1988) war blind und lebte in seiner Heimatstadt Eggenburg als Organist im Wohnhaus der Familie am Hauptplatz. Für ihn richtete Plischke 1928 ein Wohnzimmer mit eingebauter Orgel ein. Die übrige Möblierung des Wohn- und Musikzimmers bestand aus einer Sitzbank, die mit einem mehrfarbig gestreiften Stoff bezogenen war, mehreren unterschiedlichen Armlehnstühlen und einem »Kanadier«-Armlehnsessel mit zugehörigem Hocker und einem runden Beistelltisch.[10] (Abb. 11)

Das Kanapee, einer der Armlehnstühle sowie der »Kanadier«-Armlehnsessel mit Hocker und Beistelltisch blieben im Familienbesitz erhalten und konnten 2004 und 2009 für die Sammlung angekauft werden.

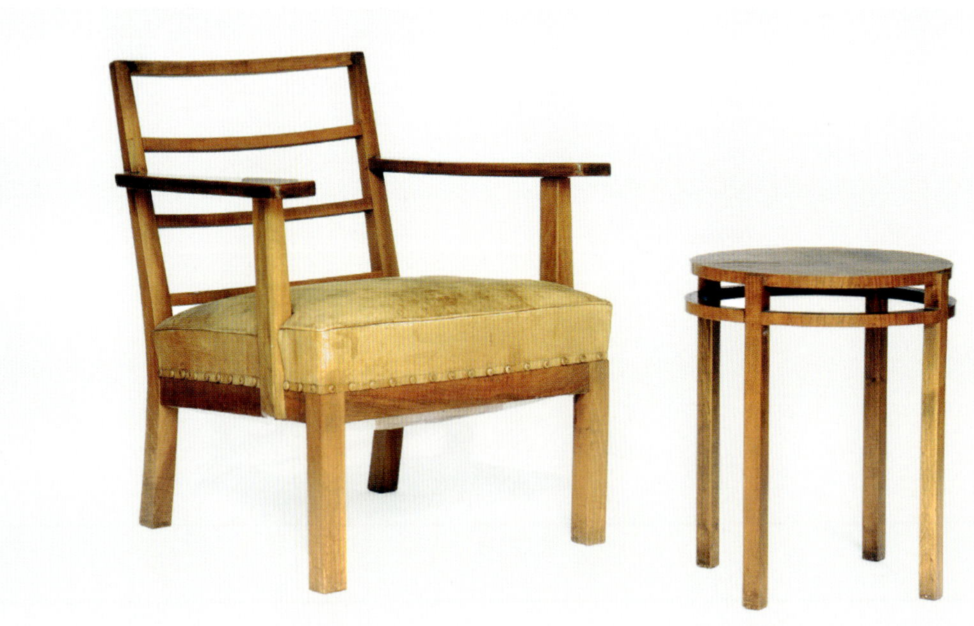

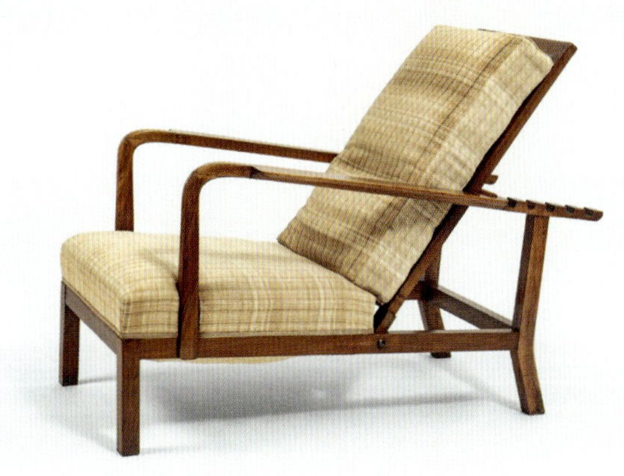

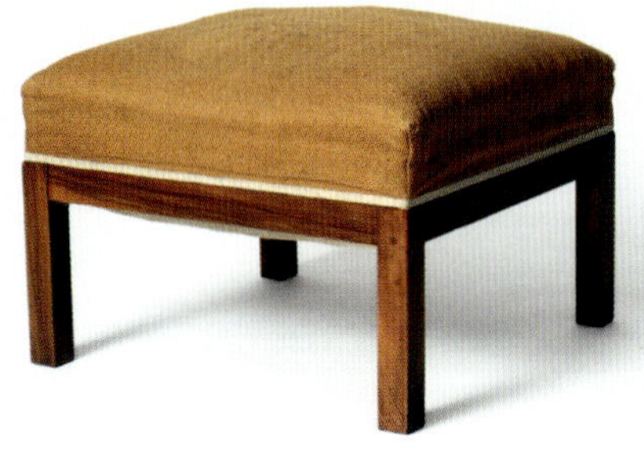

Kat.-Nr. 31
Armlehnstuhl aus dem Wohnzimmer von Bruno Gamerith
Entwurf: Ernst A. Plischke, 1928
Nussbaumholz, politiert, Lederbespannung
H: 82,5, B: 70, T: 77 cm
Bundesmobilienverwaltung: MD 68.479

Kat.-Nr. 32
»Kanadier«-Armlehnsessel mit Hocker aus den Wohnzimmer von Bruno Gamerith
Entwurf: Ernst A. Plischke, 1928
Nussbaumholz, politiert, historische Stoffbespannung
H: 90, B: 73, T: 133 cm & H: 45, B/T: 63 cm
Bundesmobilienverwaltung: MD 68.480/1-2

Kat.-Nr. 33
Rundes Tischchen aus dem Wohnzimmer von Bruno Gamerith
Entwurf: Ernst A. Plischke, 1928
Nussbaumholz, politiert
H: 52,5, DM: 44 cm
Bundesmobilienverwaltung: MD 68.481

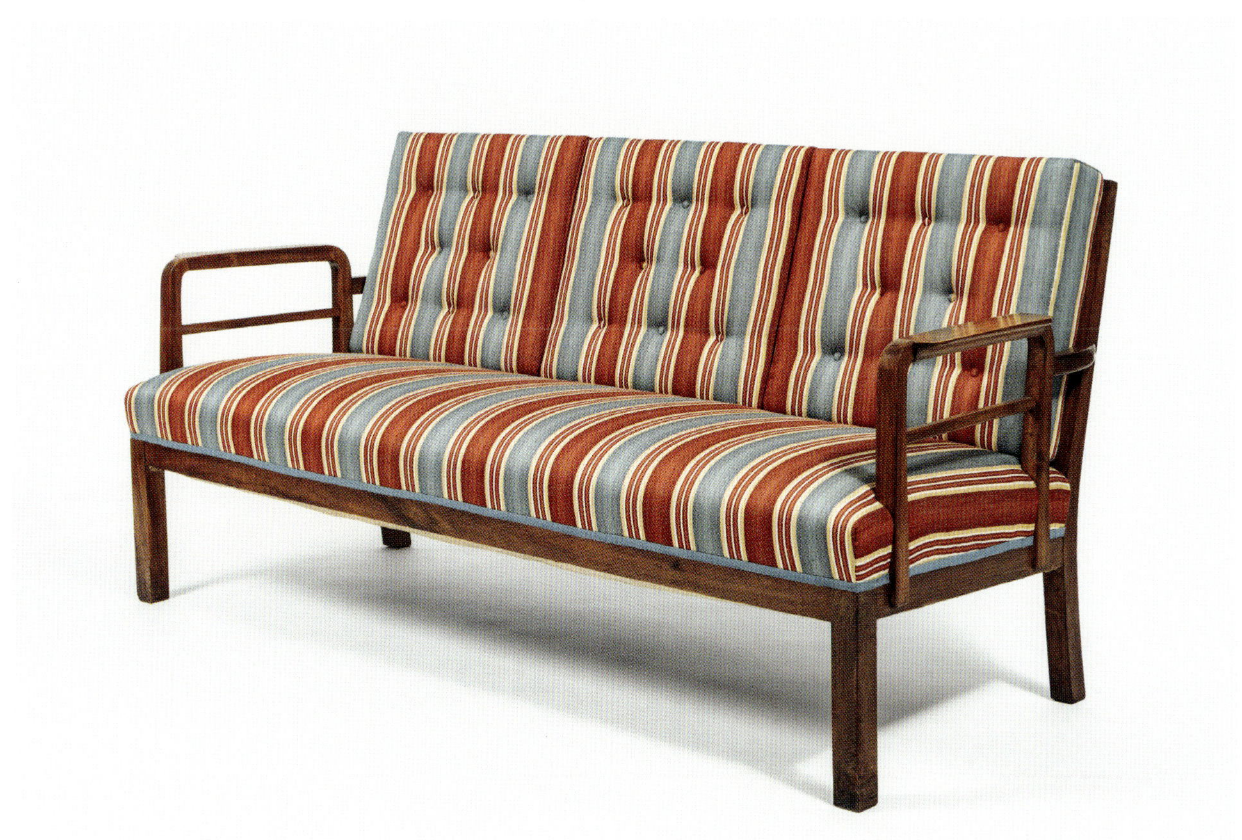

Kat.-Nr. 34
Sitzbank aus dem Wohnzimmer von Bruno Gamerith
Entwurf: Ernst A. Plischke, 1928
Nussbaumholz, politiert, Stoffbespannung, erneuert
H: 83, B: 185, T: 78 cm
Bundesmobilienverwaltung: MD 71.206

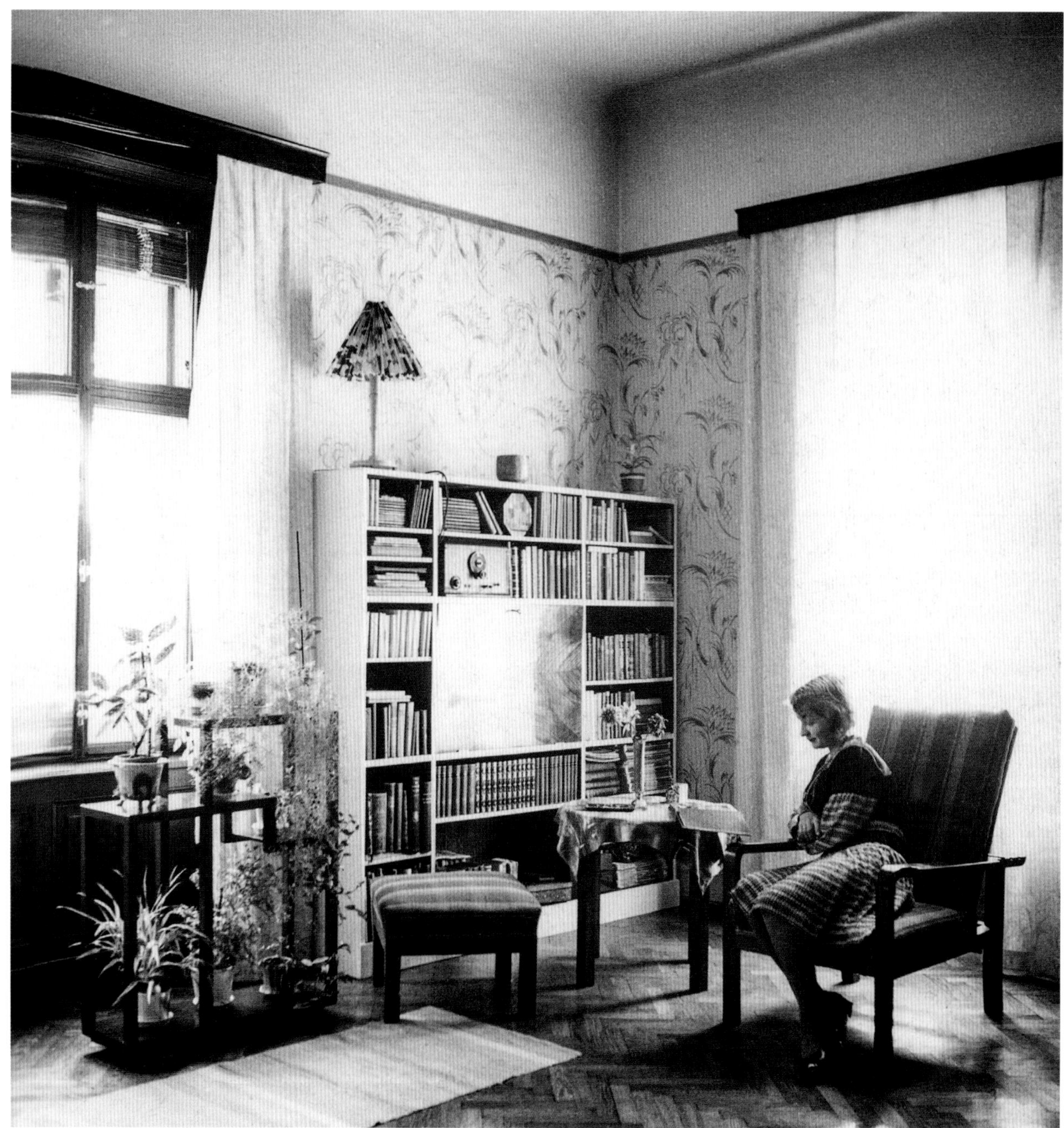

Abb. 12: Elli Gamerith in ihrem Wohnzimmer in Mödling, um 1930 (Familienbesitz)

DAS WOHNZIMMER VON FRITZ UND ELLI GAMERITH VON ERNST A. PLISCHKE, 1928

Ernst A. Plischke entwarf 1928 auch die Möbel für das Wohnzimmer von Fritz (1899–1987) und Elli Gameriths (1905–2005) Wohnung in der Schillerstraße in Mödling. Fritz Gamerith, der Cousin des Malers Walter Gamerith, war in Mödling an der Thomas-Schule als Hauptschullehrer für Mathematik, Zeichnen und Werken tätig. Fritz und Elli hatten 1927 geheiratet. Elli (Elisabeth) Koch stammte aus einer Wiener Buchbinderfamilie und hatte die »Schwarzwald-Schule« besucht.[11]

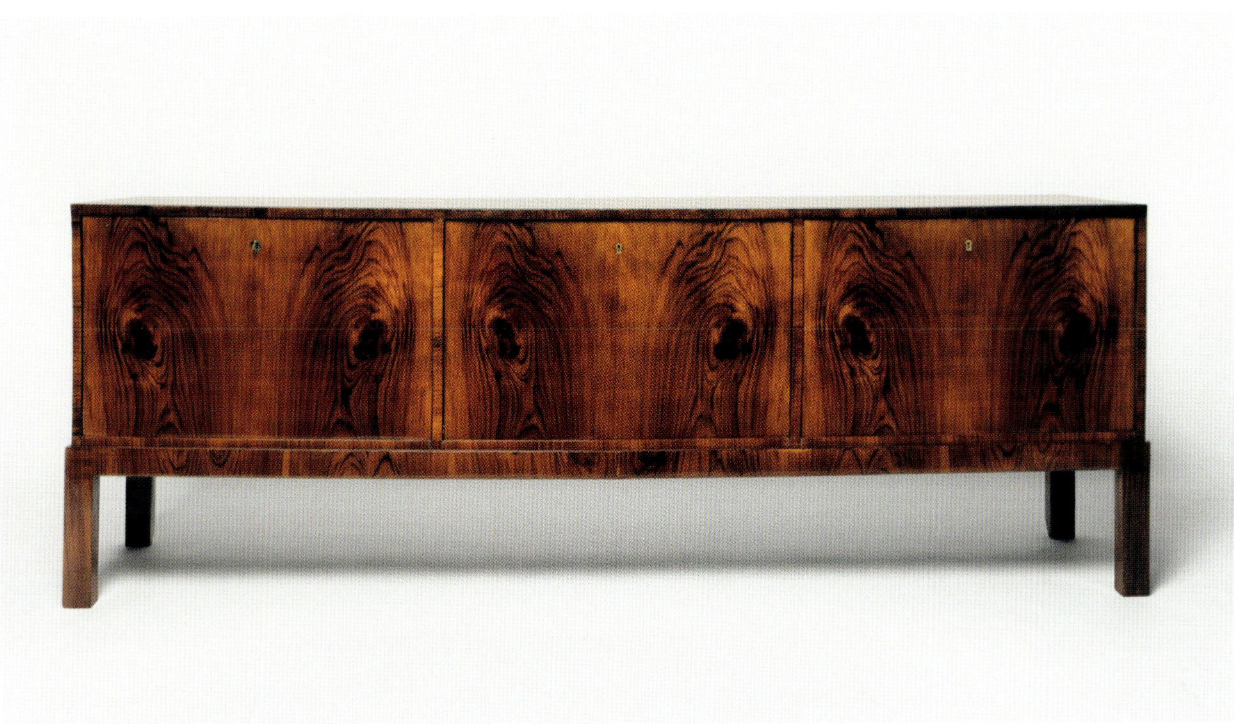

In persönlichen Gesprächen erzählte Elli Gamerith 2001 und 2003, dass ihr Schwiegervater, der Eggenburger Kaufmann Franz Gamerith, dem jungen Paar die neue Einrichtung zur Hochzeit geschenkt hatte. Sie betonte, dass »die Möbel von Ernst Plischke für uns etwas ganz Besonders waren. Ganz anders als die Einrichtungen, die es damals sonst gab.«[12] Das neue Wohnzimmer in Mödling war genau in ihrer Erinnerung geblieben: In einer Raumecke zwischen zwei Fenstern befand sich ein weiß lackierter Bücherschrank mit einer ausklappbaren Schreibfläche aus Nussbaumholz. Vor einem Fenster stand ein rot lackierter Blumentisch. Gleich daneben war der Leseplatz von Elli Gamerith mit einem bequemen, mit blau-orange kariertem Stoff bezogenen »Kanadier«-Armlehnsessel mit einem Hocker und einem runden Beistelltisch. Neben dem anderen Fenster stand die Anrichte aus Nussbaumholz. Vor der dem Bücherschrank gegenüberliegenden Wand standen der Esstisch mit Stühlen und ein zweiteiliger Diwan mit Polstern. (Abb. 12)

Anfang 1945 übersiedelte die Familie mit den beiden Söhnen Werner und Wolfgang in den Wirren der letzten Kriegsmonate aus Mödling in die Gartenstadt von Eggenburg. Ein Großteil der von Plischke entworfenen Möbel konnte mitgenommen werden. Der »Kanadier« mit Hocker fiel jedoch Plünderungen zum Opfer.

Fritz und Elli Gamerith benutzten die Plischke-Möbel ihr gesamtes Leben lang. Unmittelbar nach dem Tod von Elli Gamerith, die fast 100 Jahre alt geworden war, konnten die erhaltenen Stücke 2005 aus Familienbesitz für die Sammlung angekauft werden.

Kat.-Nr. 35
Anrichte aus dem Wohnzimmer von Elli und Fritz Gamerith
Entwurf: Ernst A. Plischke, 1928
Nussbaumholz, politiert
H: 74,5, B: 204,5, T: 56 cm
Bundesmobilienverwaltung: MD 71.238

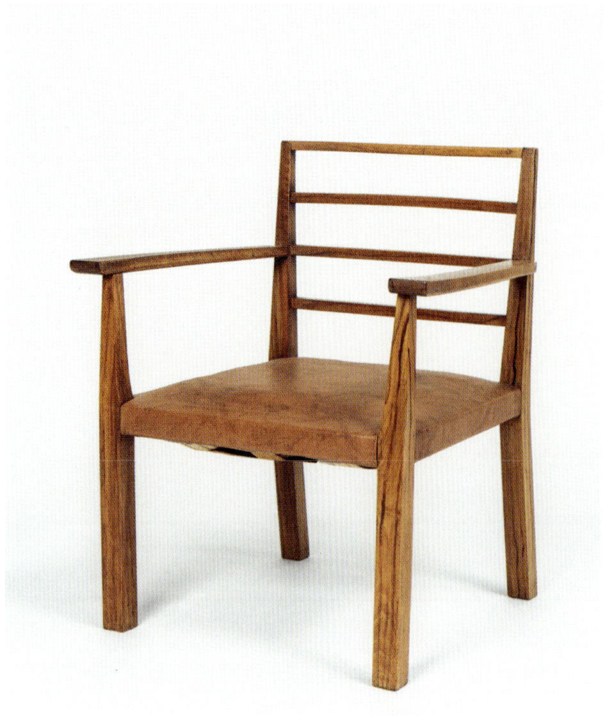

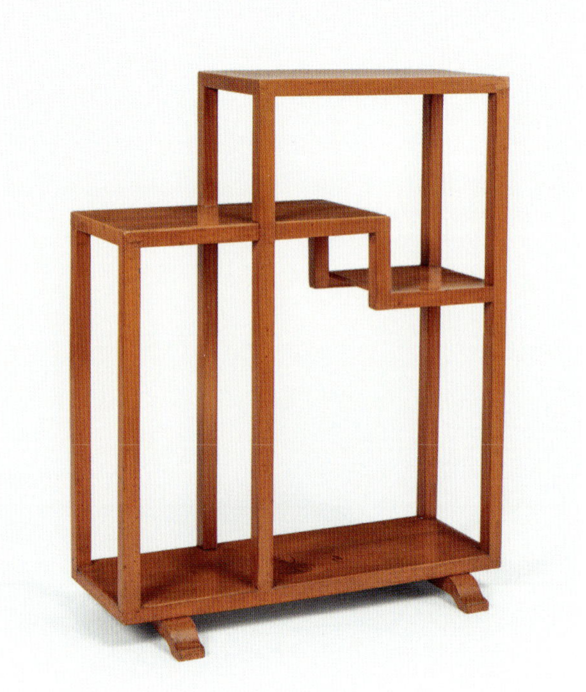

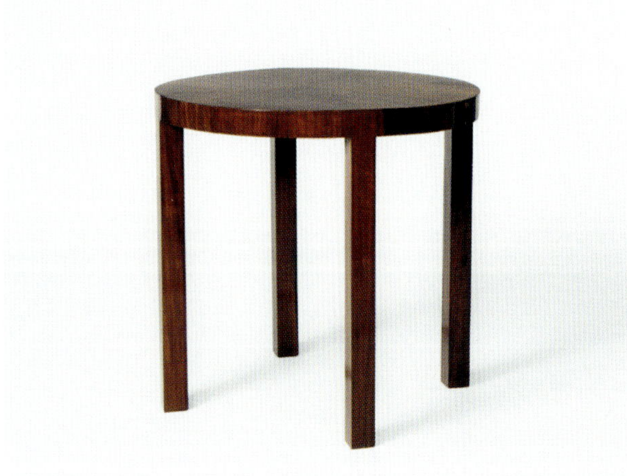

Kat.-Nr. 36
Armlehnstühle aus dem Wohnzimmer von Elli und Fritz Gamerith
Entwurf: Ernst A. Plischke, 1928
Nussbaumholz, politiert, Kunstleder, erneuert
H: 82, B: 68, T: 63 cm
Bundesmobilienverwaltung: MD 71.239 bis MD 71.241

Kat.-Nr. 37
Rundes Tischchen aus dem Wohnzimmer Elli und Fritz Gamerith
Entwurf: Ernst A. Plischke, 1928
Nussbaumholz, politiert
H: 57,5, DM: 60 cm
Bundesmobilienverwaltung: MD 71.242

Kat.-Nr. 38
Blumentisch aus dem Wohnzimmer von Elli und Fritz Gamerith
Entwurf: Ernst A. Plischke, 1928
Weichholz, rot lackiert
H: 95,5, B: 75, T: 40 cm
Bundesmobilienverwaltung: MD 71.243

Kat.-Nr. 39
Bücherkasten aus dem Wohnzimmer von Elli und Fritz Gamerith
Entwurf: Ernst Plischke, 1928
Fichte, gebeizt, teilweise weiß lackiert, Schreibklappe: Nussbaumholz
H: 175, B: 182, T: 37,5 cm
Bundesmobilienverwaltung: MD 71.244

Kat.-Nr. 40
Sitzbank mit Pölstern aus dem Wohnzimmer von Elli und Fritz Gamerith
Entwurf: Ernst Plischke, 1928
Nussbaumholz, politiert, Gurten, historische Stoffbespannung
H: 47,5 (ohne Pölster), B: 240, T: 78 cm
Bundesmobilienverwaltung: MD 71.245/1–2

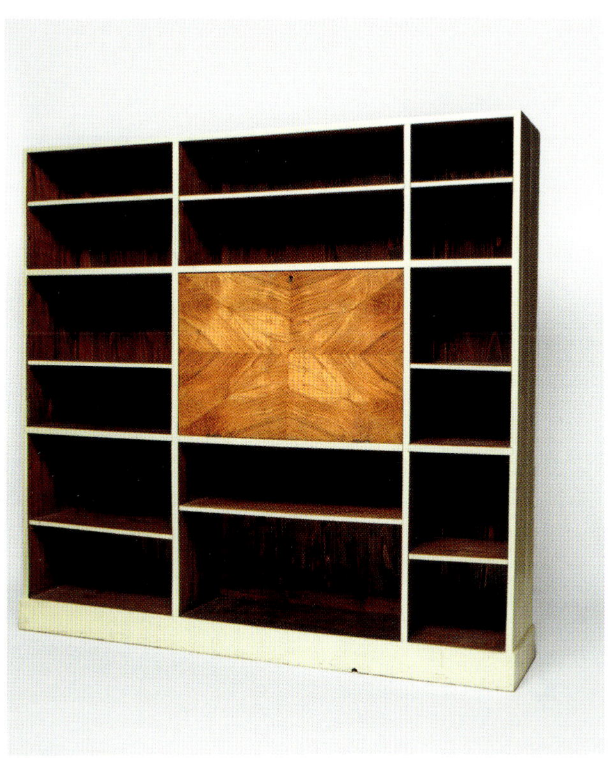

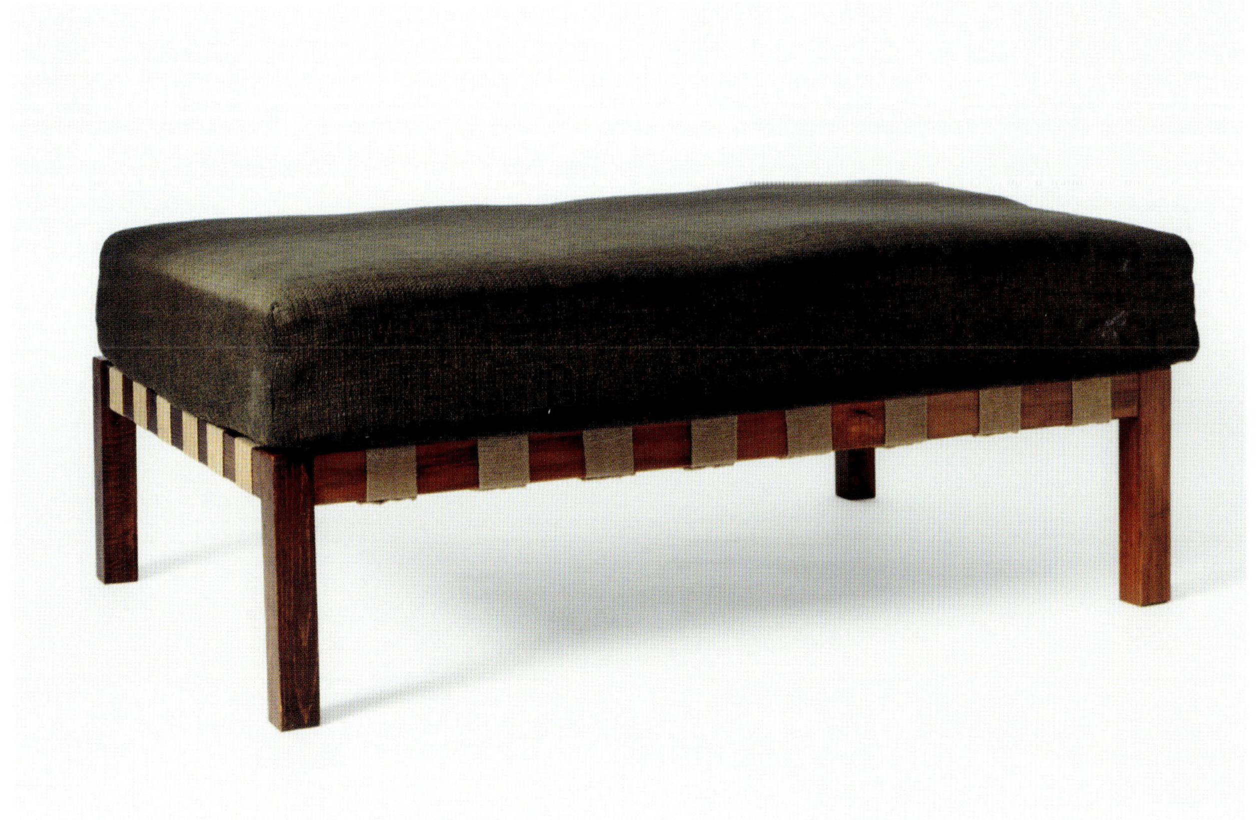

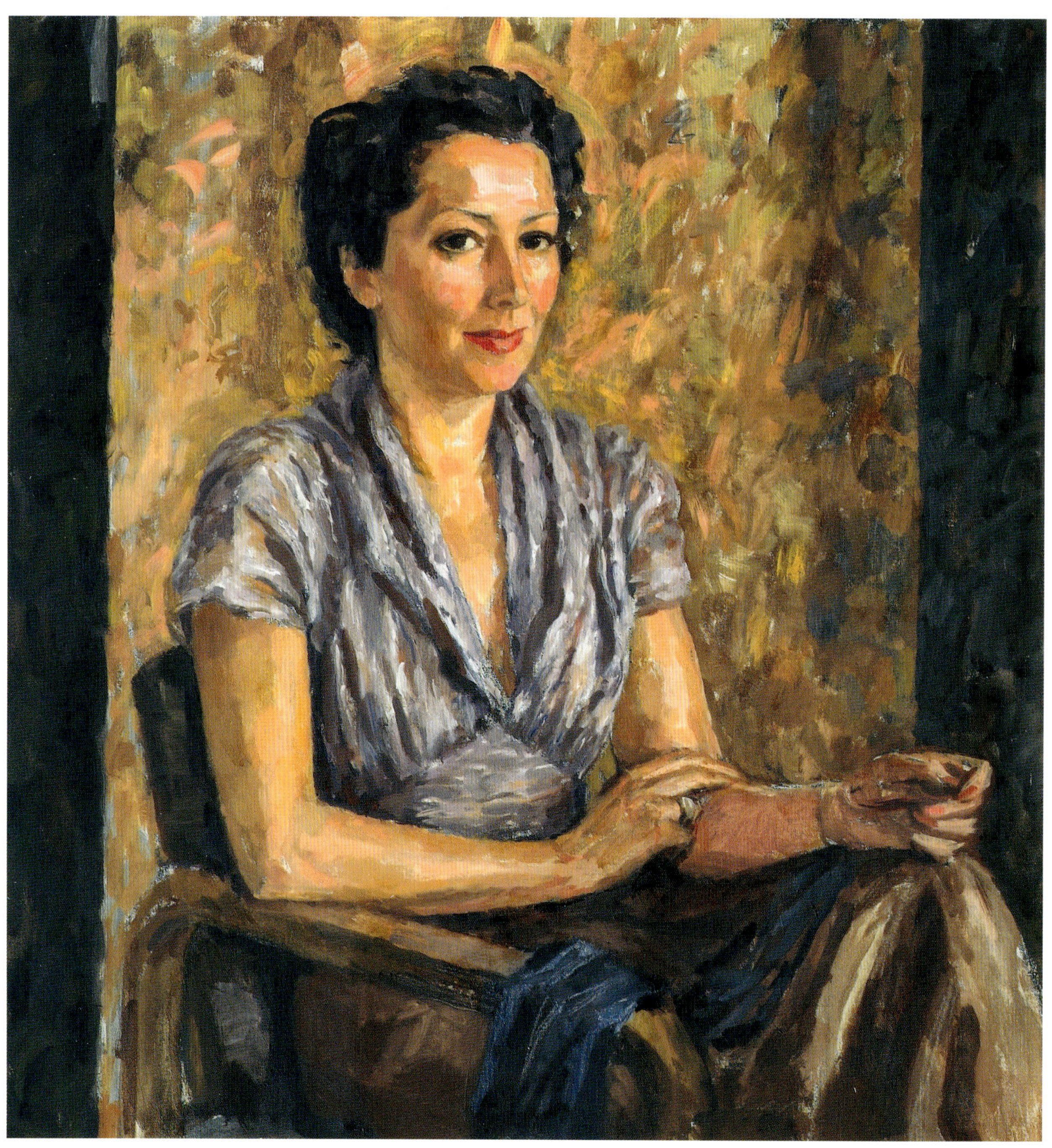

Abb. 13: Walter Gamerith, Porträt von Frauke Lauterbach, um 1940 (Legat Gamerith, Österreichische Galerie Belvedere, Wien)

DIE ATELIEREINRICHTUNG VON WALTER GAMERITH VON ERNST A. PLISCHKE, UM 1928

Walter Gamerith (1903–1949) und Ernst A. Plischke hatten einander während des Studiums an der Akademie der bildenden Künste in Wien kennengelernt. Plischke studierte bei Professor Peter Behrens Architektur, Gamerith studierte Malerei bei Professor Karl Sterrer.

1927 bezog Walter Gamerith eine Atelierwohnung in der Porzellangasse 33A in Wien-Alsergrund, für die Plischke in der Folge Möbel entwarf. Es handelte sich um ein Einzelbett mit einem Bettzeugkasten, einen Armlehnsessel mit gebogenen Armlehnen, den der Architekt auch für den Essplatz in der Wohnung von Lucie Rie verwendete, einen »Kanadier«-Armlehnsessel mit verschiebbarer Rückenlehne, von dem ein ähnlicher, aber nicht völlig identer Entwurf von Josef Frank überliefert ist, sowie einen Hocker mit Geflecht.

1935 übersiedelte Walter Gamerith mit den Möbeln in die Uraniastraße 2/8 nahe dem Donaukanal und im Juli 1938 anlässlich seiner Heirat mit Margarete Müller weiter nach Wien-Wieden, Goldeggasse 2/22.[13]

Auf einigen Porträts von Gamerith sind die Möbel von Ernst A. Plischke gut erkennbar. Ein anschauliches Beispiel ist das um 1940 entstandene Porträt der Tänzerin und Schauspielerin Frauke Lauterbach in der Sammlung der Österreichischen Galerie. Das Bild zeigt die Künstlerin sitzend auf dem Sessel mit gebogenen Armlehnen. (Abb. 13)

Nach dem frühen Tod des Malers blieben die Möbel von Plischke im Besitz seiner Witwe, zahlreiche Gemälde aus dem Atelier übergab sie als Legat an das Belvedere. Nach ihrem Tod blieb die Einrichtung im Familienbesitz und konnte 2011 direkt aus diesem für die Sammlung angekauft werden.

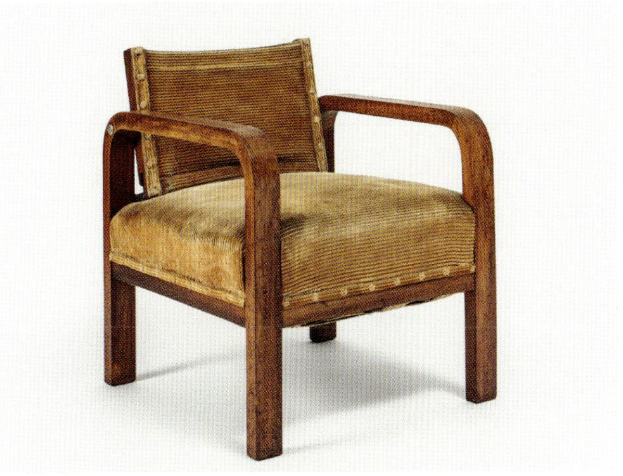

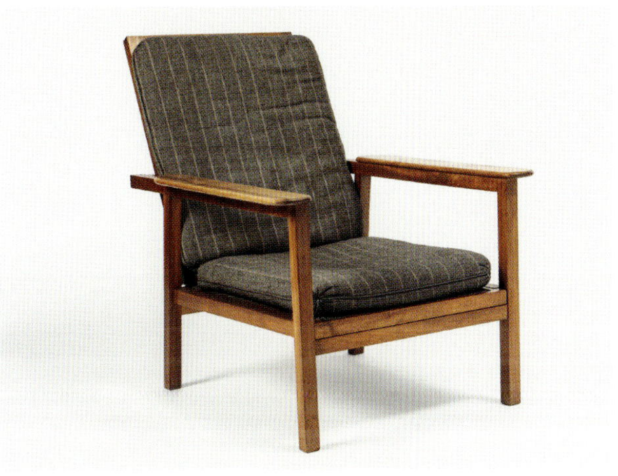

Kat.-Nr. 41
Armlehnstuhl aus dem Atelier Walter Gamerith
Entwurf: Ernst A. Plischke, 1928
Nussbaumholz, historische Samtbespannung
H: 67,5, B: 55, T: 58,5 cm
Bundesmobilienverwaltung: MD 74.759

Kat.-Nr. 42
»Kanadier«-Armlehnsessel aus dem Atelier Walter Gamerith
Entwurf: Ernst A. Plischke, 1928
Nussbaumholz, historische Stoffbespannung
H: 94,5, B: 71,5, T: 100 cm
Bundesmobilienverwaltung: MD 74.763

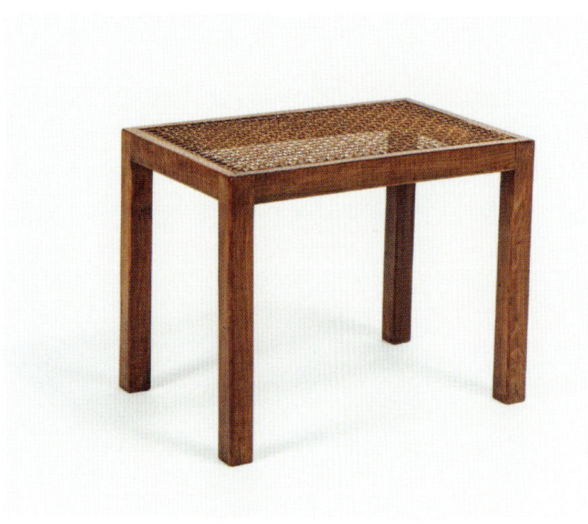

Kat.-Nr. 43
Hocker aus dem Atelier Walter Gamerith
Entwurf: Ernst A. Plischke, 1928
Nussbaumholz, Rohrgeflecht
H: 40,5, B: 35,5, L: 52,5 cm
Bundesmobilienverwaltung: MD 74.764

Kat.-Nr. 44
Bettzeugbehälter aus dem Atelier Walter Gamerith
Entwurf: Ernst A. Plischke, 1928
Nussbaumholz, Rohrgeflecht
H: 69,5, B: 108, T: 34 cm
Bundesmobilienverwaltung: MD 74.766

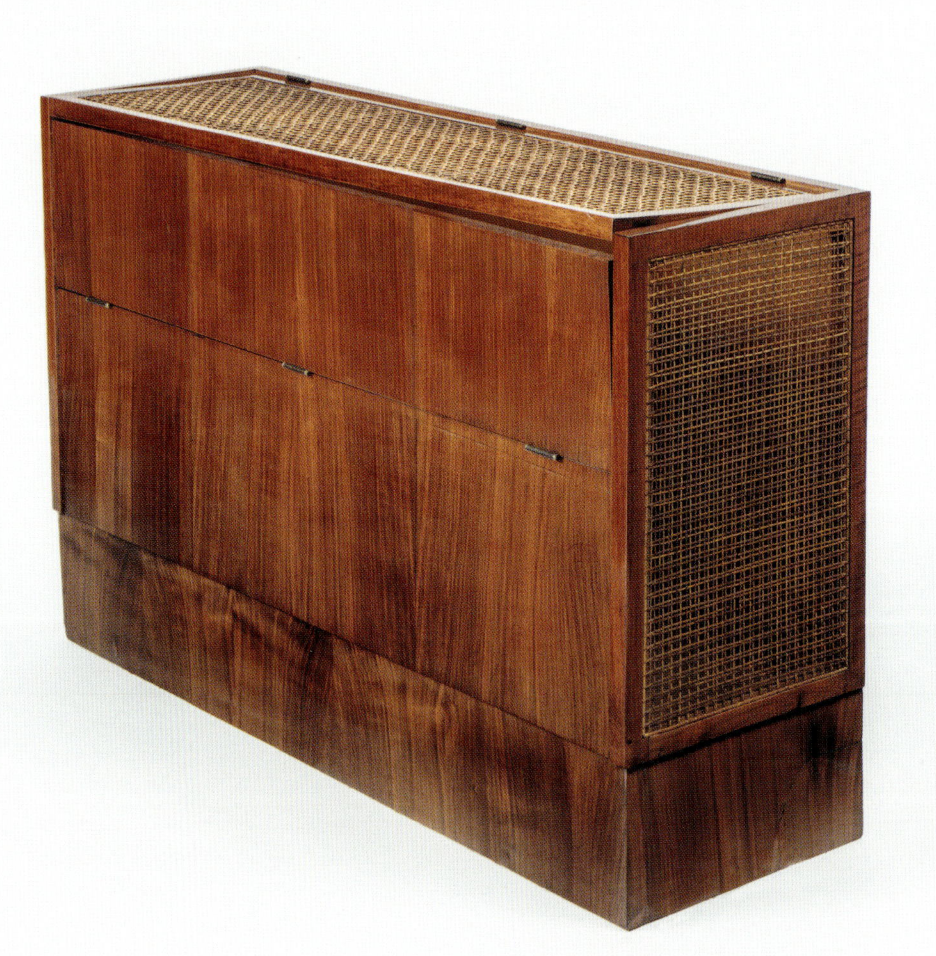

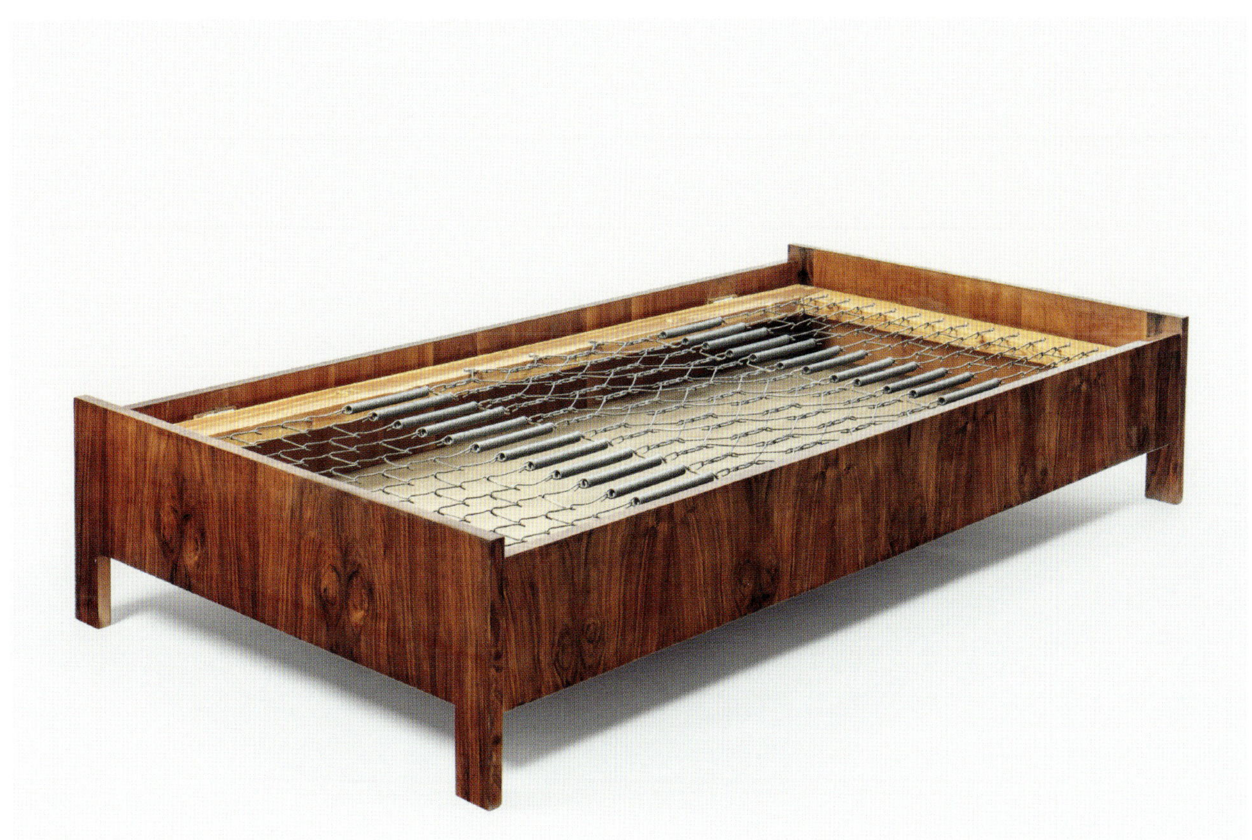

Kat.-Nr. 45
Bett aus dem Atelier Walter Gamerith
Entwurf: Ernst A. Plischke, 1928
Nussbaumholz
H: 40, B: 107, L: 200 cm
Bundesmobilienverwaltung: MD 74.767

DIE WOHNUNG VON LUCIE UND HANS RIE VON ERNST A. PLISCHKE, 1928

1926 heirateten Lucie Gomperz (1902–1995), Tochter des HNO-Facharztes Prof. Dr. Benjamin Gomperz (1861–1935), und Hans Rie (1901–1985), Sohn des Rechtsanwalts Dr. Alfred Rie (1862–1932). Lucie hatte die Keramik-Klasse von Professor Michael Powolny an der Wiener Kunstgewerbeschule besucht, Hans war leitender Angestellter in der Hutfabrik der Brüder Böhm.

Von Sandor Wolf, dem Bruder von Lucies Mutter, erhielt das junge Paar eine Wohnung in Wien-Innere Stadt, Wollzeile 24, die aus einem geräumigen Vorzimmer, einem Schlafraum, einem Wohnraum und Lucies Keramikwerkstatt sowie Bad und Küche bestand.[14]

Der Auftrag zur Einrichtung dieser Wohnung war für Ernst A. Plischke der Anlass, das Baubüro von Josef Frank zu verlassen und sich selbstständig zu machen. Für Lucie und Hans Rie gestalteter er 1928 das Wohnzimmer, das Schlafzimmer und verwandelte das Vorzimmer in eine Wohndiele mit Essplatz. (Abb. 14–17) Die Wände der Wohnräume verkleidete er vollständig mit Kästen und Regalen, die jedoch nicht, wie bei den Interieurs von Adolf Loos, auf traditionelle Weise mit Rahmen und Füllung ausgeführt waren, sondern völlig glatt. Der Architekt hielt dazu in seinen Lebenserinnerungen fest: »Die einheitlich flachen Türen der vier eingebauten Kastenwände des Wohn-Schlafzimmers wirkten als einfache ruhige Wandvertäfelung des Gesamtraums.«[15]

Plischke kreierte für das junge Paar ein modernes Ambiente von raffinierter Einfachheit. Zu den Einbauschränken aus Nussbaumholz kamen unterschiedliche Sitzmöbel, die flexibel umgestellt werden konnten. Während bei den zeitgleich entstandenen Sitzmöbeln für die Wohnungen von Bruno und Fritz Gamerith noch englische Vorbilder und der Einfluss von Frank erkennbar sind, hat der junge Architekt in der Wohnung Rie seine eigenständige Sprache im Möbeldesign gefunden.

Nach dem »Anschluss« Österreichs im März 1938 emigrierte das Ehepaar Rie nach London. Es gelang ihnen, die gesamte Wohnungseinrichtung mit nach England zu nehmen. Hier ließ Lucie Rie die Möbel und Kastenelemente von Architekt Ernst Freud (1892–1970), einem Sohn von Sigmund Freud, in ein kleines Reihenhaus in Albion Mews unweit von Paddington Station einbauen. Die Ehe des Paares befand sich jedoch in einer Krise und wurde geschieden. Hans Rie reiste nach der Scheidung in die USA weiter, wo bereits Verwandte lebten. Lucie Rie wurde in England eine Keramikkünstlerin von Weltrang. Sie bewohnte das kleine Haus nördlich des Hyde Parks, wo sich auch ihre Keramikwerkstatt befand, bis zu ihrem Tod 1995. Die Möbel von Plischke bildeten zeitlebens ihr persönliches Ambiente.

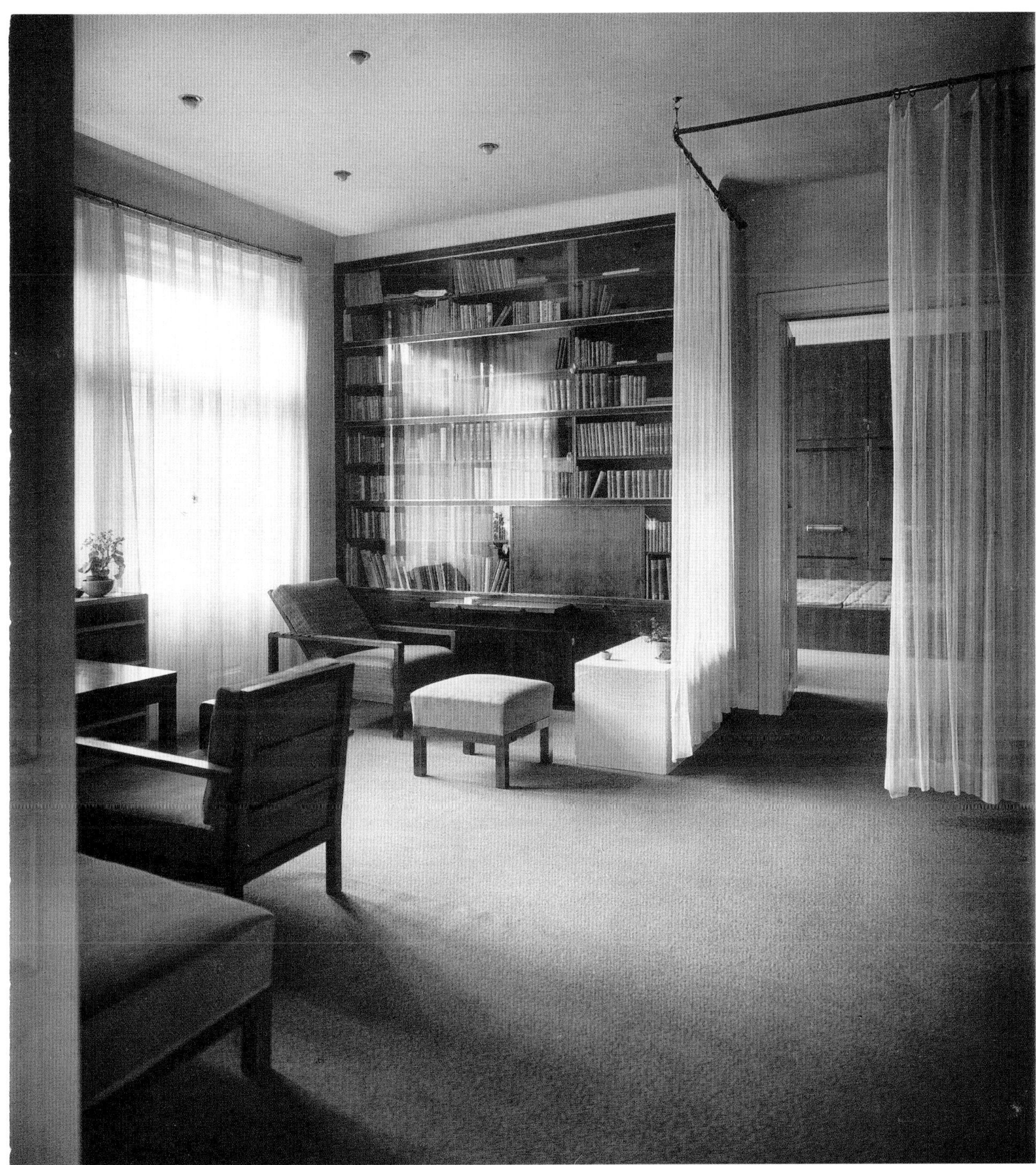

Abb. 14: Ernst A. Plischke, Wohnzimmer von Lucie und Hans Rie, 1928 (Plischke-Nachlass im Kupferstichkabinett der Akademie der bildenden Künste, Wien, © Bildrechte, Wien 2025)

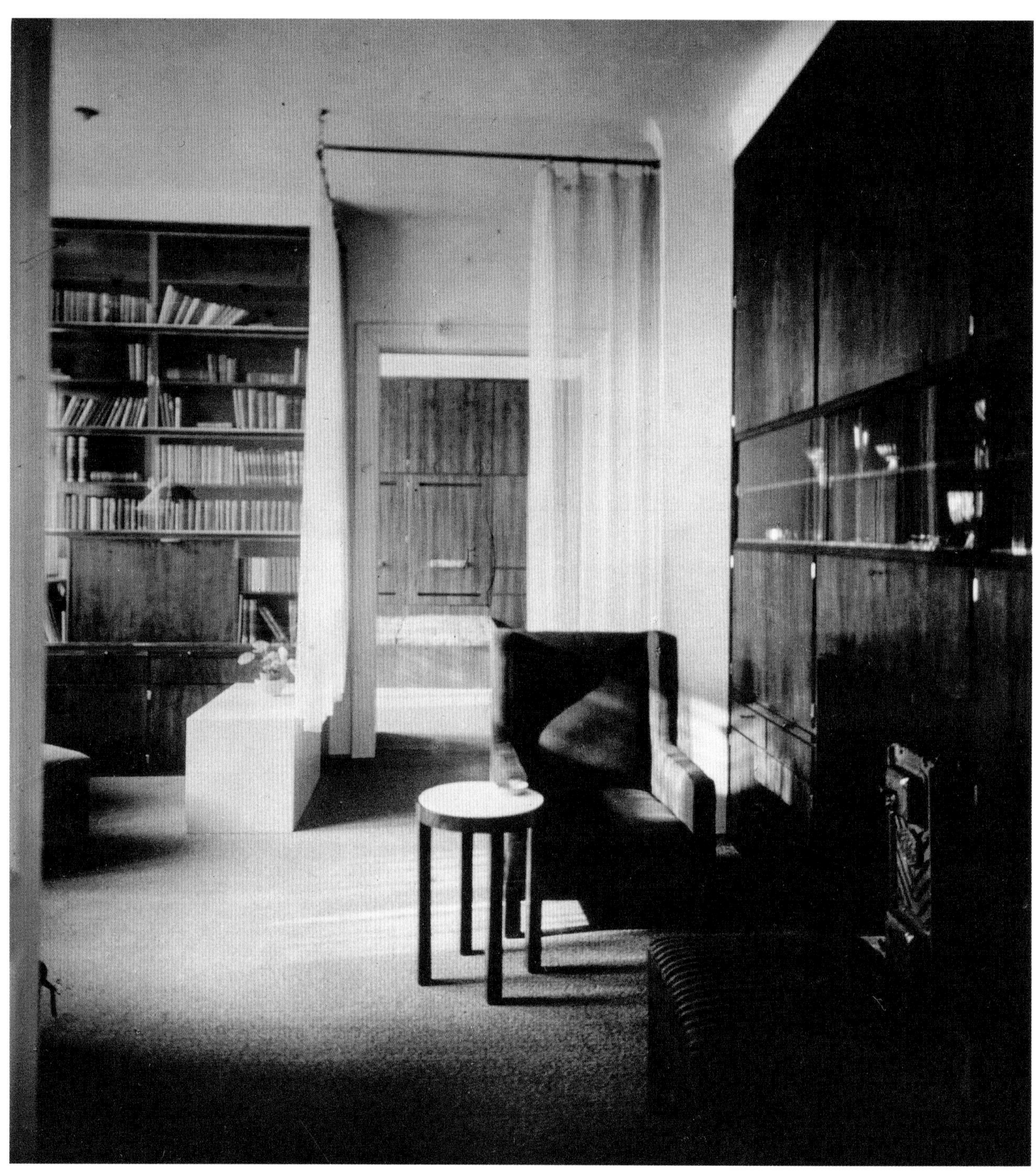

Abb. 15: Ernst A. Plischke, Wohnzimmer von Lucie und Hans Rie, 1928 (Plischke-Nachlass im Kupferstichkabinett der Akademie der bildenden Künste, Wien, © Bildrechte, Wien 2025)

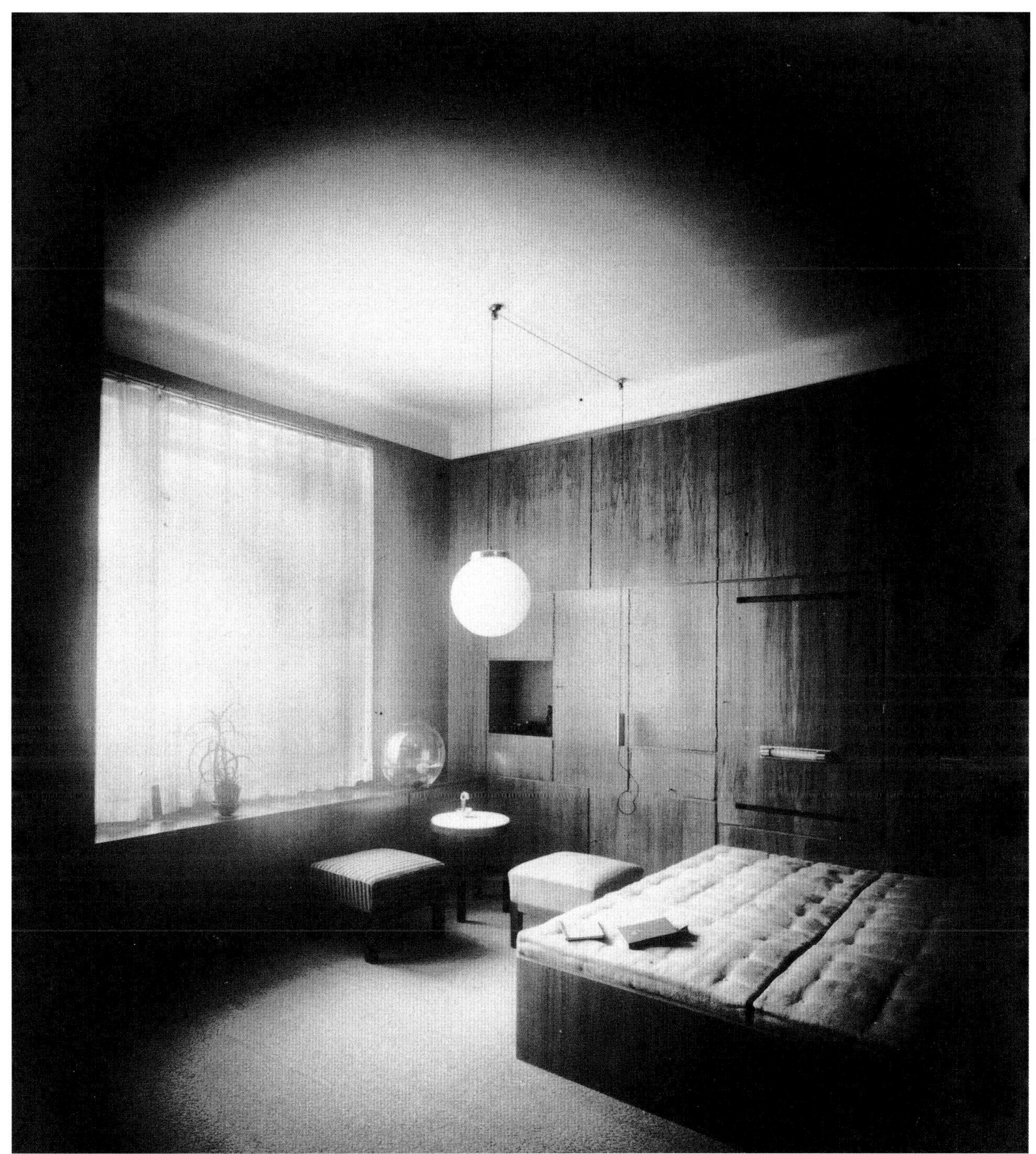

Abb. 16: Ernst A. Plischke, Schlafzimmer von Lucie und Hans Rie, 1928 (Plischke-Nachlass im Kupferstichkabinett der Akademie der bildenden Künste, Wien, © Bildrechte, Wien 2025)

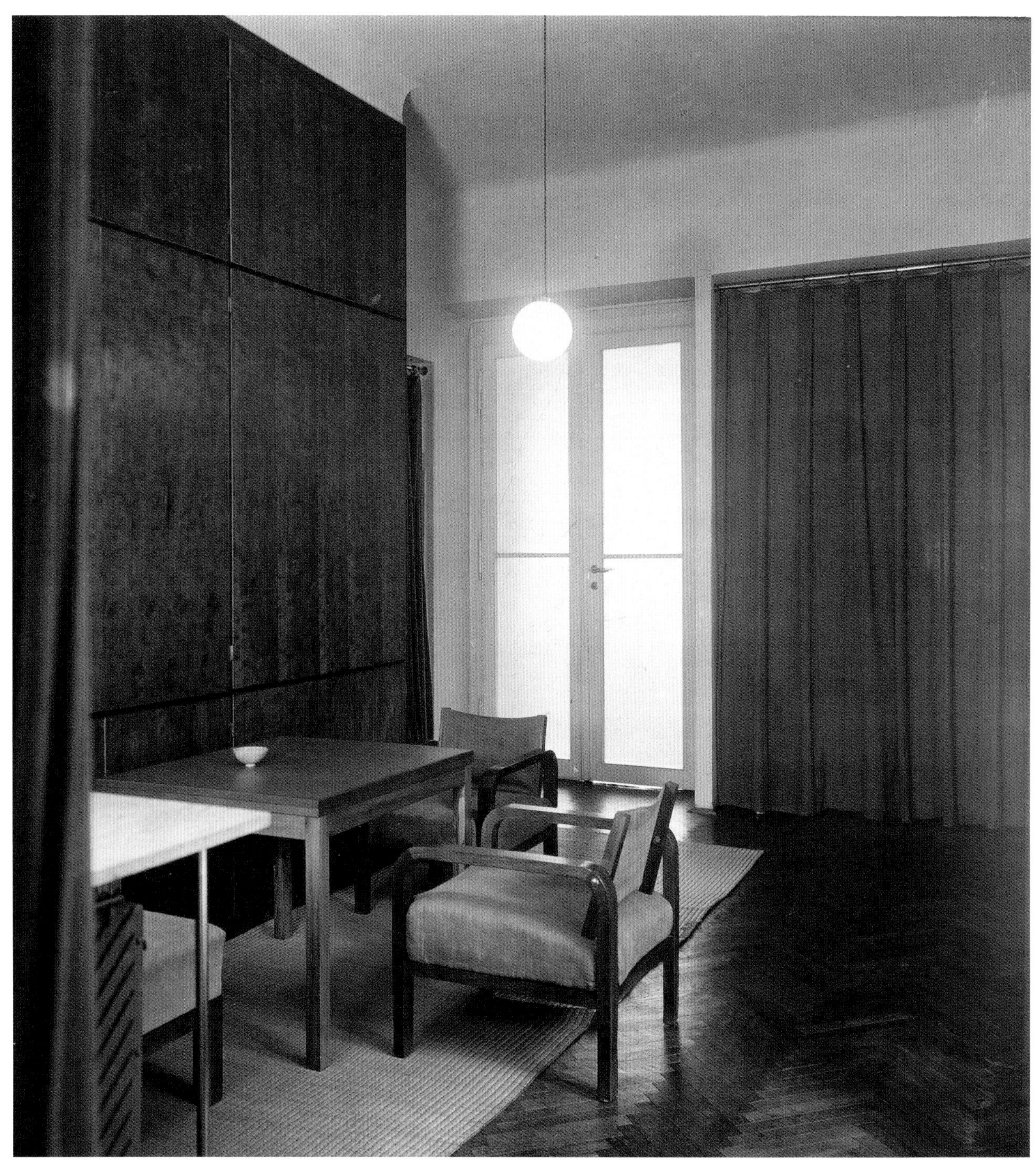

Abb. 17: Ernst A. Plischke, Vorzimmer mit Essplatz von Lucie und Hans Rie, 1928 (Plischke-Nachlass im Kupferstichkabinett der Akademie der bildenden Künste, Wien, © Bildrechte, Wien 2025)

DIE RÜCKKEHR DER WOHNUNG VON LUCIE RIE, 1995–1999

Ernst A. Plischke, der selbst keinen jüdischen Familienhintergrund hatte, emigrierte 1939 zum Schutz seiner jüdischen Frau Anna und ihrer Söhne aus erster Ehe nach Neuseeland, wo er zahlreiche Einfamilienhäuser und kommunale Bauten plante.

Als einer von wenigen Emigranten wurde er nach Österreich zurückgeholt und 1963 zum Professor für Architektur an die Akademie der bildenden Künste in Wien berufen, wo er bis 1973 lehrte. Als bauender Architekt konnte er in Österreich nur mehr wenige Werke realisieren. Umso bedrückender empfand er die Tatsache, dass seine zukunftsweisenden Arbeiten der Zwischenkriegszeit weitgehend verloren waren. In seiner Autobiografie »Ein Leben mit Architektur« hielt Professor Plischke 1989 daher resignierend fest, dass »in Wien nichts mehr aus dieser Periode erhalten« geblieben sei.[16]

Aus diesem Grund hatte Ernst A. Plischke vor seinem Tod noch selbst die Initiative zum Einbau der Wohnung von Lucie Rie in das Möbelmuseum ergriffen, die er als Schlüsselwerk der frühen Wiener Jahre ansah. Als um 1990 die Planungen für die Erweiterung und museale Neukonzeption des Museums begannen, schlug Professor Plischke über Vermittlung seines Schülers Architekt Alessandro Alvera, der den Museumsumbau plante, dem damaligen Sammlungsleiter Dr. Peter Parenzan vor, die Wohnung von Lucie Rie als sein wichtigstes Frühwerk in den neuen Museumsräumen zu rekonstruieren und überließ der Sammlung dafür Pläne und Fotos.

Lucie Rie, die Plischkes Wunsch kannte, ließ uns daraufhin wissen, dass – »wenn es soweit ist« – die originalen Möbel in das Möbelmuseum kommen sollten. Tatsächlich konnte die gesamte Einrichtung unmittelbar nach ihrem Tod im Sommer 1995 aus dem Nachlass angekauft werden, während die Einrichtung ihrer Keramikwerkstatt an das Victoria & Albert Museum in London ging.

Die aufwendige Restaurierung der Sitzmöbel, Tische und Einbaukästen wurde in den Werkstätten der Bundesmobilienverwaltung im Herbst 1999 abgeschlossen. (Kat.-Nr. 46–49) Das Möbelmuseum beherbergt seither ein Schlüsselwerk der Wiener Wohnkultur um 1930. Die Gesamtrekonstruktion der Wohnung Lucie Rie erinnert an die Freundschaft zweier österreichischer Künstlerpersönlichkeiten, die in der Emigration eine Weltkarriere gemacht haben.

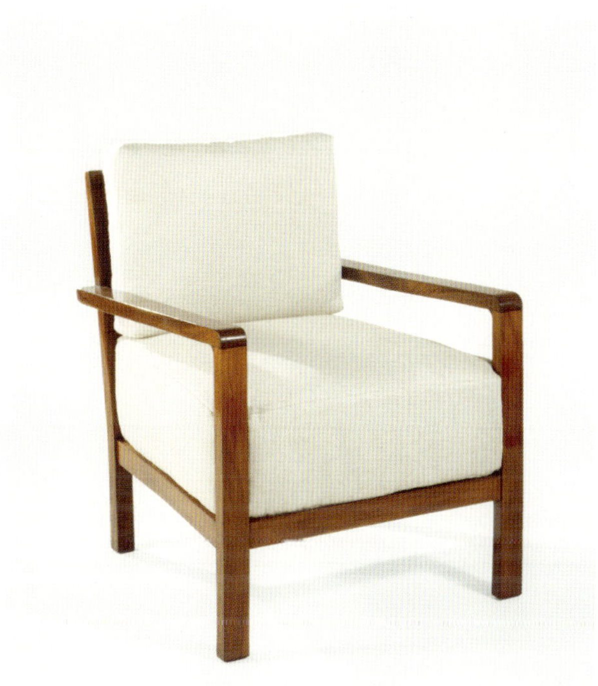

Kat.-Nr. 46
Armlehnstuhl aus der Wohnung Rie
Entwurf: Ernst A. Plischke, 1928
Nussbaumholz, Polsterung erneuert
H: 80, B: 65, T: 72 cm
Bundesmobilienverwaltung: MD 52.755

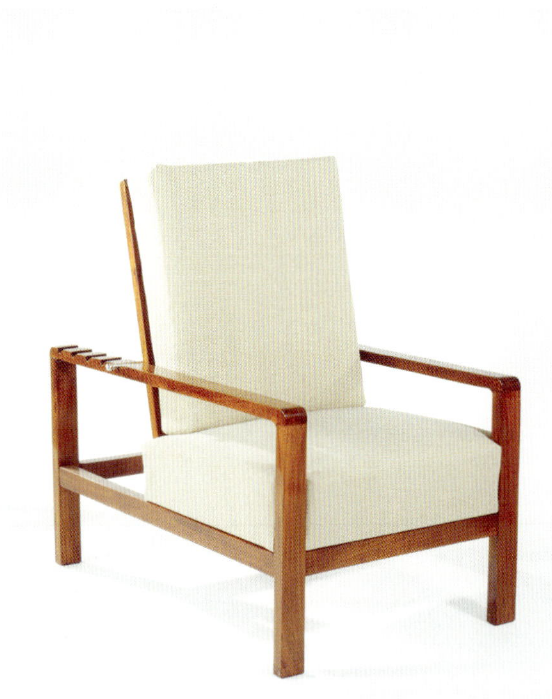

Kat.-Nr. 47
»Kanadier«-Armlehnsessel aus der Wohnung Rie
Entwurf: Ernst A. Plischke, 1928
Nussbaumholz, Polsterung erneuert
H: 98, B: 63, T: 100 cm
Bundesmobilienverwaltung: MD 52.768

Kat.-Nr. 48
Wohnzimmer der Wohnung Rie im Möbelmuseum Wien
(Foto: © SKB)

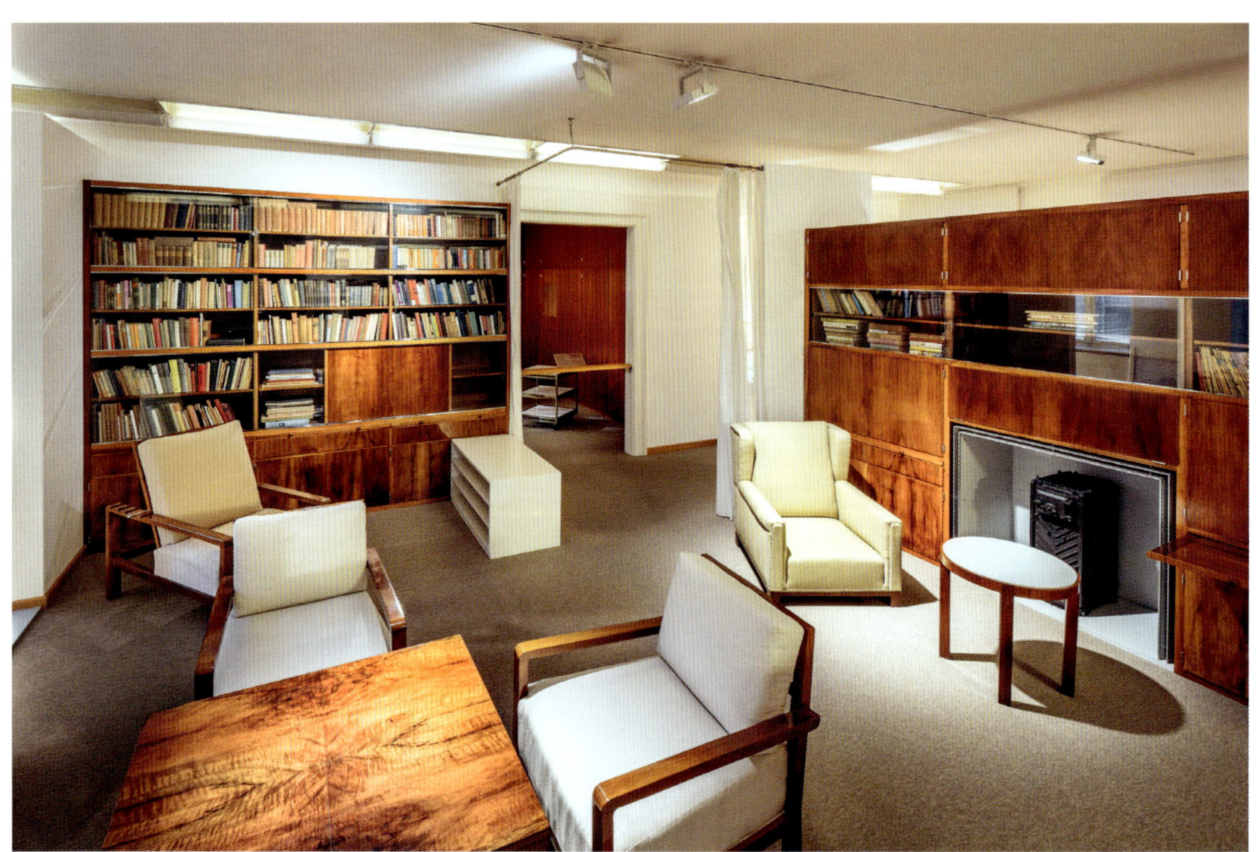

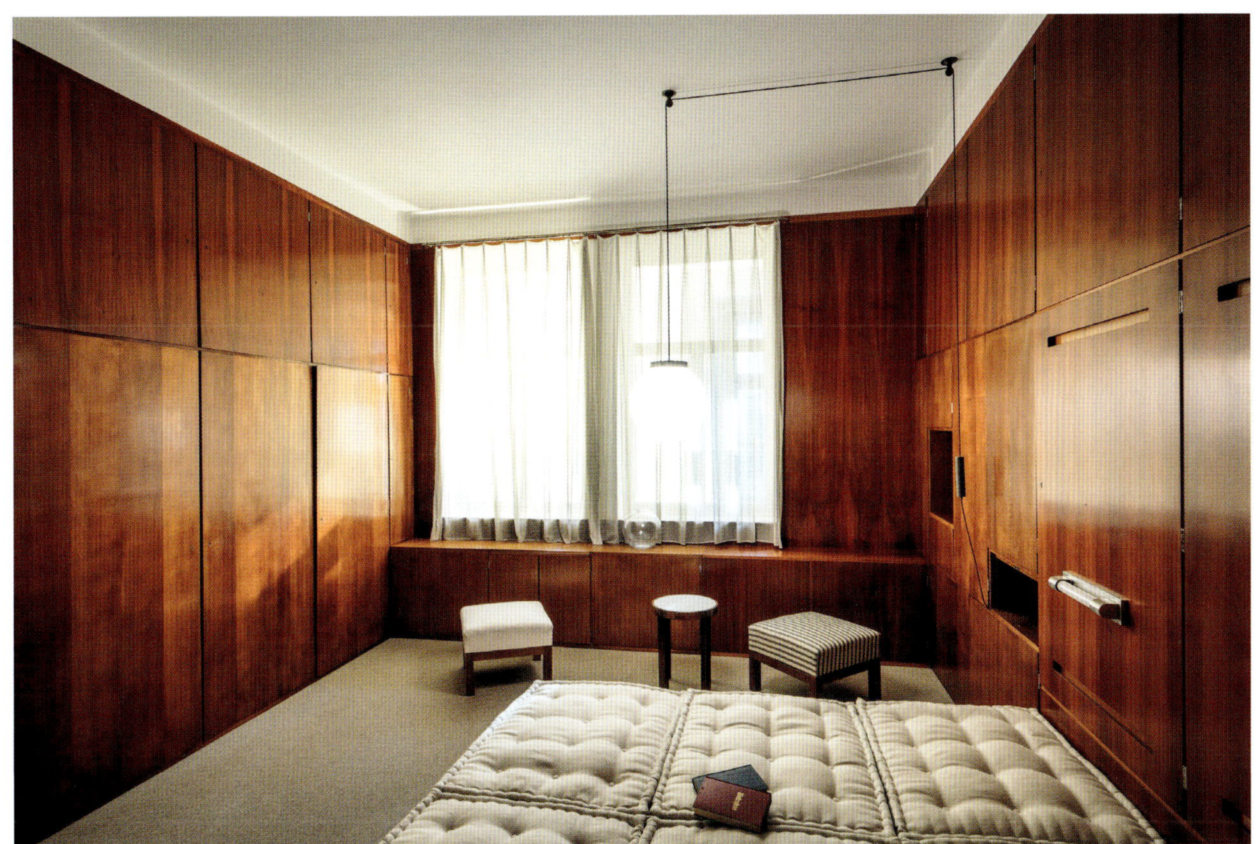

Kat.-Nr. 49
Schlafzimmer der Wohnung Rie im Möbelmuseum
Wien
(Foto: © SKB)

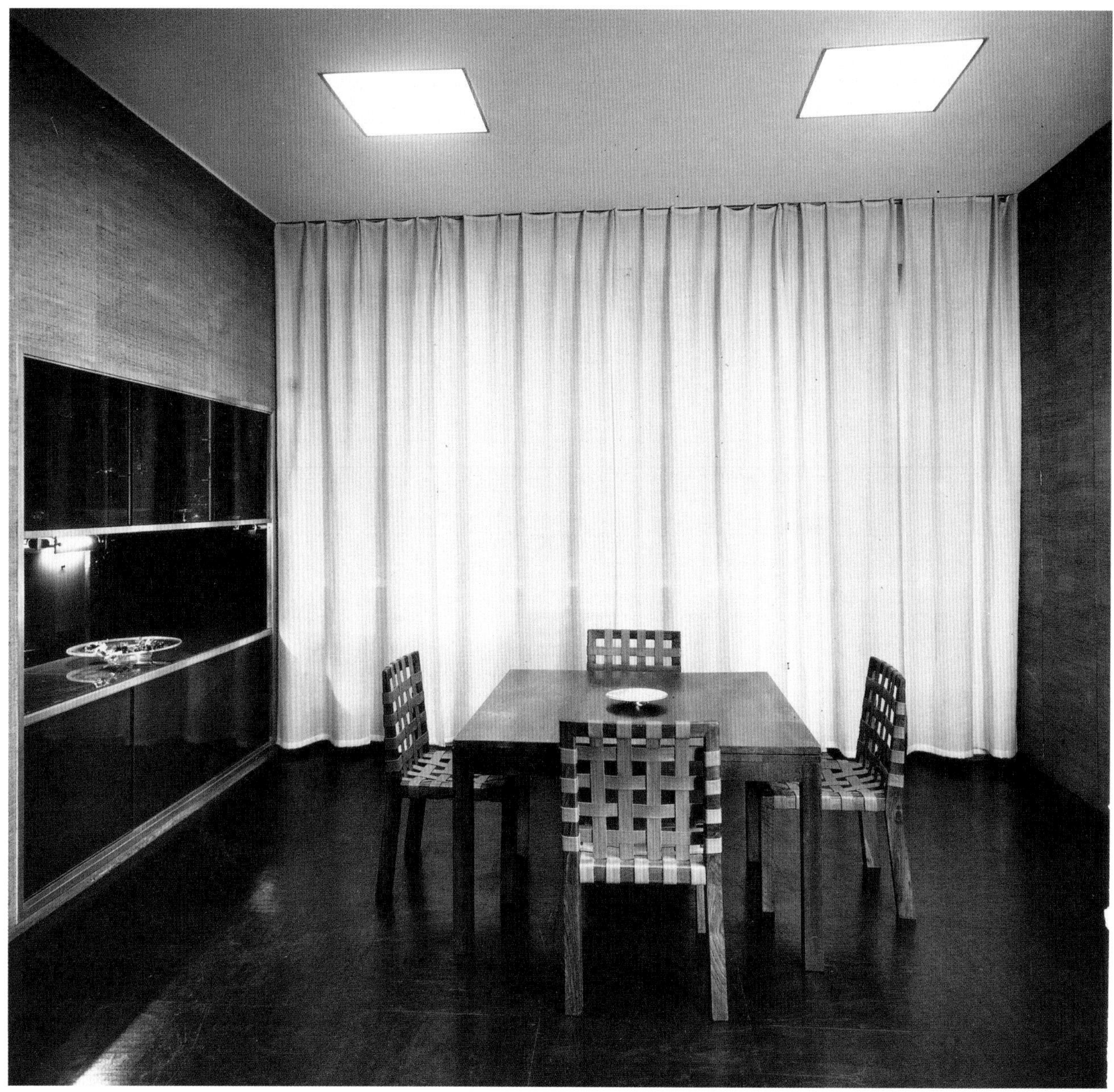

Abb. 18: Ernst A. Plischke, Speisezimmer der Wohnung Böhm mit kleinem Esstisch, 1930 (Plischke-Nachlass im Kupferstichkabinett der Akademie der bildenden Künste, Wien, © Bildrechte, Wien 2025)

DIE WOHNUNG VON DR. GERTRUDE UND VIKTOR BÖHM VON ERNST A. PLISCHKE, 1930

Dr. Gertrude Rie (1897–1985), die Schwester von Hans Rie, hatte 1921 an der Universität Wien in Chemie promoviert. 1924 heiratete sie Viktor Böhm (1889–1955), den Inhaber der Hutfabrik Brüder Böhm in Wien-Neubau, Schottenfeldgasse 30, wo ihr Bruder angestellt war.[17]

Viktor Böhm wohnte in der Mariahilfer Straße 97, unweit der Fabrik. Das große Familienwohnhaus war 1887 von Architekt Emil Ritter von Förster für Viktors Großvater Bernhard Böhm errichtet worden. Hier wohnten mehrere Mitglieder der Familie Böhm, darunter auch Dipl. Ing. Käthe Böhm

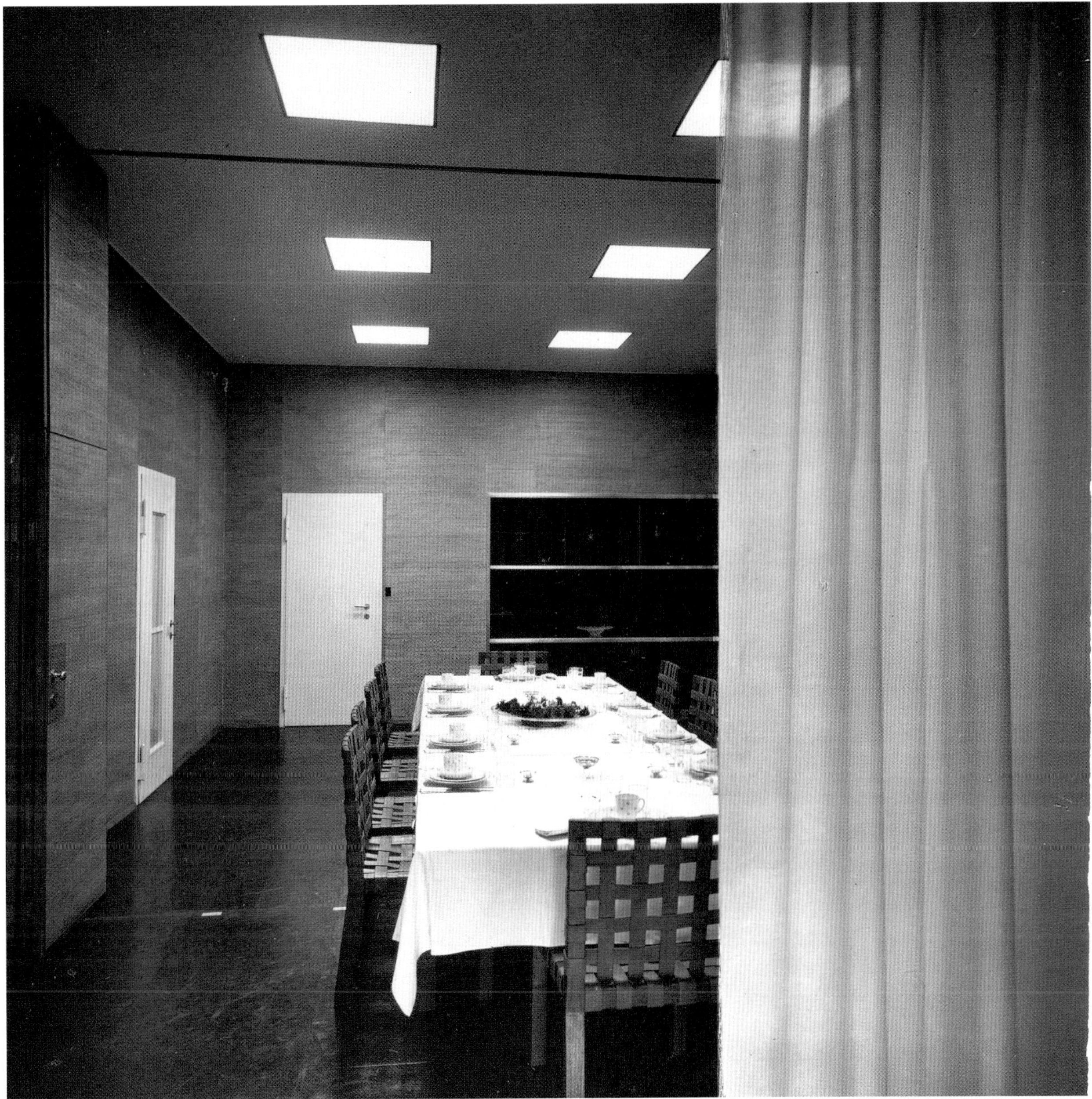

Abb. 19: Ernst A. Plischke, Speisezimmer der Wohnung Böhm mit voll ausgezogenem Esstisch, 1930 (Plischke-Nachlass im Kupferstichkabinett der Akademie der bildenden Künste, Wien, © Bildrechte, Wien 2025)

(1900–1942), eine Cousine von Lucie Rie, die als erste Frau an der Technischen Hochschule Wien Elektrotechnik studiert hatte.

In diesem Haus sollte auch eine neue Wohnung für Gertrude und Viktor eingerichtet werden. Zunächst erfolgte im Herbst 1929 ein Dachbodenausbau nach Plänen von Hugo Gorge. Ernst A. Plischke befand sich in dieser Zeit mit seinem Studienkollegen William Muschenheim in New York. Zurück in Wien begann er mit der Innenraumgestaltung der Wohnung in den neuen Dachbodenräumen, über die er in seinen Lebenserinnerungen festhielt: »Hier hatte ich die Möglichkeit, an Stelle eines traditionell starren Grundrisses mit gemauerten Wänden eine

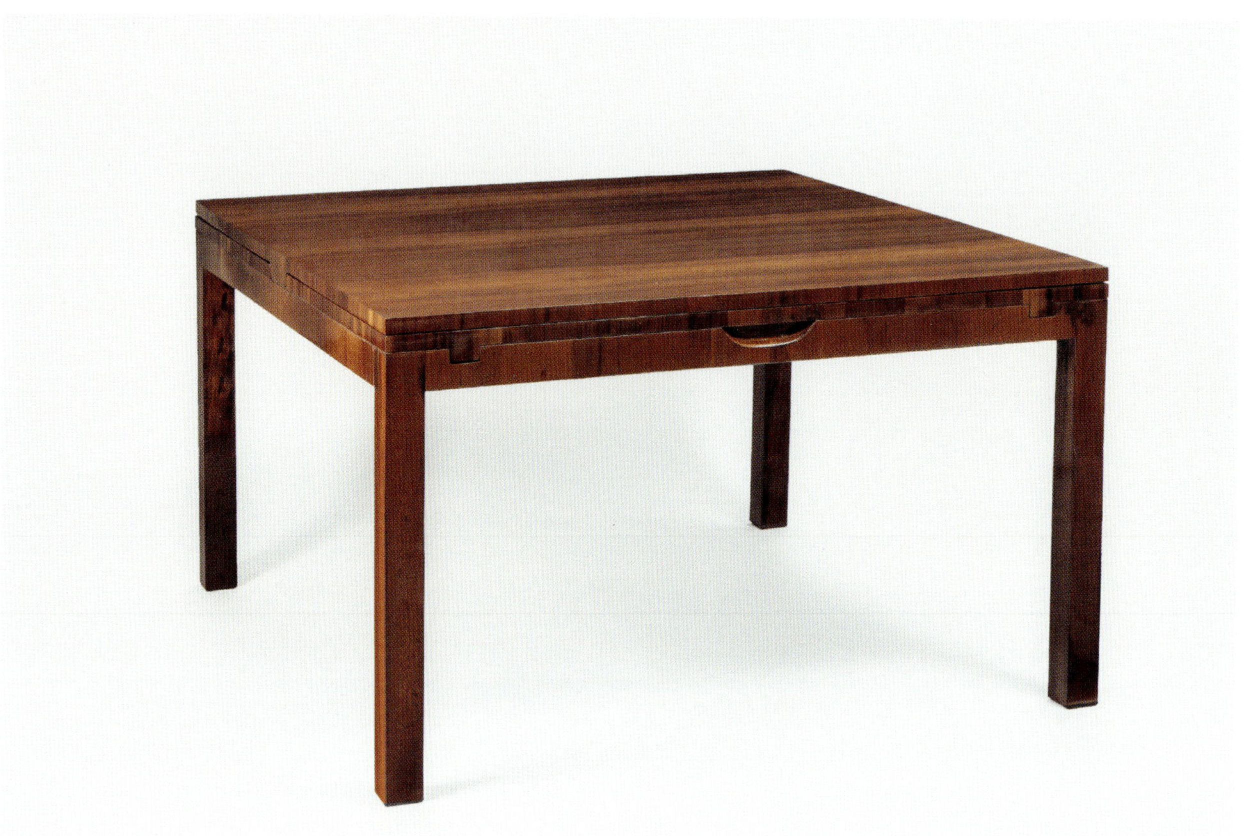

neue Flexibilität durch die Verwendung von Falt- und Schiebetüren zu erreichen. Die Einzelräume gehen ineinander über und lösen sich auf.«[18]

Die Wohnung Böhm verfügte über großzügige Sitz- und Musikzimmer und ein Speisezimmer, das durch Vorhänge als kleiner, intimer oder großer repräsentativer Raum genutzt werden konnte. Alle Schränke waren, wie zuvor in der Wohnung von Lucie Rie, eingebaut. Auf dem mit schwarzem Ebenholz ausgeführten Boden standen nur ein Esstisch und einfache Stühle aus Nussbaumholz, deren Gurte aus grauem Leder gefertigt waren.[19] (Abb. 18–19)

Mit dieser Einfachheit in Form und Farbe setzte Plischke ein Statement der internationalen Moderne, das sich von Entwürfen Hugo Gorges für die Ausstattungsfirma Kunst und Wohnen von Rudolf Lorenz und Josef Franks für Haus & Garten wesentlich unterschied.

Wie Lucie und Hans Rie emigrierten auch Gertrude und Viktor Böhm nach dem »Anschluss« Österreichs zunächst nach England, von wo aus sie

Kat.-Nr. 50
Esstisch aus der Wohnung Böhm
Entwurf: Ernst A. Plischke, 1930
Nussbaumholz, politiert
H: 73, B/T: 120 cm
Bundesmobilienverwaltung: MD 73.951

1941 in die USA weiterreisten. Es gelang ihnen, den Großteil der von Plischke entworfenen Möbel nach New York mitzunehmen.

2011 entschied sich Maria Bohm-Jacobson (1925–2024), die älteste Tochter von Gertrude und Viktor Böhm, die Speisezimmermöbel von Plischke einem Museum zu schenken und fragte zunächst in der Neuen Galerie in New York nach, wo man sie an das Möbelmuseum Wien weiter verwies. So kehrten Plischkes Möbel aus der Wohnung in der Mariahilfer Straße 97 zurück nach Wien.

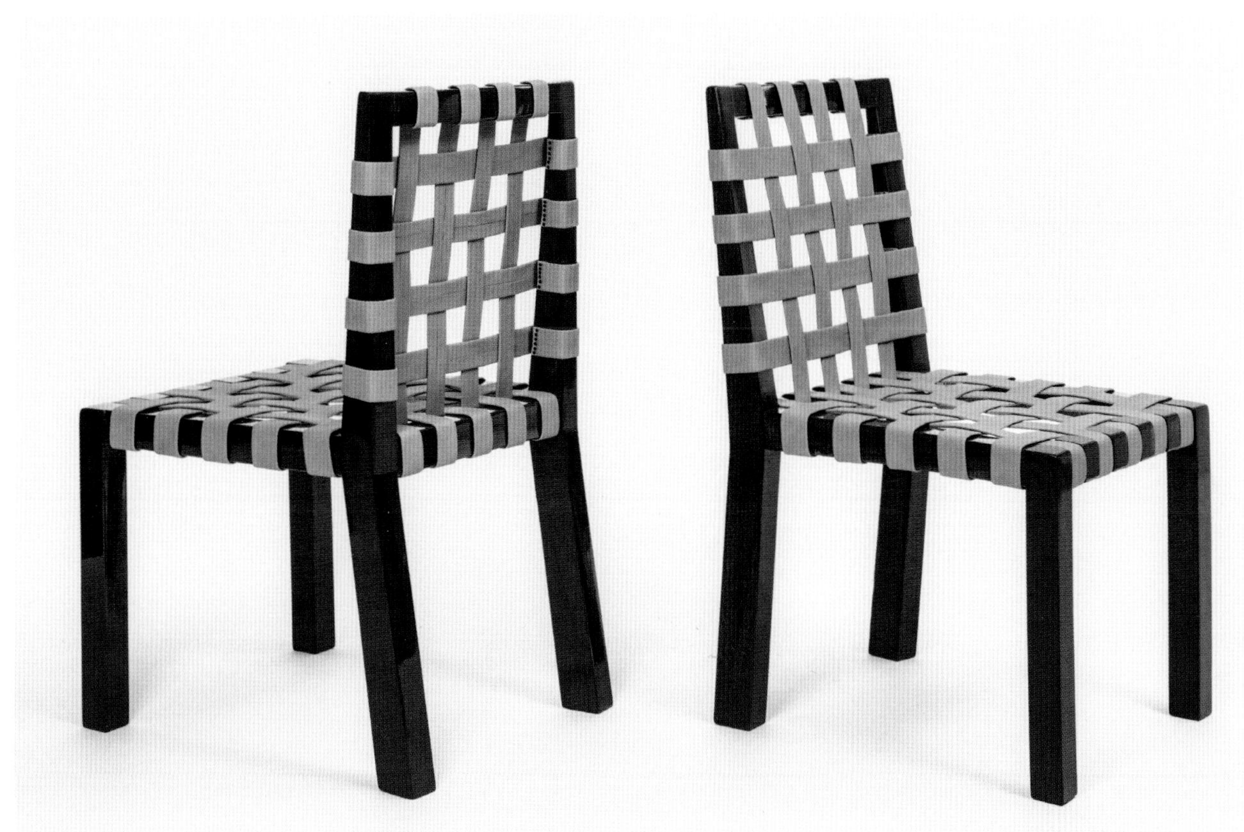

Kat.-Nr. 51
Speisezimmerstühle aus der Wohnung Böhm
Entwurf: Ernst A. Plischke, 1930
Nussbaumholz, politiert, Ledergurten, erneuert
H: 85, B: 48, T: 58,5 cm
Bundesmobilienverwaltung: MD 73.953, MD 73.957-959

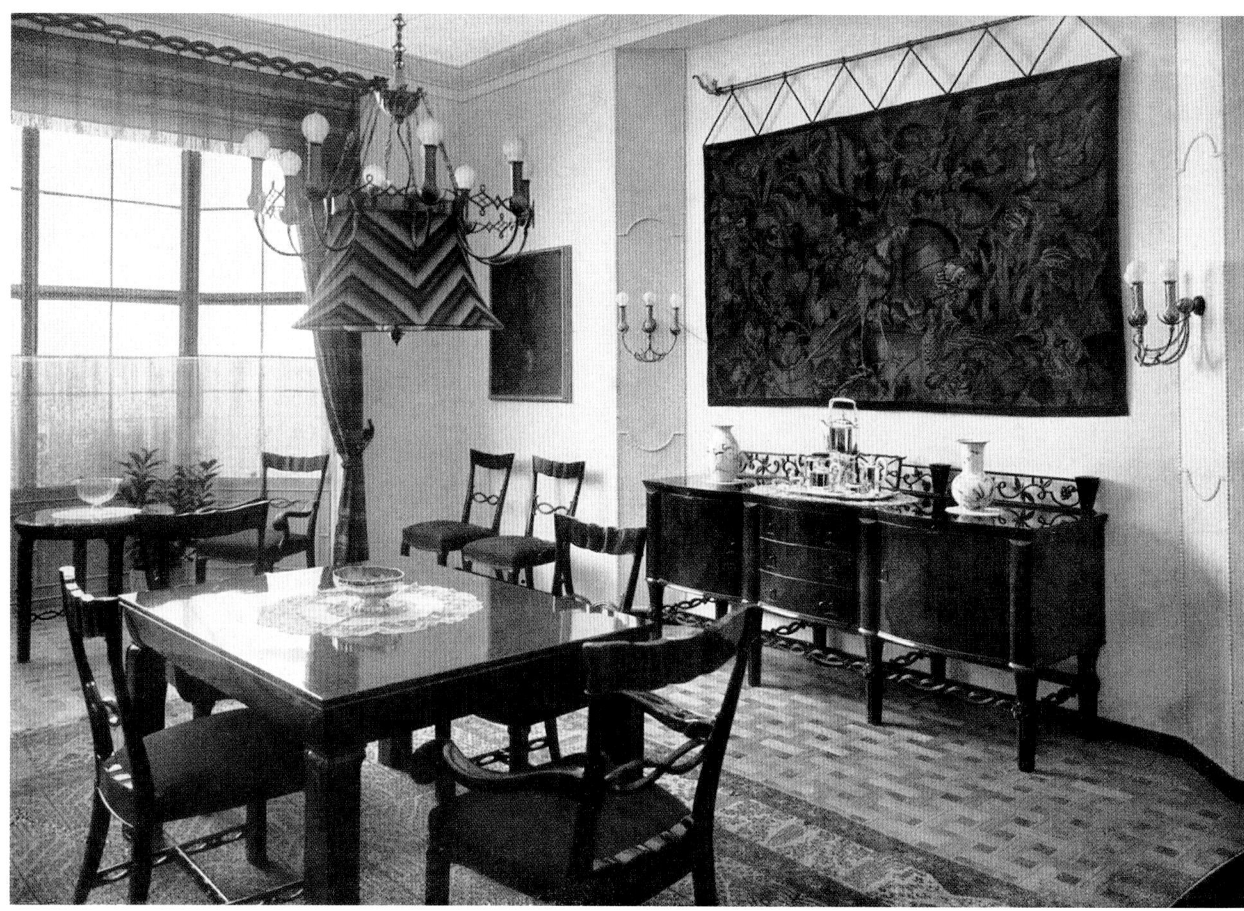

Abb. 20: Otto Prutscher, Speisezimmereinrichtung gezeigt bei der Jubiläumsausstellung des Wiener Kunstgewerbevereins, 1924 (Dekorative Kunst, 1925/26)

Die Speisezimmereinrichtung von Fritz und Hermine Zykan, 1924 : Sitzgarnitur für einen »Garten-Pavillon«, 1930 von Otto Prutscher

Architekt Otto Prutscher (1880–1949) gehörte derselben Generation wie Josef Frank an, seine Formensprache orientierte sich jedoch am zehn Jahre älteren Josef Hoffmann. Seine Gestaltungsweise blieb auch in den 1920er-Jahren im »Garnitur-Denken« verhaftet. Beispiele dafür sind ein Speisezimmer von 1924 und eine Sitzgarnitur von 1930.

1924 präsentierte Prutscher bei der »Jubiläumsausstellung des Wiener Kunstgewerbevereins« eine Speisezimmereinrichtung in der dekorativen Formenwelt der Wiener Werkstätte, die vom Kunsttischler Anton Pospisil in Nussbaumholz ausgeführt wurde. (Abb. 20) Die Familie Zykan erwarb das mit Schnitzereien und Intarsien aufwendig dekorierte Ensemble.

Gottfried Zykan hatte 1902 in der Wiener Innenstadt am Kohlmarkt 5 das Delikatessengeschäft »Frühstücksstube« eingerichtet, das um 1925 von Architekt Otto Prutscher neu gestaltet wurde. Sein Sohn Fritz Zykan (1897–1976) bezog 1924 eine Wohnung in Wien-Rudolfsheim-Fünfhaus in der Kranzgasse 30/Ecke Mariahilfer Straße 181, die aus einem geräumigen Vorzimmer, einer Küche mit einem anschließenden Kabinett für das Dienstmädchen, einem Speisezimmer, einem Schlafzimmer mit benachbartem Garderoberaum sowie einem Bad bestand. Die Speisezimmereinrichtung kam von der

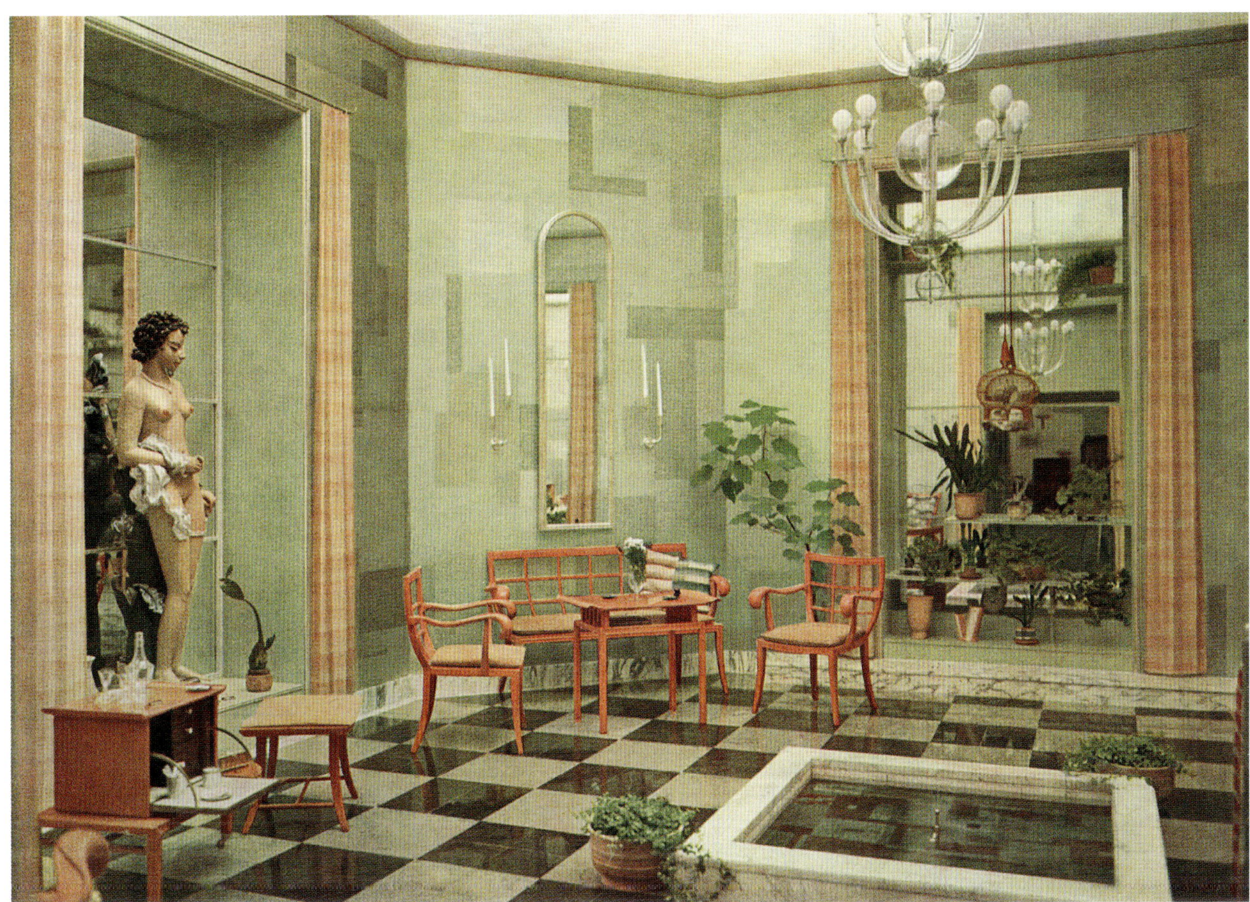

Abb. 21: Otto Prutscher, Raum in einem Gartenpavillon, ausgestellt 1930 im Künstlerhaus (Innendekoration, XLI, Dez. 1930)

Jubiläumsausstellung. Die weiß lackierte Schlafzimmereinrichtung und die grün lackierten Vorzimmermöbel sowie ein Badezimmer mit Marmor wurden ebenfalls von Prutscher entworfen.[20]

1928 heiratete Fritz Zykan Hermine Huber (1901–1986), die Tochter seines Hausherrn. Die Familie führte im selben Gebäude das Modehaus Gebrüder Huber. Das junge Paar hatte zwei Söhne und blieb zeitlebens in ihrer Wohnung in der Kranzgasse mit den Möbeln von Otto Prutscher. Durch die Erben kam die Speisezimmereinrichtung in den Wiener Kunsthandel, von wo die Prutscher-Möbel für die Sammlung angekauft wurden.[21]

1930 gestaltete Otto Prutscher für eine Interieur-Ausstellung im Wiener Künstlerhaus einen »Raum in einem Garten-Pavillon« mit einem Marmorboden in Grau und Schwarz und Silbertapeten an den Wänden. (Abb. 21) Die Möbel aus rotem Schleiflack wurden von August Ungethüm ausgeführt. Die traditionelle Sitzgarnitur mit Kanapee und Armlehnstühlen ergänzte er um einen »Kanadier«-Armlehnsessel mit Hocker. Das Ensemble wurde 1983 mit schwarzer Überlackierung aus dem Wiener Kunsthandel für die Sammlung angekauft.

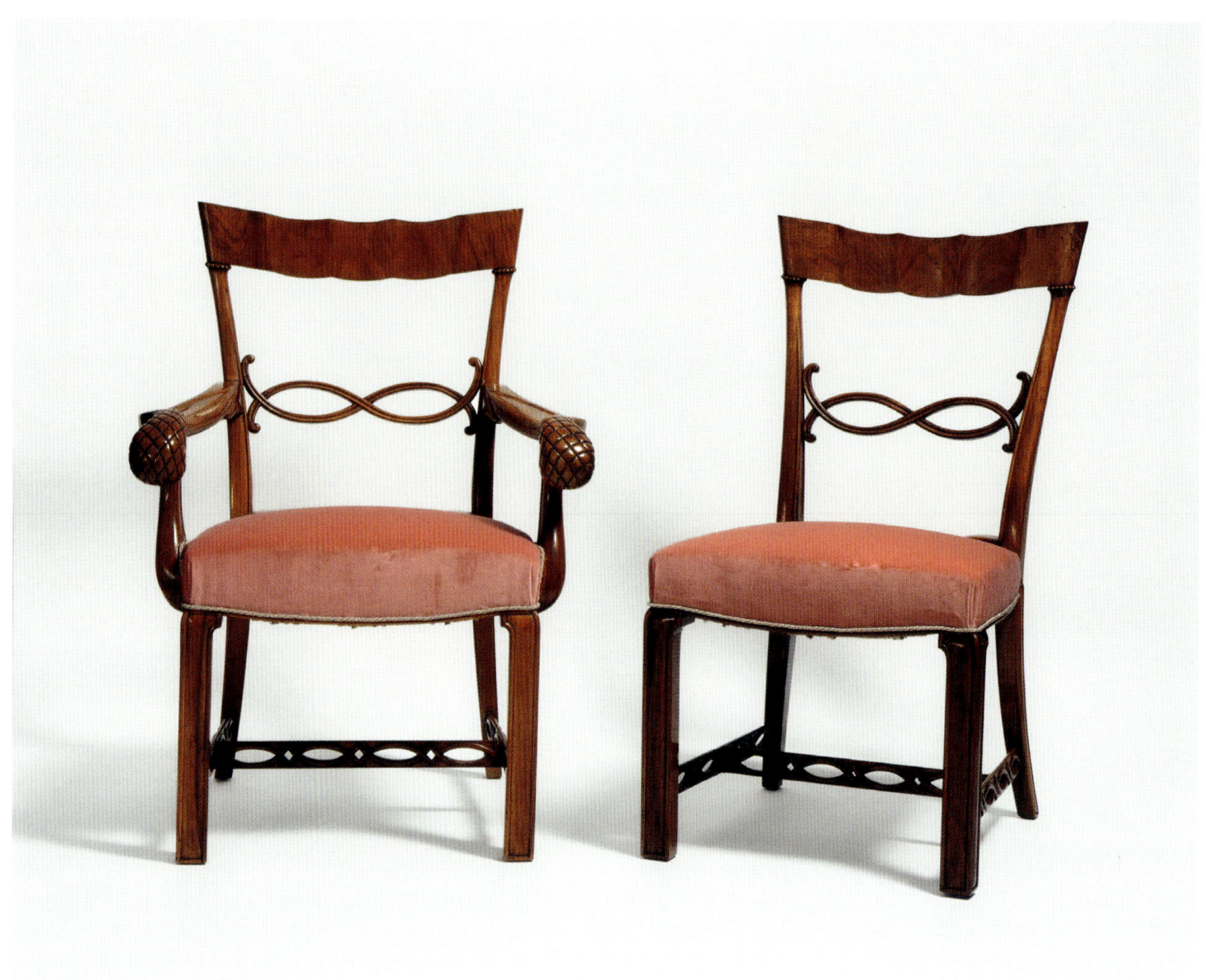

Das Speisezimmer von Fritz und Hermine Zykan

Kat.-Nr. 52
Stuhl und Armlehnstuhl aus der Wohnung Zykan
Entwurf: Otto Prutscher, 1924
Ausführung: Anton Pospisil
Nussbaumholz, teilweise geschnitzt, politiert, Stoffbespannung, erneuert
Stuhl: H: 97,5, B: 52,5, T: 60 cm
Armlehnstuhl: H: 99, B: 70,5, T: 61 cm
Bundesmobilienverwaltung, MD 34.628 und MD 34.635

Kat.Nr. 52
Speisezimmer der Wohnung Zykan im Möbelmuseum Wien
(Foto: © SKB)

Sitzgarnitur für einen »Gartenpavillon«

Kat.-Nr. 53
Kanapee
Entwurf: Otto Prutscher, 1930
Ausführung: August Ungethüm
Buche, schwarz überlackiert, historische Stoffbespannung
H: 90, B: 200, T: 62 cm
Bundesmobilienverwaltung: MD 34.609

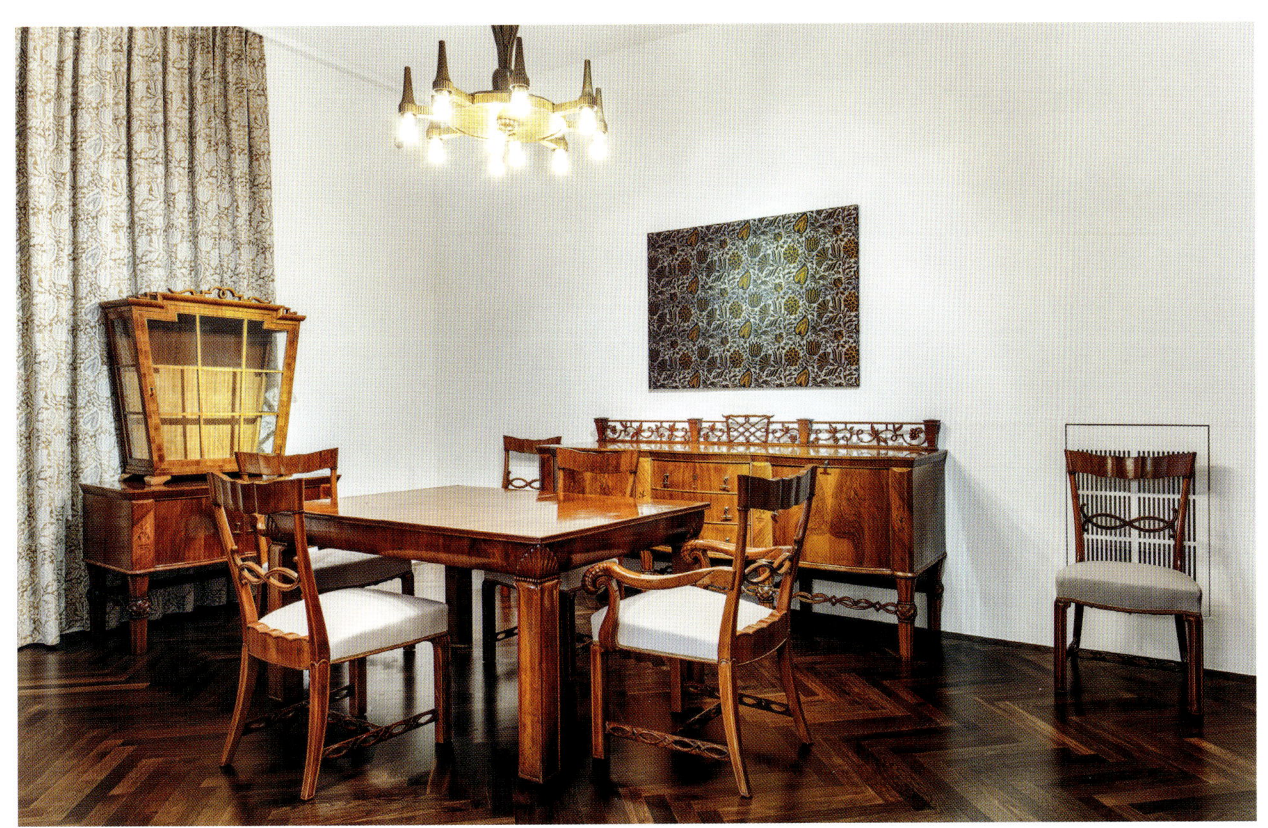

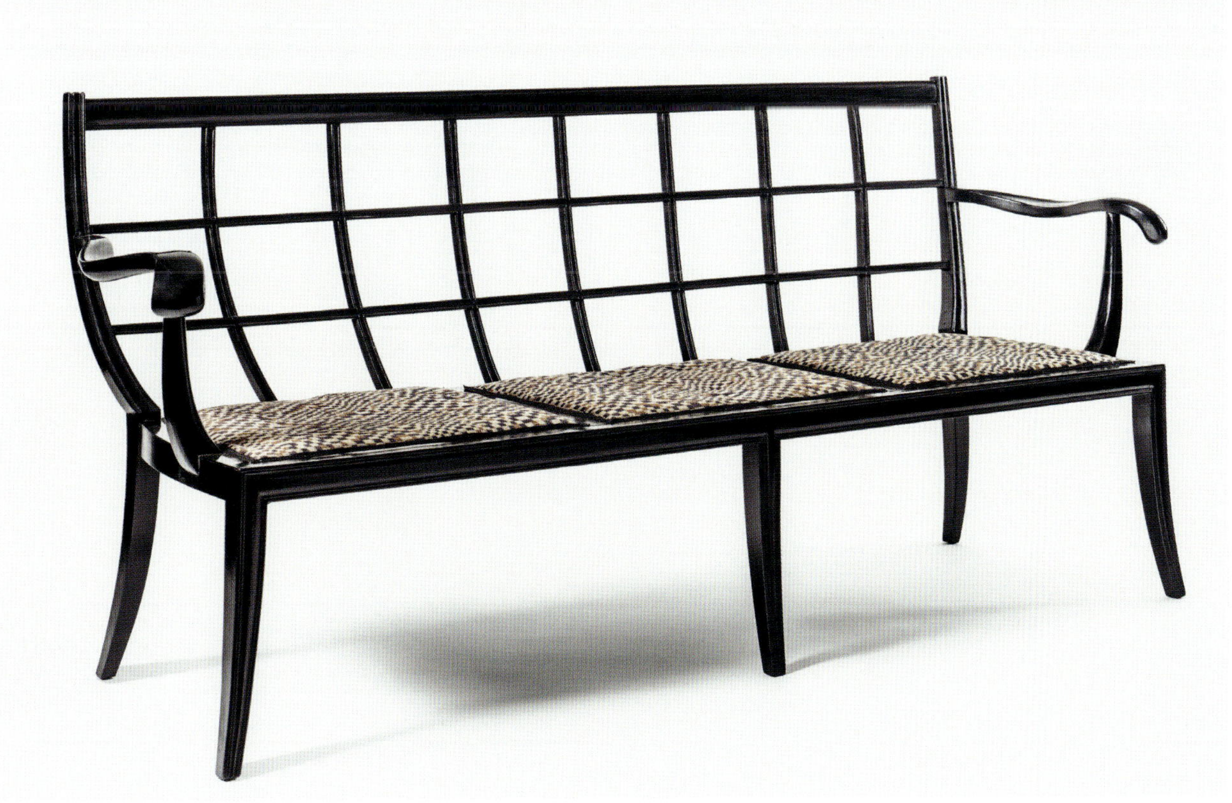

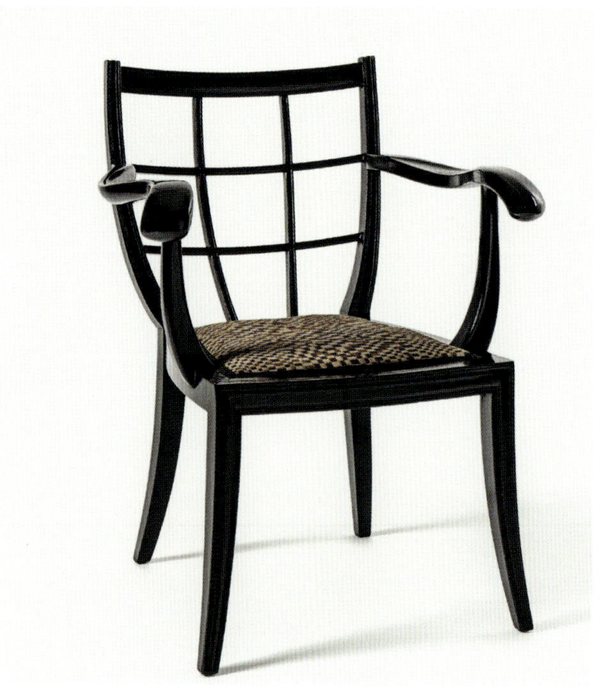

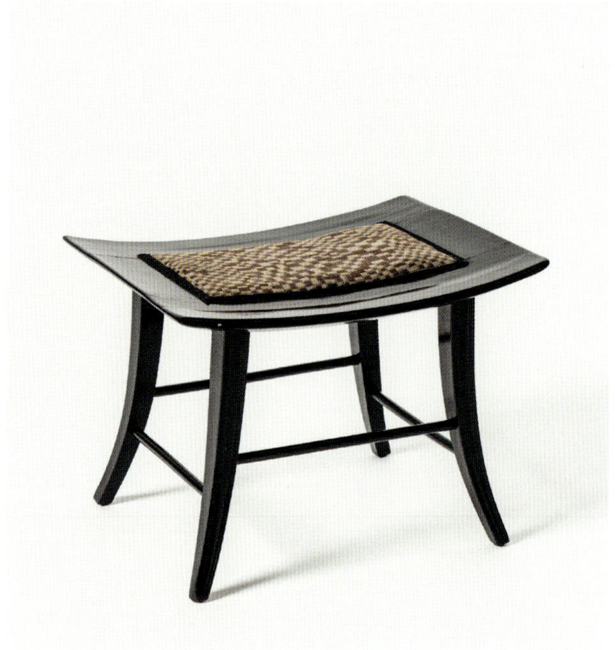

Kat.-Nr. 54
Armlehnstühle
Entwurf: Otto Prutscher, 1930
Ausführung: August Ungethüm
Buche, schwarz überlackiert, historische Stoffbespannung
H: 86, B: 71, T: 63 cm
Bundesmobilienverwaltung: MD 34.610 und MD 34.611

Kat.-Nr. 55
Hocker
Entwurf: Otto Prutscher, 1930
Ausführung: August Ungethüm
Buche, schwarz überlackiert, historische Stoffbespannung
H: 40, B: 54, T: 40 cm
Bundesmobilienverwaltung: MD 34.612

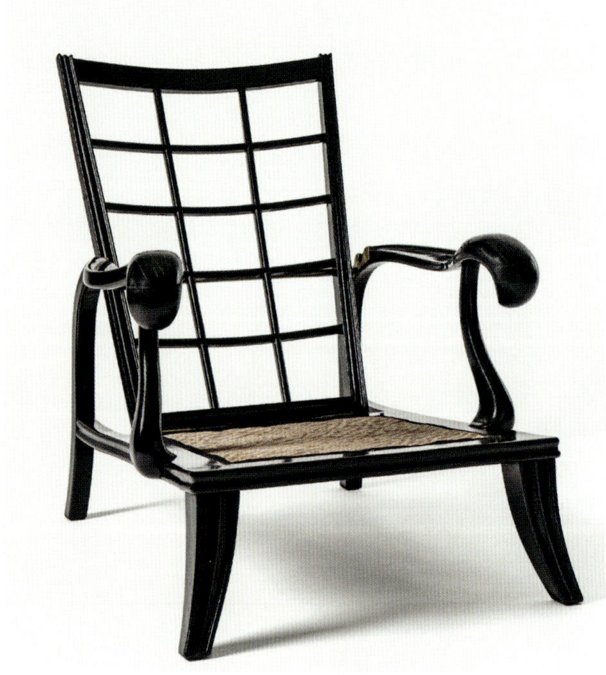

Kat.-Nr. 56
»Kanadier«-Armlehnsessel
Entwurf: Otto Prutscher, 1930
Ausführung: August Ungethüm
Buche, schwarz überlackiert
H: 90, B: 75, T: 100 cm
Bundesmobilienverwaltung: MD 34.614

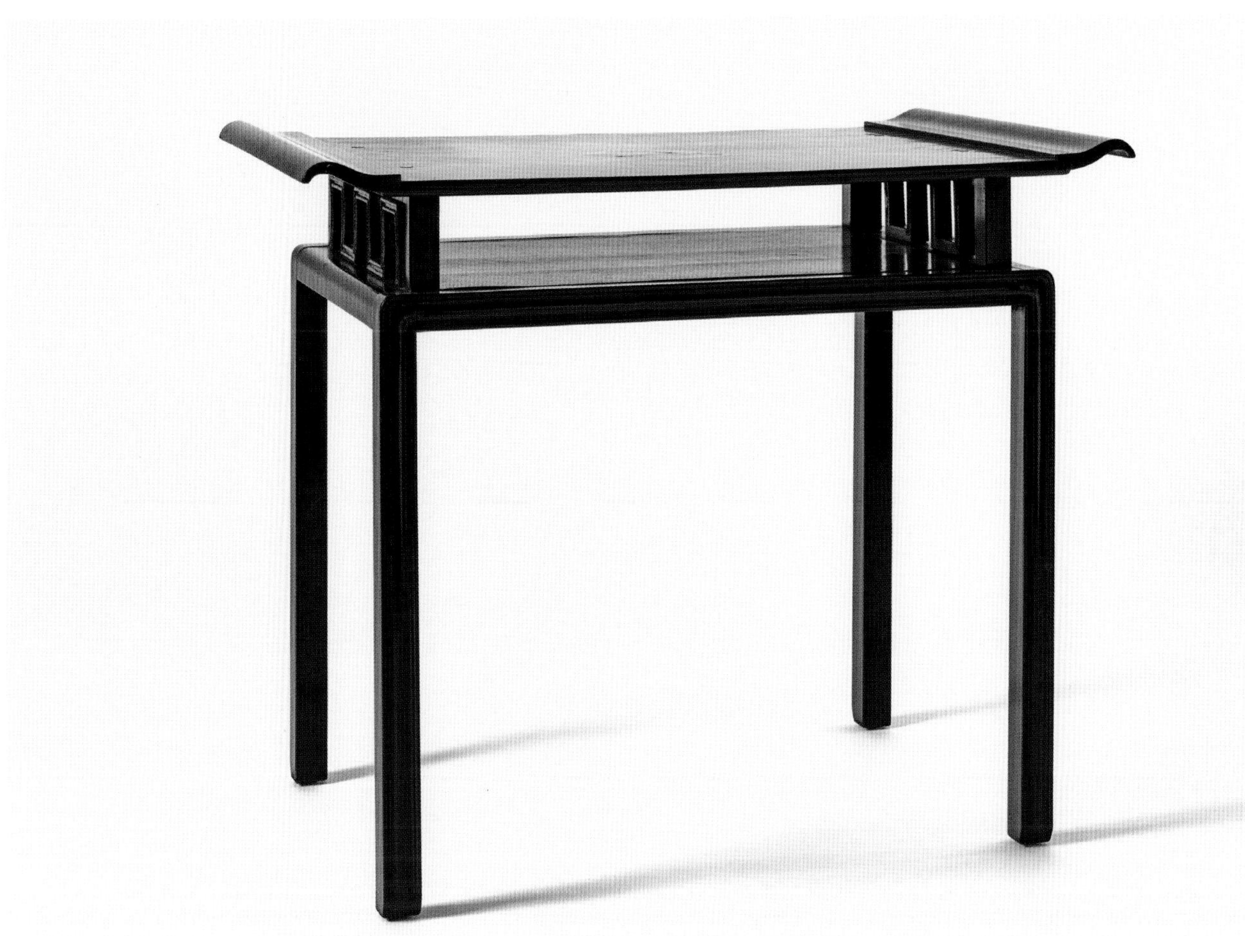

Kat-Nr. 57
Tisch
Entwurf: Otto Prutscher, 1930
Ausführung: August Ungethüm
Buche, schwarz überlackiert
H: 70, B: 84,5, T: 50 cm
Bundesmobilienverwaltung: MD 34.615

DIE WOHNUNG DES ZAHNARZTES DR. KARL MELNIZKY VON HERBERT EICHHOLZER, UM 1932

Architekt Herbert Eichholzer (1903–1943) führte in Graz ein erfolgreiches Baubüro mit vielfältigen und innovativen Aufträgen. Seine Auftraggeber*innen reichten von Freuden aus dem »Prenninger Kreis« über Unternehmer bis zur Ärzteschaft.[22]

Zu seinen Auftraggebern gehörte auch der junge Zahnarzt Dr. Karl Melnizky (1900–1987), der in Graz ab 1930 in der Kirchengasse 15 gemeldet war.[23] Ab 1932 wohnte hier auch seine Frau Magdalena. Die neue Einrichtung von Eichholzer umfasste ein Wohn- und Arbeitszimmer und ein Schlafzimmer.

Ein Foto aus dem Nachlass des Architekten in der Technischen Universität in Graz, das bisher mit der Wohnung von Dr. Philippine Fischer-Bendiner (1906–1999) in Verbindung gebracht wurde,[24] zeigt eine Ecke im Wohn- und Arbeitszimmer von Dr. Melnizky. (Abb. 22) Wie in der Wohnung von Fischer-Bendiner fanden auch hier einfache, dunkel gebeizte Weichholzmöbel mit Beschlägen und Beinen aus Weißmetall Verwendung.[25]

Bemerkenswert sind auch die die Armlehnstühle mit gebogenen Armlehnen und Spagatgeflecht, die auch im Haus Hohmayr standen und von Anna Lülja Simidoff (später: Praun) (1906–2004) entworfen wurden. (Abb. 23) Diese hatte als erste Frau in Graz Architektur studiert und im Atelier Eichholzers wesentlichen Anteil an den Möbelentwürfen.

Im August 1938 übersiedelte Melnizky mit seiner Gattin nach Wien und nahm Eichholzers Möbel mit. Von der Übersiedlung sind auf den Unterseiten der Möbel einige Papieretiketten mit dem Namen »Dr. Karl Melnizky« erhalten.
1956 übersiedelte der Zahnarzt mit seiner zweiten Gattin Josefine (1921–1988) zurück nach Graz. Er brachte die Möbel von Eichholzer wieder zurück und richtete in der Morellenfeldgasse 2 damit eine Wohnung mit Praxis ein.[26] Für die neuen Räumlichkeiten wurden einige Bücherregale umgebaut.

Die Möbelgruppe, die auf historischen Fotos der ersten Wohnung zu sehen ist, blieb jedoch vollständig und unverändert erhalten. Das gesamte Ensemble konnte 2004 von einer Wiener Designgalerie für die Sammlung angekauft werden.

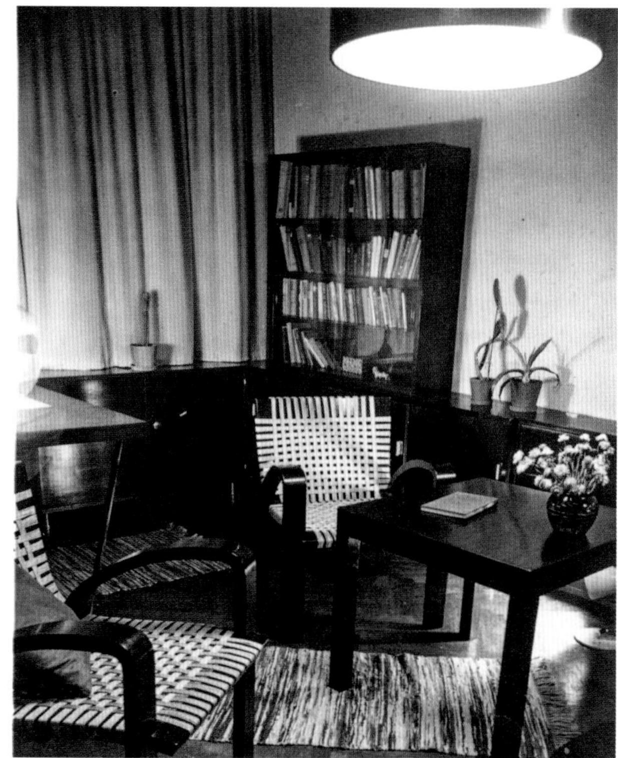

Abb. 22: Herbert Eichholzer, Wohn- und Arbeitszimmer in der Wohnung von Dr. Karl Melnizky in Graz, um 1932 (Eichholzer-Nachlass, Architekturarchiv Steiermark, TU Graz)

Kat.-Nr. 58
Armlehnsessel aus der Wohnung Melnizky
Entwurf: Herbert Eichholzer mit Anna Lülja Simidoff (später: Praun), um 1932
Buche, Spagatgeflecht
H: 73,5, B: 62,5, T: 76 cm
Bundesmobilienverwaltung: MD 68.975 und MD 68.976

Kat.-Nr. 59
Armlehnstuhl aus der Wohnung Melnizky
Entwurf: Herbert Eichholzer mit Anna Lülja Simidoff (später: Praun), um 1932
Buche, Spagatgeflecht
H: 57, B: 57, T: 55 cm
Bundesmobilienverwaltung: MD 68.977

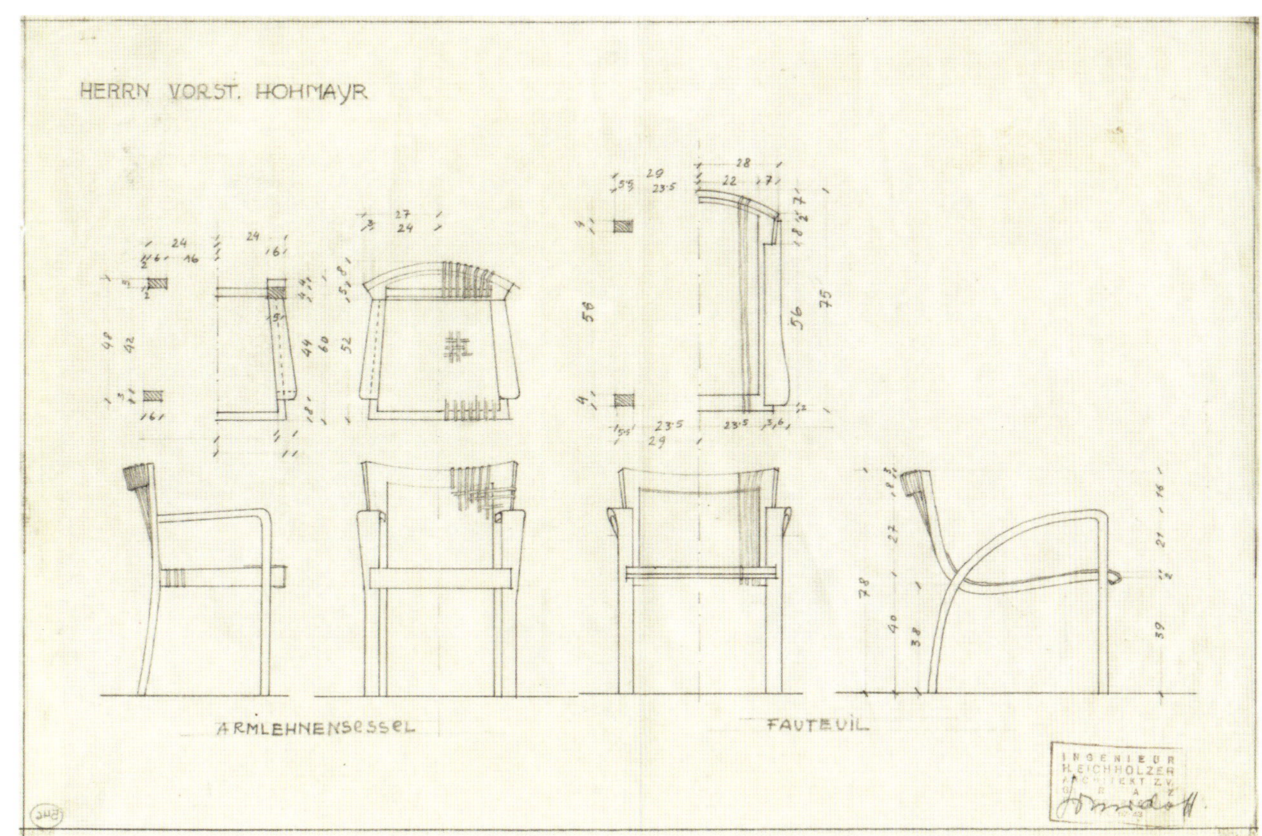

Abb. 23: Anna Lülja Simidoff im Atelier Eichholzer, Entwurfszeichnung mit Armlehnstühlen für die Wohnung Hohmayr in Graz, (Eichholzer-Nachlass, Architekturarchiv Steiermark, TU Graz)

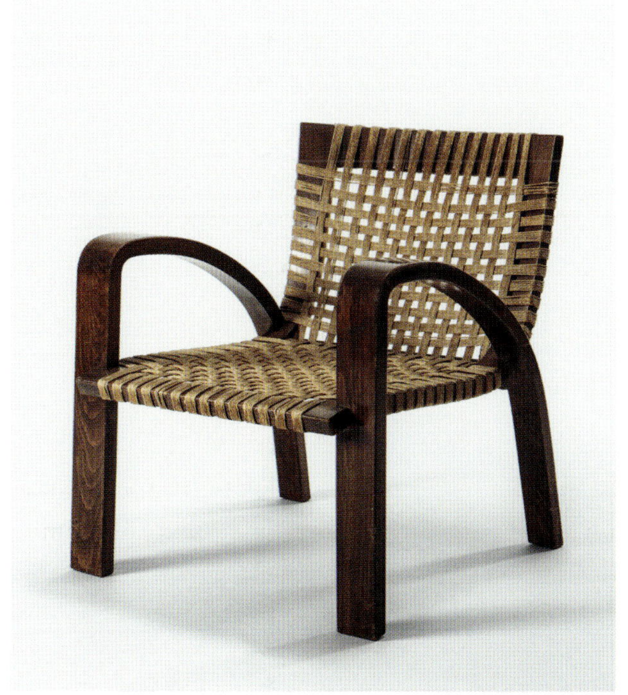

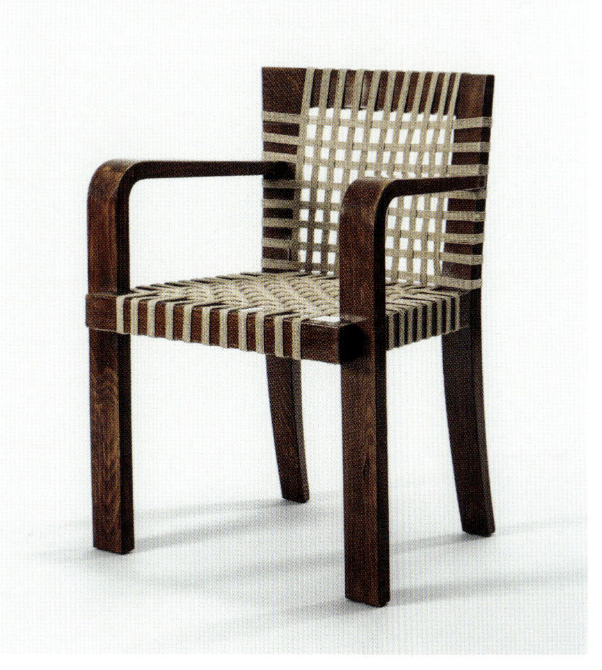

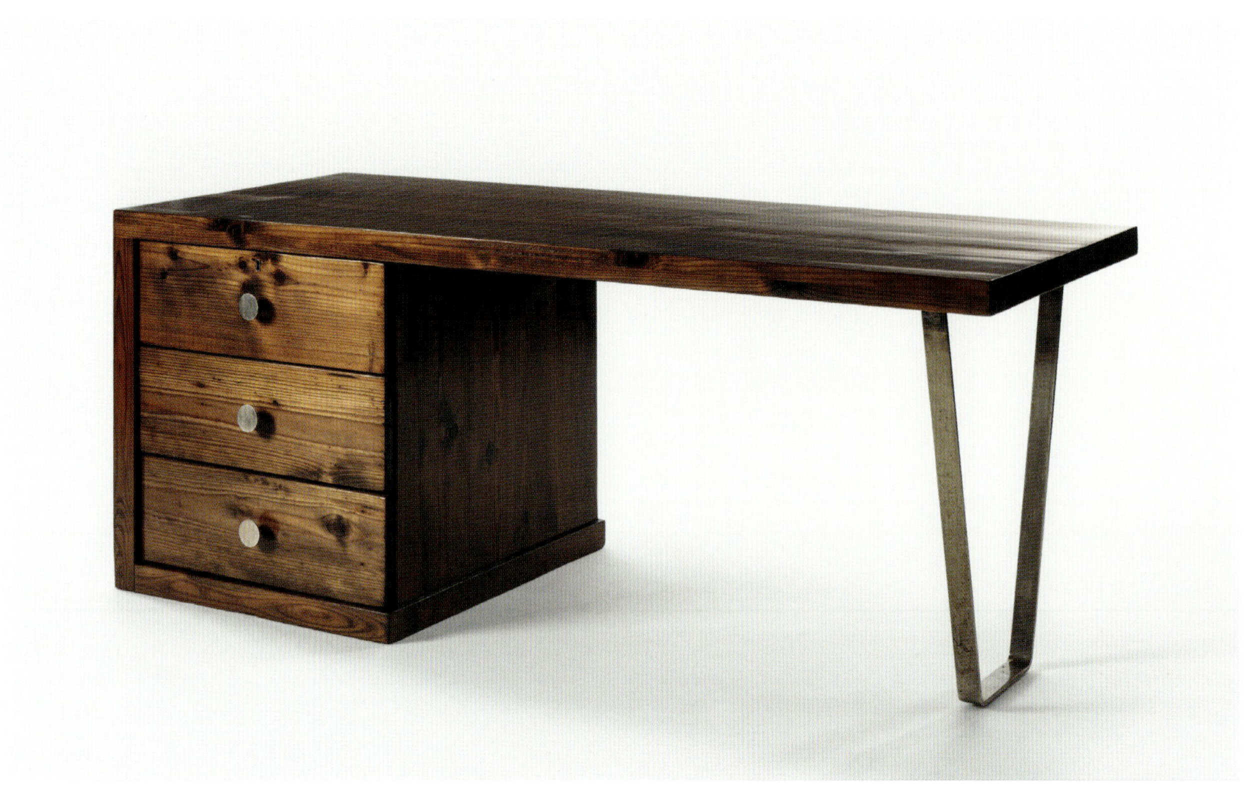

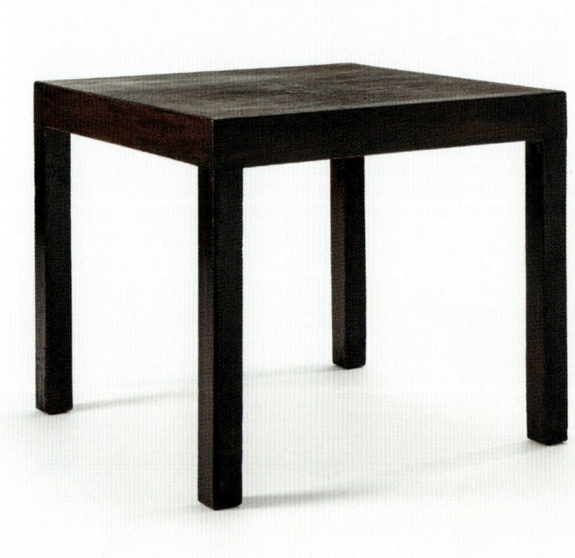

Kat.-Nr. 60
Schreibtisch aus der Wohnung Melnizky
Entwurf: Herbert Eichholzer mit Anna Lülja Simidoff (später: Praun), um 1932
Weichholz, schwarz gebeizt, Weißmetall
H: 86,5, B: 160, T: 66,5 cm
Bundesmobilienverwaltung: MD 68.978

Kat.-Nr. 61
Tisch aus der Wohnung Melnizky
Entwurf: Herbert Eichholzer mit Anna Lülja Simidoff (später: Praun), um 1932
Weichholz, schwarz gebeizt
H: 69,5, B: 110, T: 90 cm
Bundesmobilienverwaltung: MD 68.979

Kat.-Nr. 62
Kommode aus der Wohnung Melnizky
Entwurf: Herbert Eichholzer mit Anna Lülja Simidoff (später: Praun), um 1932
Weichholz, schwarz gebeizt, Beschlag aus Weißmetall
H: 73, B: 183, T: 42 cm
Bundesmobilienverwaltung: MD 68.985

Kat.-Nr. 63
Kommode mit Aufsatz aus der Wohnung Melnizky
Entwurf: Herbert Eichholzer mit Anna Lülja Simidoff (später: Praun), um 1932
Weichholz, schwarz gebeizt, Beschlag aus Weißmetall
H: 174, B: 114, T: 36 cm
Bundesmobilienverwaltung: MD 68.986/1–2

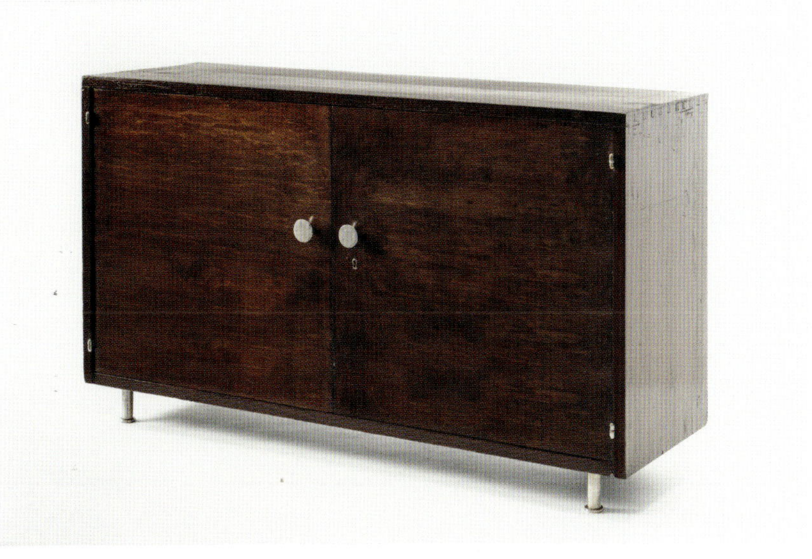

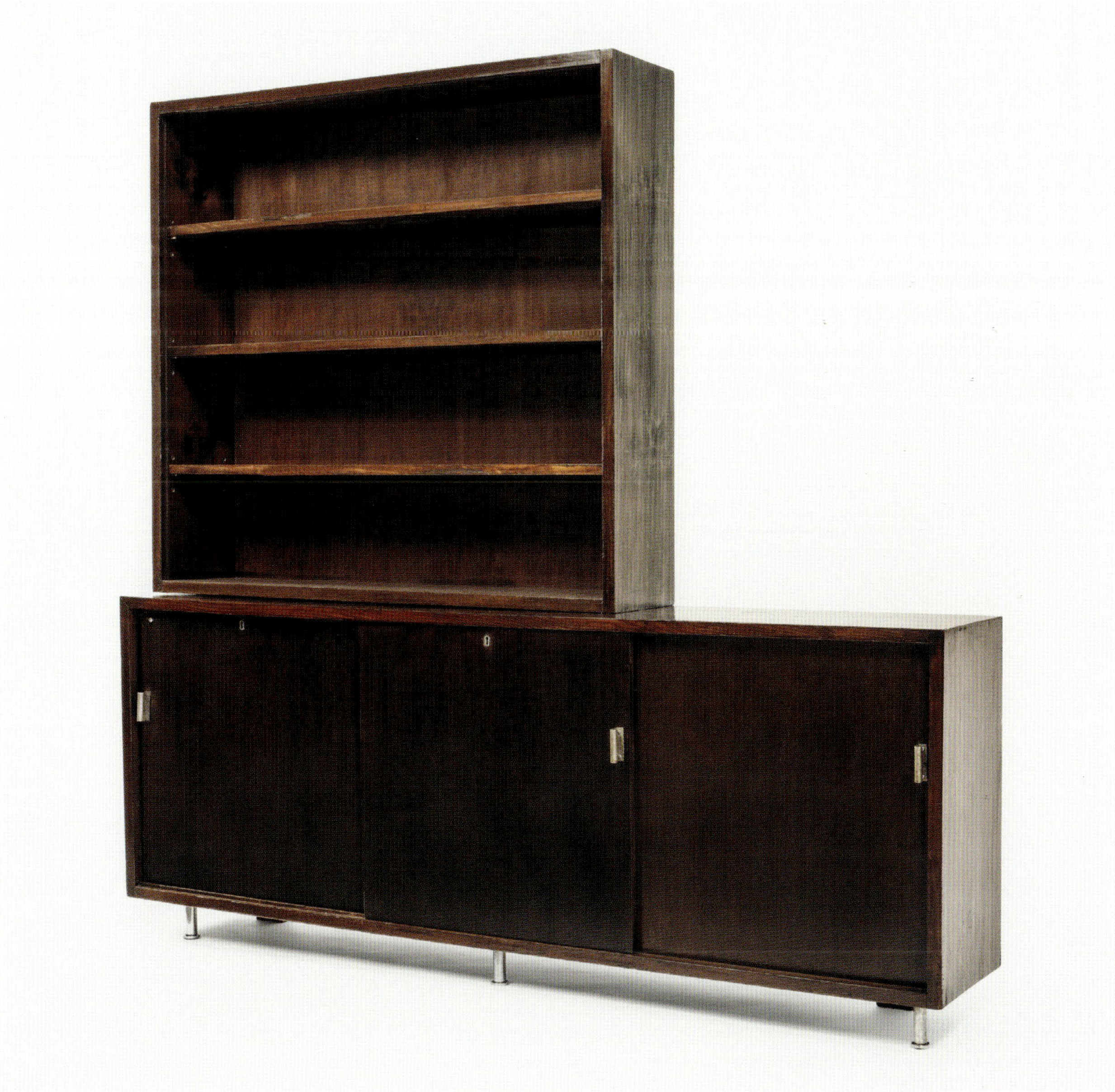

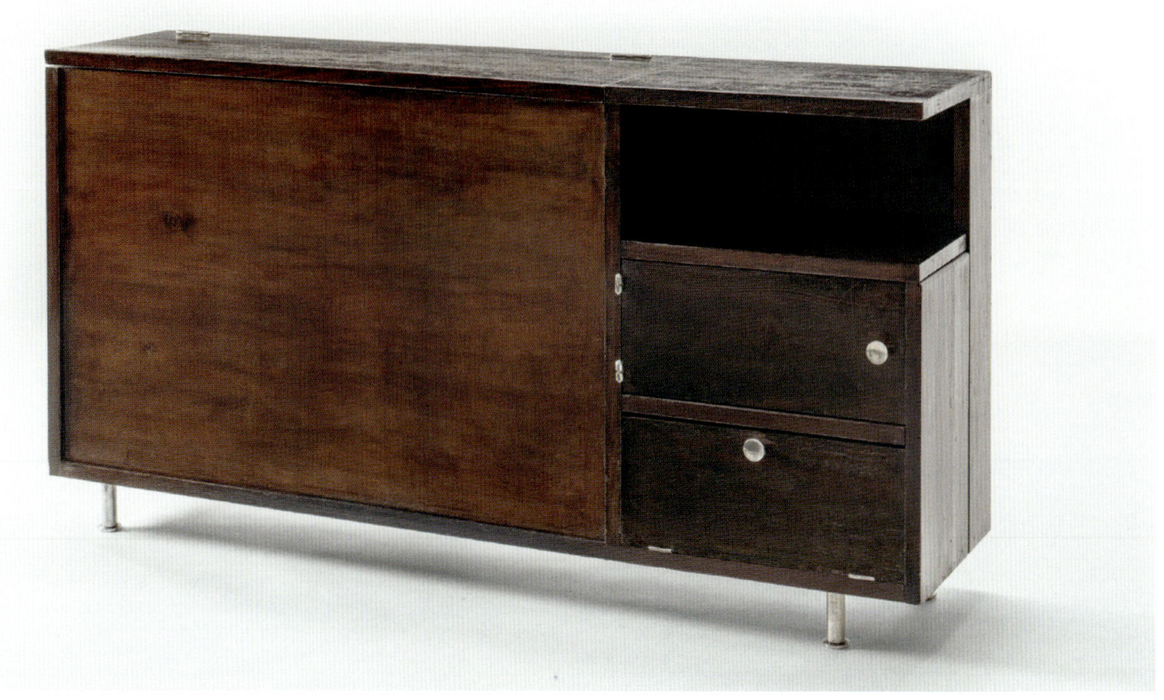

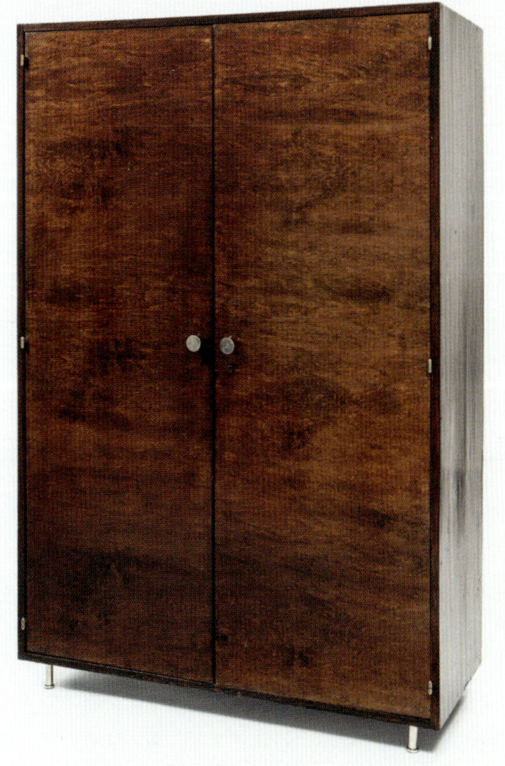

Kat.-Nr. 64
Betthaupt/Nachkästchen aus der Wohnung Dr. Melnizky
Entwurf: Herbert Eichholzer mit Anna Lülja Simidoff (später: Praun), um 1932
Weichholz, schwarz gebeizt, Rohrgeflecht, Beschlag aus Weißmetall
H: 73,5, B: 140, T: 33 cm
Bundesmobilienverwaltung, MD 68.987

Kat.-Nr. 65
Kleiderschrank aus der Wohnung Melnizky
Entwurf: Herbert Eichholzer mit Anna Lülja Simidoff (später: Praun), um 1932
Weichholz, schwarz gebeizt, Beschlag aus Weißmetall
H: 198, B: 131, T: 58 cm
Bundesmobilienverwaltung: MD 68.981

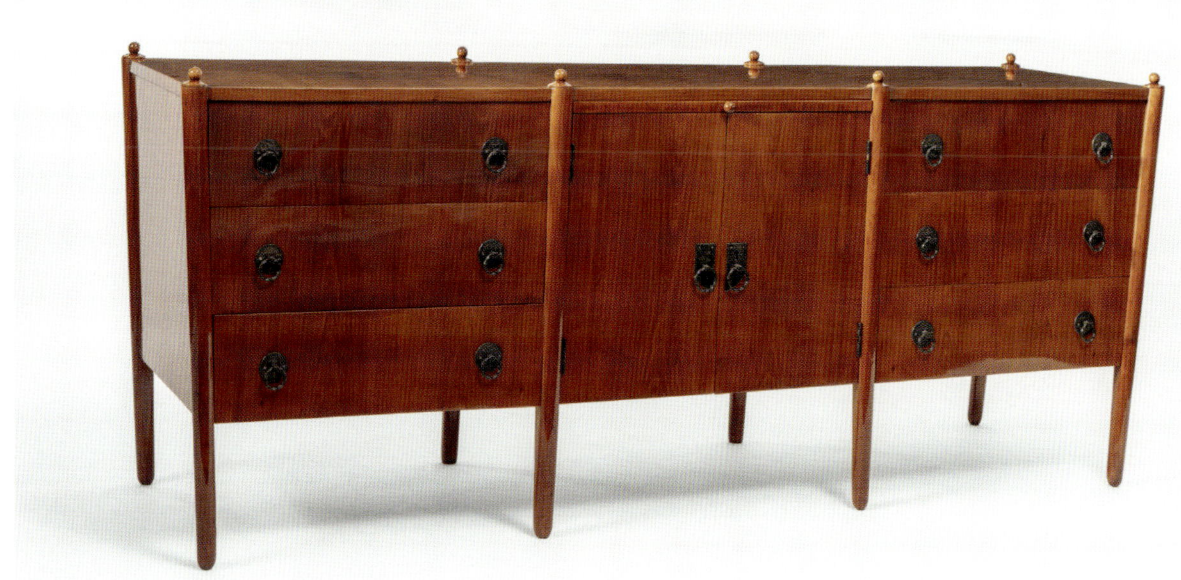

MÖBEL FÜR RESL GLASS VON HEINRICH GLASS, 1932

Kat.-Nr. 66
Anrichte für Resl Glaß
Entwurf: Heinrich Glaß, 1932
Kirschbaumholz, politiert
H: 87, B: 215, T: 59,5 cm
Bundesmobilienverwaltung: MD 75.976

Architekt Heinrich Glaß (1911–2003) begann schon während seines Studiums an der Technischen Hochschule in Wien mit dem Entwerfen von Möbeln. Zu den ersten Arbeiten gehörten Möbel für seine jüngere Schwester Resl. Erika Theresa Glaß (1914–2006) hatte an der Wiener Universität Germanistik und Philosophie studiert und ihre Dissertation über »Die Form der Lyrik Richard Dehmels als Ausdruck seiner Persönlichkeit« verfasst. Am 21. Juli 1938 promovierte sie mit Auszeichnung. Im September 1938 heiratete sie in Bologna den italienischen Unternehmer Imerio Ido Biavati (1906–1977) und wurde Mutter von sieben Kindern. Als Autorin verfasste Erika Teresa Biavati Bücher über Pflegekinder und Adoptionen, darunter 1948 »I frutti del campo« und 1986 »I fatt curagg«. Darüber hinaus war sie für die Kinderschutz- und Behinderten-Initiativen Opera nazionale maternità e infanzia (ONMI) und Associazone nazionale famiglie e persone con disabilità (ANFFAS) in Bologna leitend tätig.[27]

Das von ihrem Bruder 1932 entworfene Mobiliar umfasst eine Anrichte, ein Ruhebett, einen Schaukelstuhl, einen kleinen Armlehnstuhl aus Kirschbaumholz sowie einen Armlehnstuhl aus Weichholz mit Rollen. Die Formensprache zeigt eine Auseinandersetzung mit englischen Möbeltypen und zeichnet sich durch Eigenständigkeit und Ideenreichtum aus. Dieses Frühwerk weist auf die spätere Designer-Karriere in den USA voraus, wohin der Architekt vor dem NS-Regime geflohen war und – nunmehr als Henry P. Glass – zunächst in New York und dann in Chicago tätig war.

Ungewöhnlich war auch die Einrichtung der Wohnung von Dr. Otto Mayer. Es dürfte sich um den Laryngologen Professor Otto Mayer (1876–

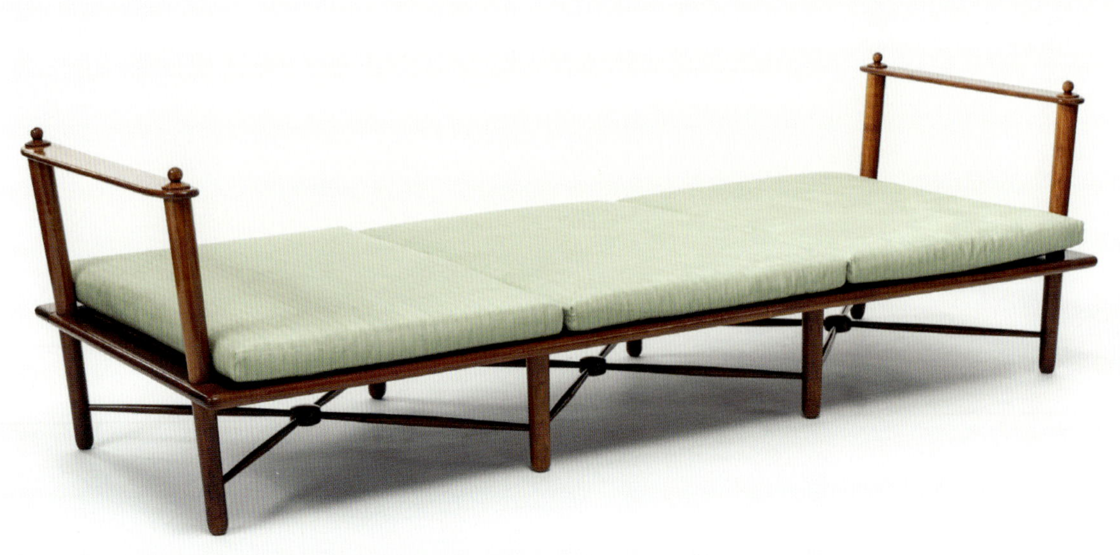

1951) handeln, der in der Günthergasse 2 in Wien-Alsergrund wohnte und wohl mit Heinrichs Vater, dem Zahnarzt Dr. Ernst Glaß, aus der nahe gelegenen Piaristengasse bekannt war.[28] Beim Esstisch standen zwei große Diwane mit Rohrgeflecht, die auch als Betten dienten.[29] Aus Wien stammende und längere Zeit in Chicago lebende Freunde von Elly (Eleonore) und Henry P. Glass erwarben einen dieser Diwane und die Möbel der Schwester in den 1990er-Jahren.[30] Der Sohn des Ehepaares bot das Ensemble nach dem Tod seiner Mutter zunächst 2015 bei der Design Auktion im Dorotheum an und 2016 konnten die Möbel direkt aus dem Familienbesitz für die Sammlung angekauft werden.

Kat.-Nr. 67
Ruhebett für Resl Glaß
Entwurf: Heinrich Glaß, 1932
Kirschbaumholz, politiert, Stoffbespannung, erneuert
H: 85, B: 210, T: 80 cm
Bundesmobilienverwaltung: MD 75.977

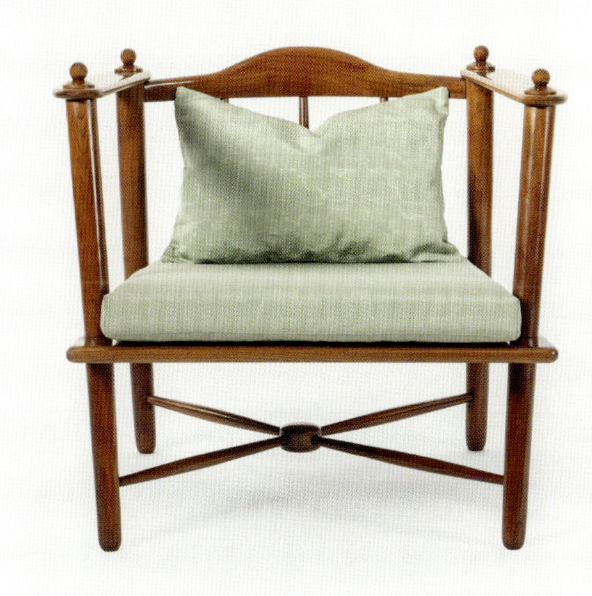

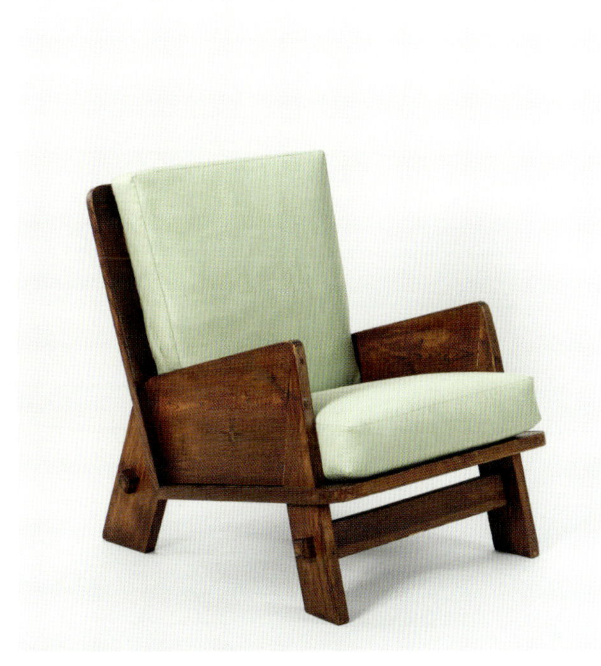

Kat.-Nr. 68
Niederer Armlehnstuhl für Resl Glaß
Entwurf: Heinrich Glaß, 1932
Kirschbaumholz, politiert, Stoffbepannung, erneuert
H: 79, B: 67, T: 65 cm
Bundesmobilienverwaltung; MD 75.978

Kat.-Nr. 69
Hoher Armlehnstuhl für Resl Glaß
Entwurf: Heinrich Glaß, 1932
Kirschbaumholz, politiert, Stoffbespannung, erneuert
H: 106, B: 60, T: 68 cm
Bundesmobilienverwaltung: MD 75.979

Kat.-Nr. 70
Armlehnstuhl (Kaminsessel) für Resl Glaß
Entwurf: Heinrich Glaß, 1932
Weichholz, gebeizt, Stoffbespannung, erneuert
Bundesmobilienverwaltung: MD 75.980
H 86, B: 66, T: 65 cm

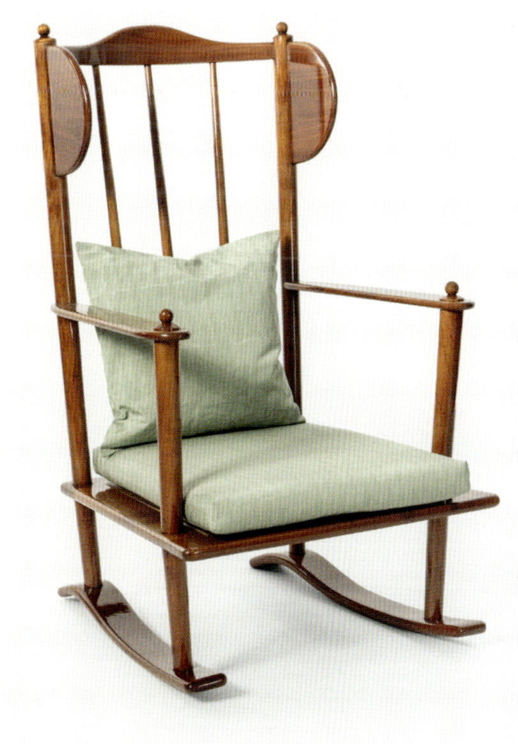

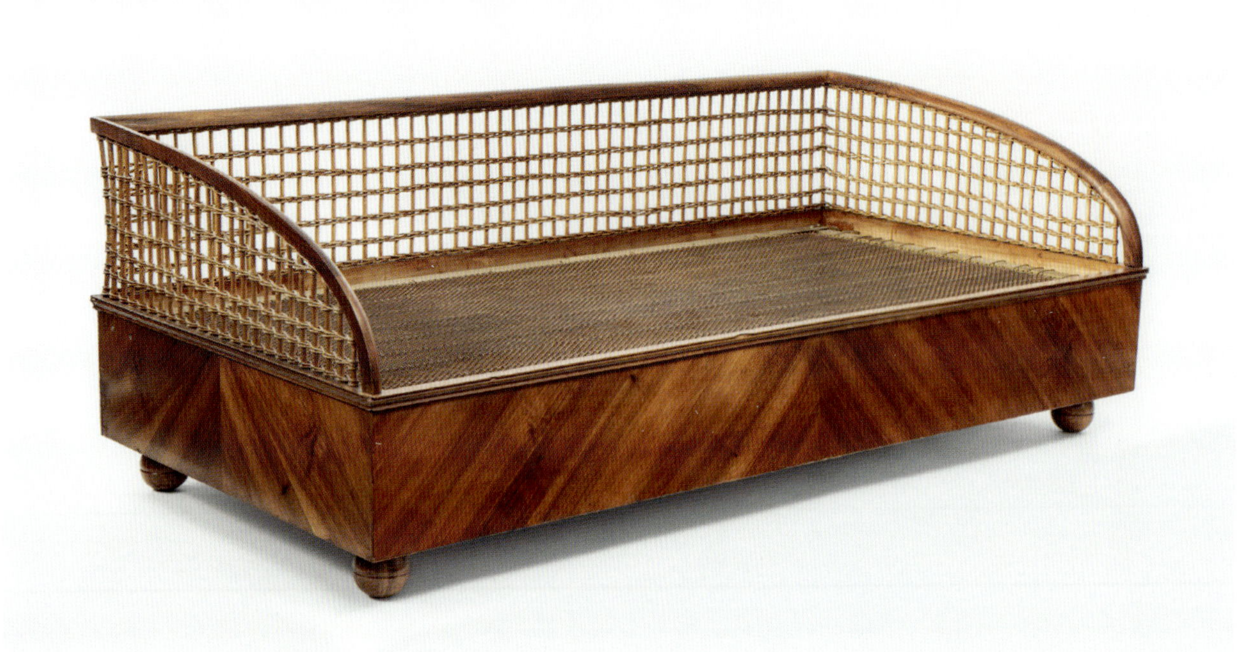

Kat.-Nr. 71
Diwan (Bett) aus der Wohnung Dr. Otto Mayer
Entwurf: Heinrich Glaß, um 1935
Nussbaumholz, politiert
H: 72,5, B: 198,5, T: 99 cm
Bundesmobilienverwaltung: MD 75.982

DIE WOHNUNG VON PAUL HUGO ILLOVY VON ROBERT SCHLÄFRIG, 1934/35

Der Wiener Architekt Robert Schläfrig (1908–1968) begann seine Karriere in den 1930er-Jahren – wie viele seiner Berufskolleg*innen – als Innenarchitekt und Möbeldesigner. Zu seinen ersten Auftraggebern gehörte sein Freund, Paul Hugo Illovy (1907–1980), der nach dem Tod seines Vaters Hugo Illovy (1874–1934) den Wirkwarenhandel der Familie weiterführte. Für ihn richtete Schläfrig in der Hahngasse 7, in Wien-Alsergrund, 1935 eine kleine Wohnung ein, die aus einem Schlafraum, einem Wohnraum und einem kleinen Büro bestand.[31]

Nach dem »Anschluss« Österreichs an Nazi-Deutschland im März 1938 wurden sowohl Robert Schläfrig als auch Paul Illovy als Juden verfolgt. Architekt Schläfrig gelang die Emigration nach Australien. Ab 1939 führte er – nunmehr als Robert Sheldon – in Perth mit Harald Krantz das Baubüro Krantz & Sheldon.

Paul Illovy bereitete bereits im Herbst 1938 seine Ausreise nach London vor und nahm die Möbel mit. In der Auflistung des »Umzugsgutes des Auswanderers« vom 10. Oktober sind aus dem Wohnzimmer

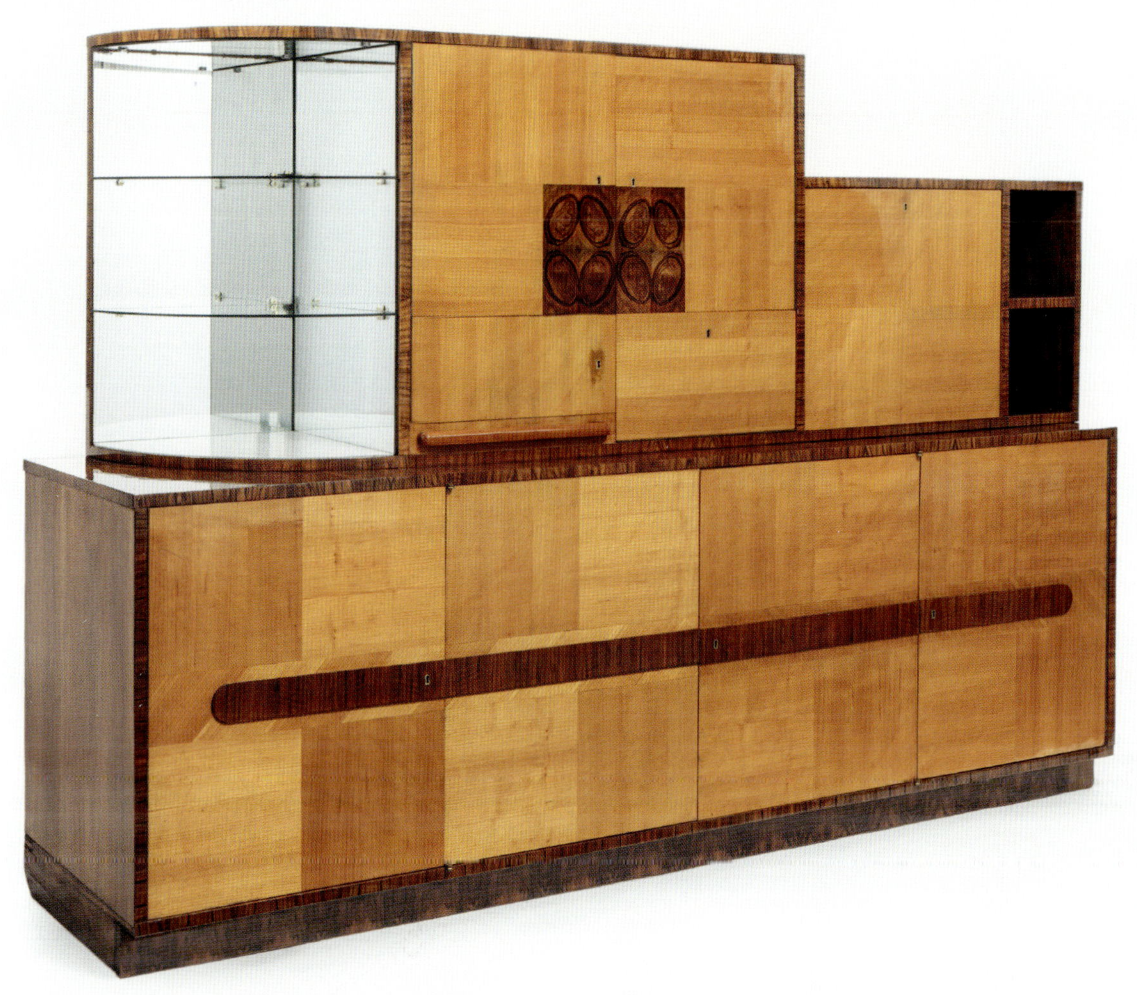

»1 Couch, 1 Tisch, 3 Sessel und 1 Hocker« verzeichnet, aus dem Schlafzimmer zwei Teile »Wandverkleidungen« sowie ein Bett mit Nachtkästchen. Ebenfalls mit in die Emigration kamen Bücher, »Goiserer«, ein Rucksack und Skier.

Paul erreichte London im Dezember 1938 und begann 1939 in der Strumpffabrik seines Onkels in Slough zu arbeiten. 1940 heiratete er – nunmehr Paul Hugh Illoway – Lisa (Liselotte) Führenberg (1921–2013) aus Karlsbad. 1961 baute das Ehepaar in Slough das Haus »Silvretta«, in das die Möbel von Robert Schläfrig neu gruppiert eingebaut wurden. Aus den Wohn- und Schlafzimmermöbeln wurde eine großzügige L-förmige Wohnzimmereinrichtung.

Nach dem Tod ihres Mannes 1980 blieb Lisa Illoway allein im Haus. Um 2010 übersiedelte sie aus gesundheitlichen Gründen zu ihrer Tochter Monica

Kat.-Nr. 72
Wandschrank aus der Wohnung Illovy
Entwurf: Robert Schläfrig, um 1935
Kirschbaumholz, politiert, Glas
H: 169, B: 246,6, T: 60 cm
Bundesmobilienverwaltung: MD 74.064 und MD 74.065

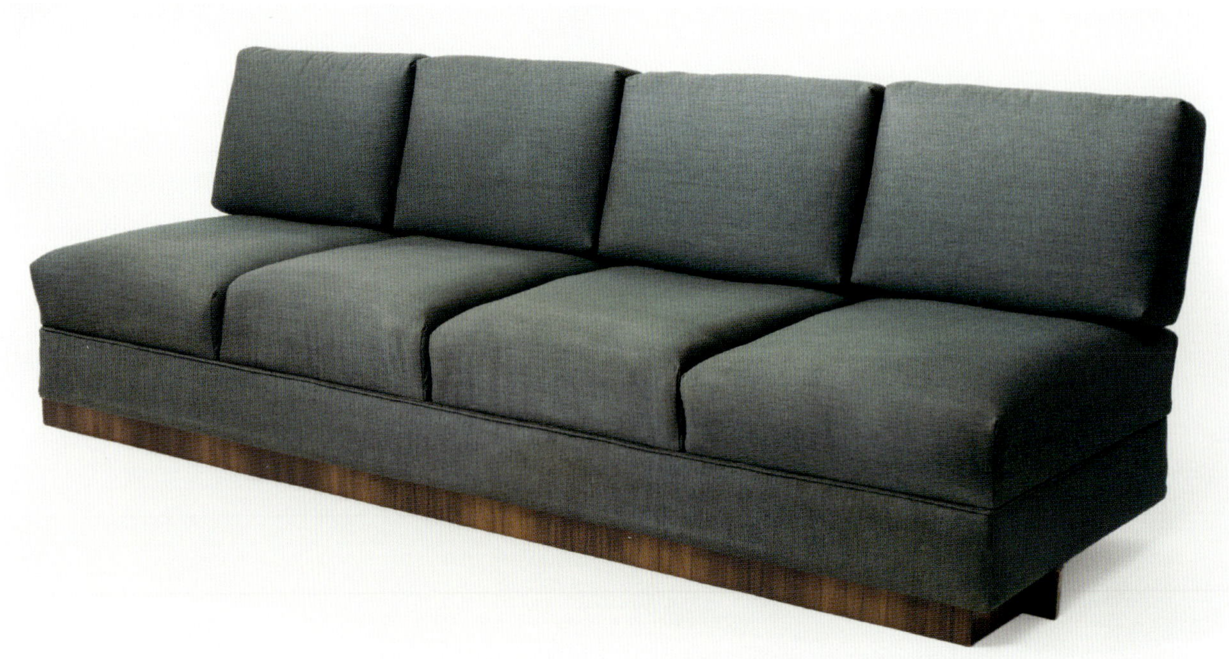

Meyer-Illoway in die Schweiz. 2011 kamen die 1935 von Robert Schläfrig entworfenen Möbel als Schenkung in die Sammlung und zurück nach Wien. Sie werden in der Ausstellung so präsentiert, wie sie von 1961 bis 2011 im Haus »Silvretta« standen.

Kat.-Nr. 73
Sitzbank mit Pölstern aus der Wohnung Illovy
Entwurf: Robert Schläfrig, um 1935
Holz, historische Stoffbespannung
H: 67 mit Polster, B: 247, T: 79 cm
Bundesmobilienverwaltung: MD 74.067

Kat.-Nr. 74
Runder Tisch aus der Wohnung Illovy
Entwurf: Robert Schläfrig, um 1935
Kirschbaumholz, politiert
H: 75,5, DM: 90 cm
Bundesmobilienverwaltung: MD 74.066

Kat.-Nr. 75
Armlehnstühle aus der Wohnung Illovy
Entwurf: Robert Schläfrig, um 1935
Nussbaumholz, historische Stoffbespannung
H: 82,5, B: 67, T: 73 cm
Bundesmobilienverwaltung: MD 74.068 bis MD 74.070

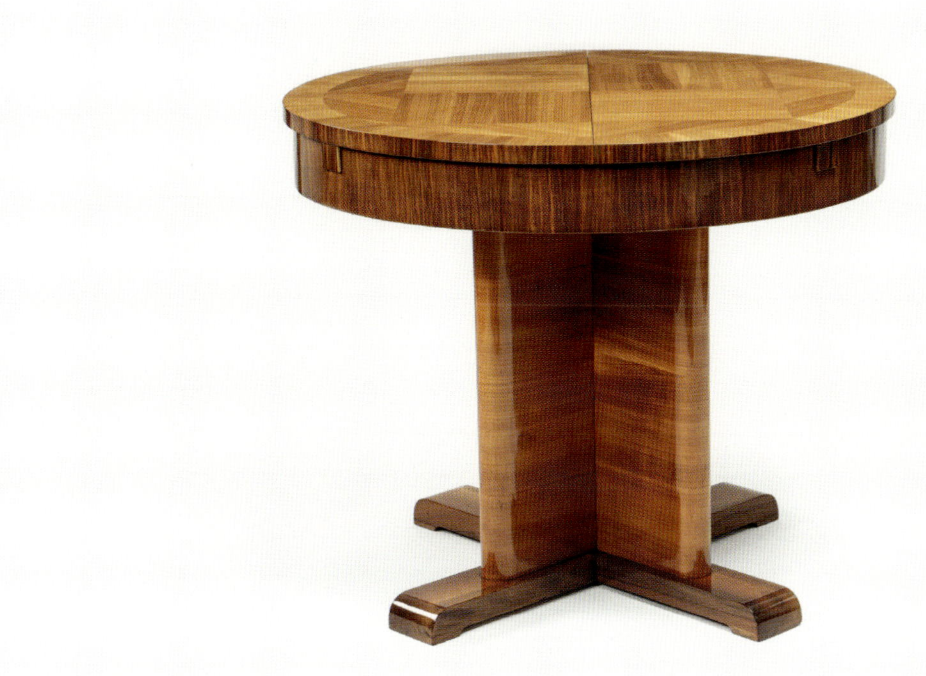

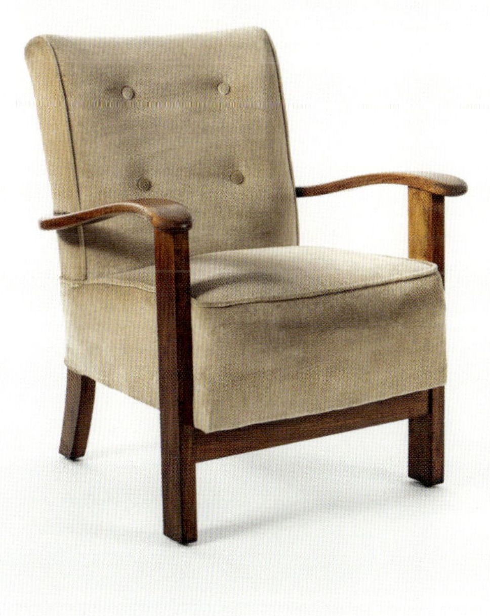

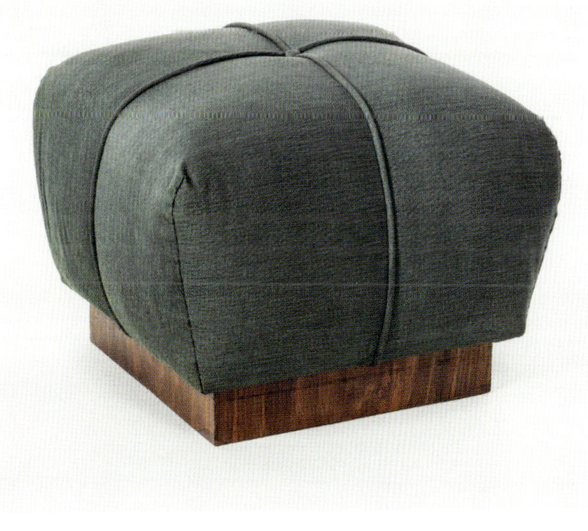

Kat.-Nr. 76
Hocker aus der Wohnung Illovy
Entwurf: Robert Schläfrig
Wien, um 1935
Nussbaumholz, historische Stoffbespannung
H: 40, B: 54, T: 52 cm
Bundesmobilienverwaltung: MD 74.071

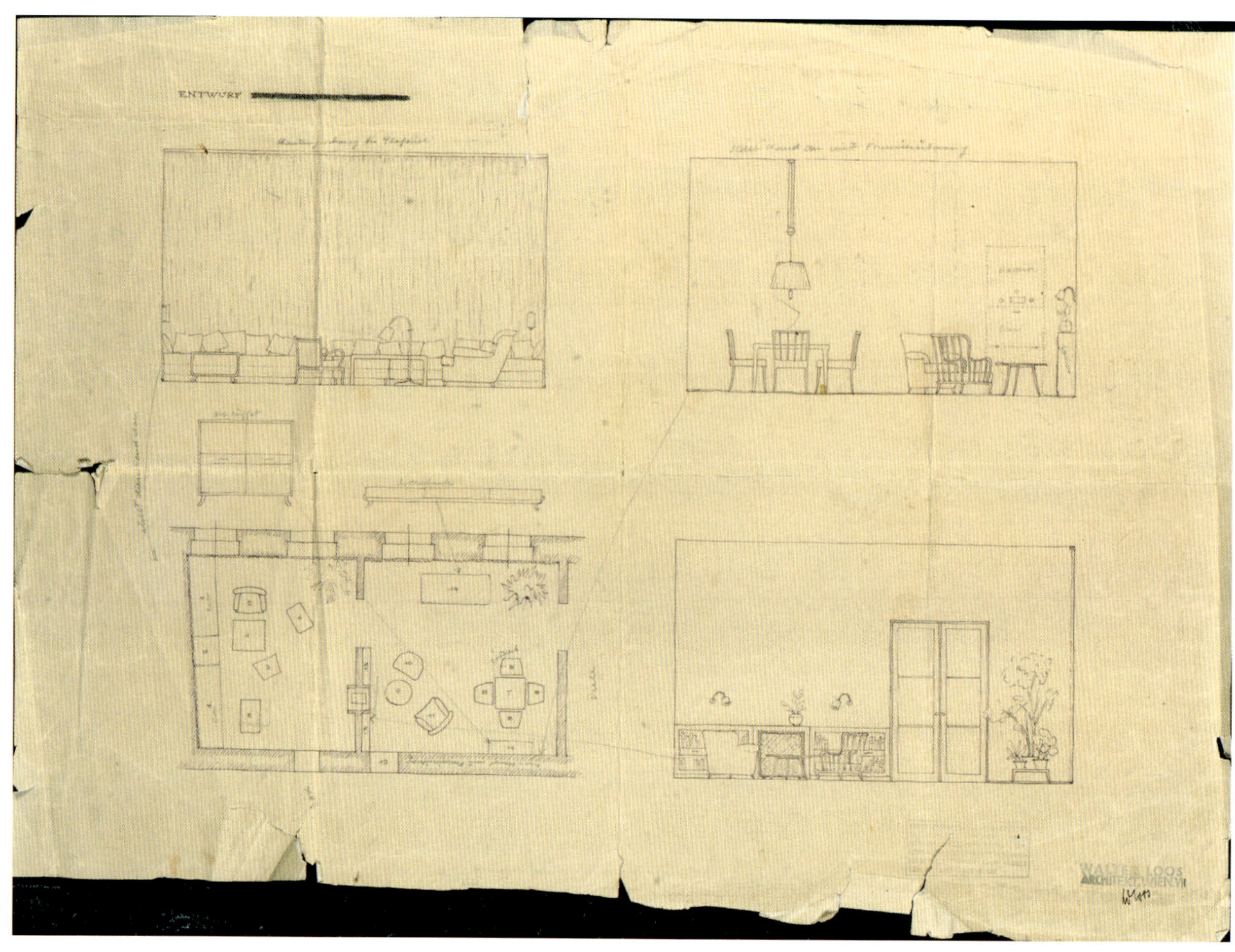

Abb. 24: Walter Loos, Grundriss und Aufriss der Wohnung Pospisil, 1935 (Bundesmobilienverwaltung, Wien)

DIE WOHNUNG VON LISL POSPISIL VON WALTER LOOS, 1935

Lisl (Elisabeth) Pospisil (1911–1995), Tochter des Wiener Stadtbaurats Ing. Vinzenz Pospisil, besuchte die Handelsakademie und lernte Englisch in Großbritannien. Danach arbeitete sie in Wien als Angestellte bei der Firma Harlander. 1935, im Alter von knapp 25 Jahren, richtete sich Fräulein Pospisil in Wien-Innere Stadt am Schwarzenbergplatz 12 eine eigene Wohnung ein. Dies war für eine unverheiratete Frau damals noch ein ungewöhnlicher Schritt. Die im Mezzanin gelegene Wohnung bestand aus einem Vorzimmer, einem weiteren Vorraum, zwei großen Wohnräumen mit jeweils zwei Fenstern sowie Küche, Badezimmer und WC.

Mit der Einrichtung ihrer Wohnung beauftragte sie den damals dreißigjährigen Architekten Walter Loos (1905–1974). Er gestaltete die beiden Wohnräume als ein flexibles Ambiente, das sich in Wandgestaltung und Möblierung von traditionellen, auf Repräsentation ausgerichteten Speisezimmer- und Schlafzimmereinrichtungen grundlegend unterschied. Ein erhaltener Plan zeigt die genaue Aufstellung der Möbel und die Gestaltung der Wände. (Abb. 24)

Im Wohn- und Esszimmer gab es einen Essplatz mit Tisch und vier Stühlen, einen Sitzplatz vor dem Kamin und eine bequeme Liege vor den Fenstern. Die Fensterwand war zur Gänze mit dünnen Gardinen verhüllt, die gegenüberliegende Wand war – laut Plan – mit Holz furniert. Im anschließenden Schlaf- und Sitzzimmer standen nebeneinander zwei

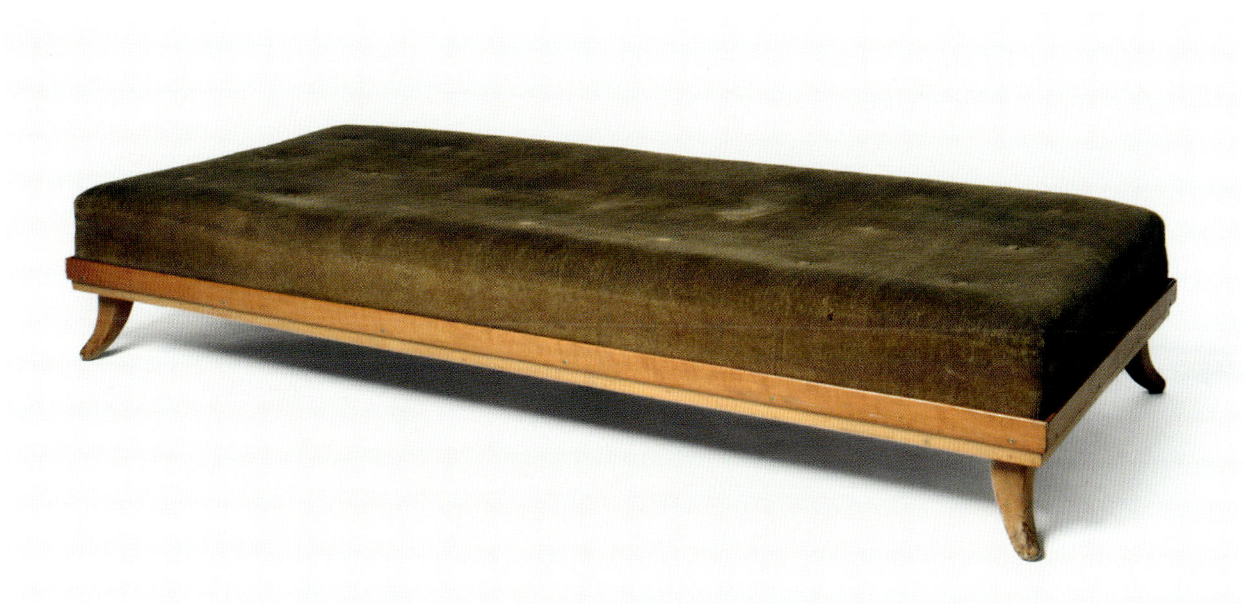

Diwan-artige Betten, vor denen ein Couchtisch, ein Armlehnstuhl, ein Fauteuil und ein Teewagen auf Rädern gruppiert waren. Auch hier war die Fensterwand durch dünne Gardinen verdeckt. Die Wand hinter den beiden Betten bedeckte hingegen ein Vorhang aus beiger Shantung-Seide.

Die Möbel wurden von Ignaz Maschik, Werkstätte für moderne Wohnungs- und Geschäftseinrichtung, in Wien-Margareten, Diehlgasse 25, ausgeführt. Die Beleuchtungskörper stammten aus J. T. Kalmars Metallwerkstätten in Wien-Josefstadt, Piaristengasse 6–8. Die Vorhangstoffe kamen von Heinrich Löwy & Brüder in Wien-Innere Stadt, Franz Josefs-Kai 27–29.

1938 heiratete Lisl Pospisil den Arzt Dr. Ernst Leitner (1910–1993). Die Familie übersiedelte in die Porzellangasse 43, wo auch die Arztpraxis untergebracht war. Die von Walter Loos entworfenen Möbel und den wandfüllenden Shantung-Vorhang nahm Lisl Leitner in die neue Wohnung mit.[32]

Das Ehepaar Leitner benutzte die Möbel von Walter Loos ihr Leben lang. Nach Lisl Leitners Tod wurden die Möbel unter ihren Kindern aufgeteilt. Drei Möbelstücke konnten 2003 über den Wiener Kunsthandel aus Familienbesitz für die Sammlungen angekauft werden.

Kat.-Nr. 77
Ruhebett aus der Wohnung Pospisil
Entwurf: Walter Loos, 1935
Ausführung: Ignatz Maschik, Werkstätte für moderne Wohnungs- und Geschäftseinrichtung, Wien
Birnbaumholz, politiert, historische Samtbespannung
H: 35,5, B: 183, T: 81 cm
Bundesmobilienverwaltung: MD 68.000

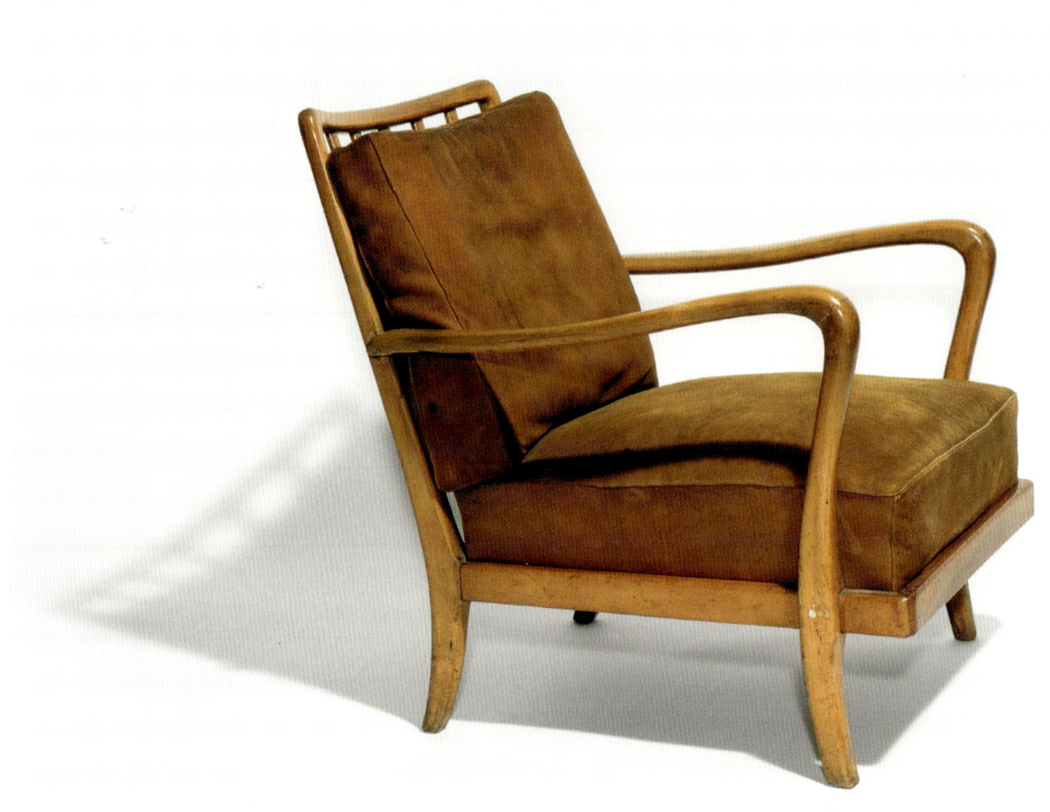

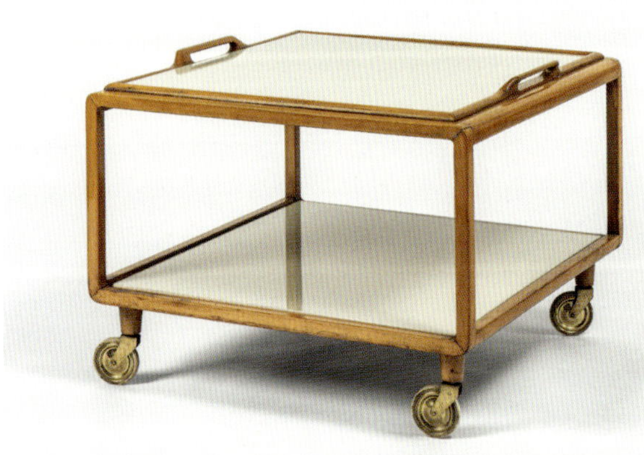

Kat.-Nr. 78
Armlehnstuhl aus der Wohnung Pospisil
Entwurf: Walter Loos, 1935
Ausführung: Ignatz Maschik, Werkstätte für moderne Wohnungs- und Geschäftseinrichtung, Wien
Birnbaumholz, politiert, historische Lederbespannung
H: 80, B: 70, T: 77 cm
Bundesmobilienverwaltung: MD 68.001

Kat.-Nr. 79
Servierwagen aus der Wohnung Pospisil
Entwurf: Walter Loos, 1935
Ausführung: Ignatz Maschik, Werkstätte für moderne Wohnungs- und Geschäftseinrichtung, Wien
Birnbaumholz, politiert, Glasplatten erneuert
H: 50, B: 70, T: 69,5 cm
Bundesmobilienverwaltung: MD 68.002

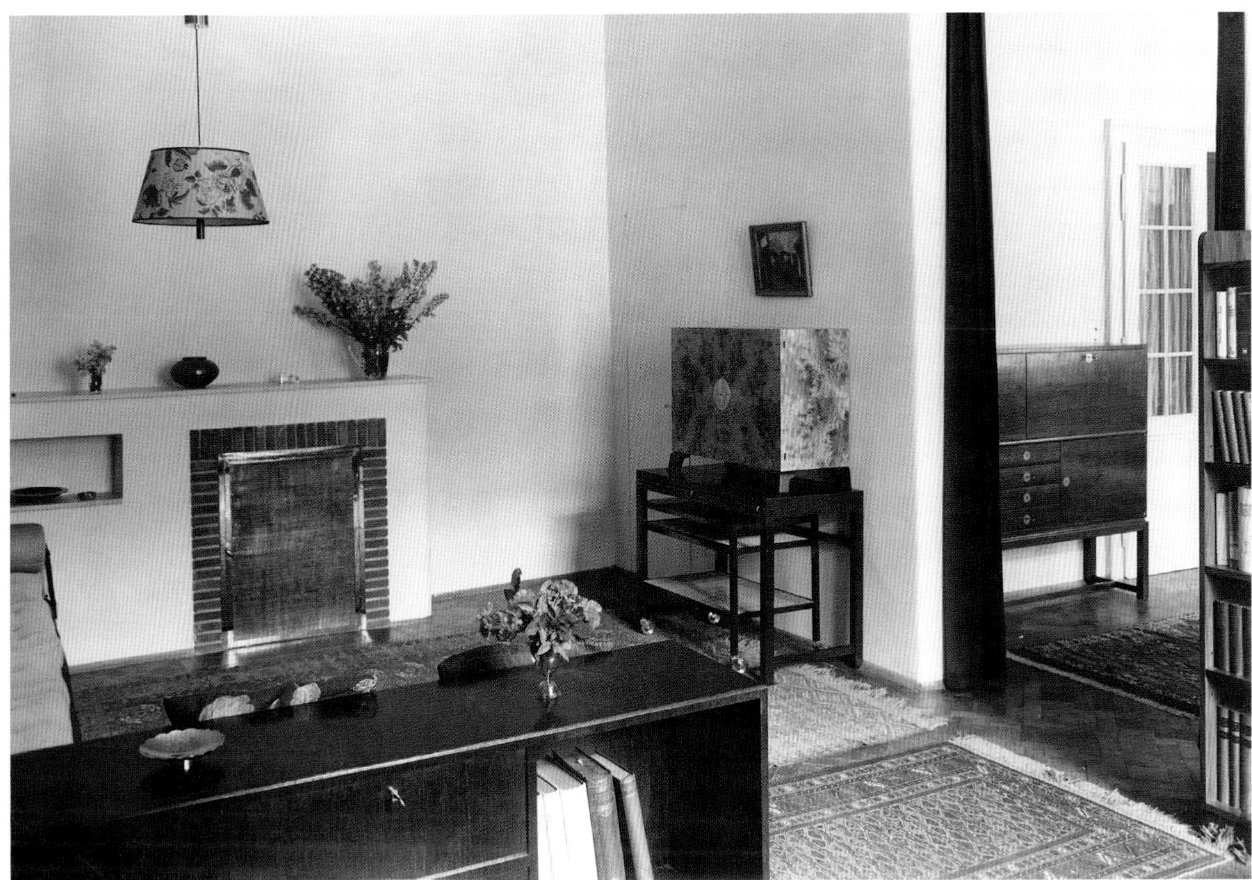

Abb. 25: Felix Augenfeld, Kabinett der Wohnung Painsipp mit Blick ins Wohn- und Esszimmer, 1935 (Österreichische Kunst, VI/1935)

DIE WOHNUNG VON KARL UND MARGARETE PAINSIPP VON FELIX AUGENFELD, 1935

1935 heirateten Karl Painsipp (1901–1992), Prokurist in einer Wiener Privatbank, und Margarete Kohn (1901–1993), die Kunstgeschichte studiert hatte. Das Paar bezog eine Wohnung in Wien-Landstraße, Veitgasse 5, die aus einem Vorzimmer, einem weiteren Vorraum, einem kleinen Sitzzimmer, einem geräumigen Wohn-Speisezimmer und dem Schlafzimmer sowie Küche, Kabinett und Badezimmer bestand.

Das Ehepaar beauftragte den in Einrichtungsfragen sehr erfahrenen Architekten Felix Augenfeld (1893–1984) mit der Neugestaltung ihrer Wohnung, wobei er nicht nur die Möbel entwarf, sondern auch Umbauten vornahm. Die Möbel wurden von der Firma Karl Schreitel, einer Werkstätte in Wien-Margareten, die auch für Haus & Garten arbeitete, in Nussbaumholz und Mahagoni ausgeführt. 1935 wurden die neuen Interieurs in der Zeitschrift »Österreichische Kunst« von der Wiener Kunsthistorikerin und Journalistin Dr. Else Hofmann als Beispiel »besonders kultivierter Eleganz«, in der sich »Behagen und Anmut vereinen«, mit Fotos vorgestellt.[33] (Abb. 25–27)

Das kleine Sitzzimmer verfügte über einen Kaminplatz mit bequemem Eckdiwan mit Polsterungen in Beige und Dunkelbraun sowie Bücherregale. Das große Wohn- und Speisezimmer war als multifunktionaler Raum eingerichtet und bildete das Zentrum der Wohnung. Hier gab es einen weiteren Kamin, neben dem unterschiedliche Sitzmöbel um einen runden Teetisch standen, einen rechteckigen Esstisch, um den sich – auf biedermeierliche Art –

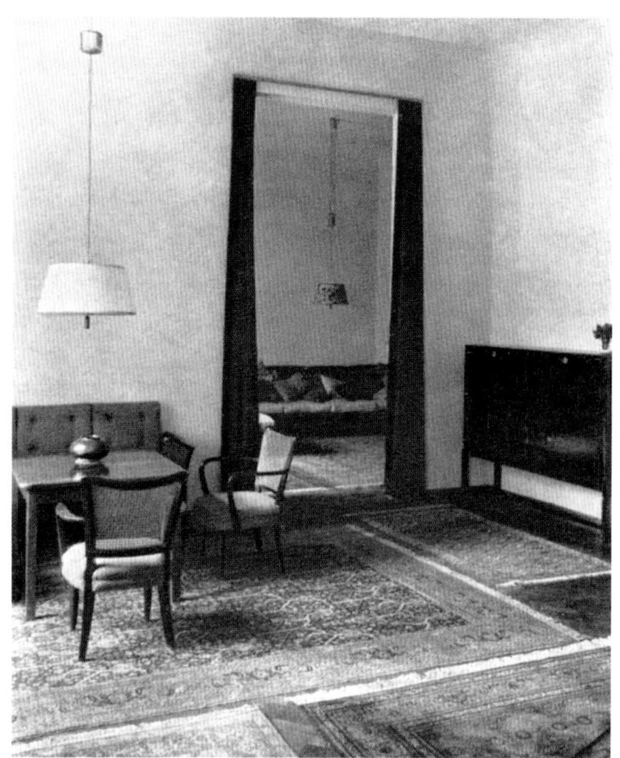

eine Sitzbank und Stühle gruppierten sowie einen runden Spieltisch und einen niedrigen Blumentisch, der vor den Fenstern stand. Die Samtstoffe der Sitzmöbel waren beige und apricot. Die einzelnen Sitzgruppen standen auf Teppichen, die Inseln im Raum bildeten. Die Beleuchtungskörper waren nicht in der Raummitte, sondern direkt über den verschiedenen Sitzgruppen angebracht. Im anschließenden Schlafzimmer mit dem bequemen Doppelbett dominierten die Farben Zartblau und Champagner.

Karl und Margarete Painsipp haben die von Architekt Augenfeld 1935 für sie eingerichtete Wohnung bis ins hohe Alter von über 90 Jahren bewohnt.[34] Die

Abb. 26: Felix Augenfeld, Wohn- und Esszimmer der Wohnung Painsipp mit Blick ins Kabinett, 1935 (Österreichische Kunst, VI/1935)
Abb. 27: Felix Augenfeld, Wohn- und Esszimmer der Wohnung Painsipp mit Blick ins Schlafzimmer, 1935 (Österreichische Kunst, VI/1935)

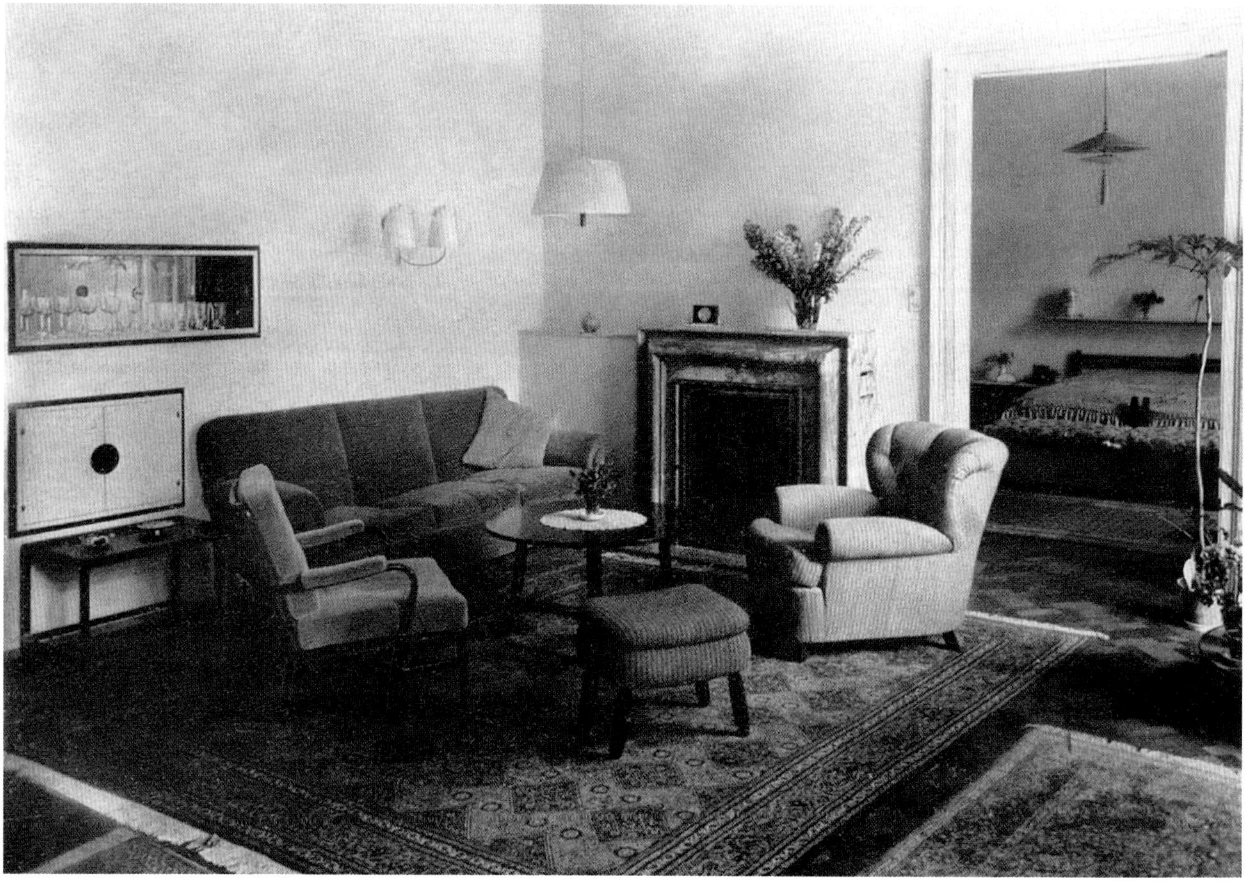

erhaltenen Möbel konnten 2003 von der Tochter des Ehepaares für die Sammlung angekauft werden.

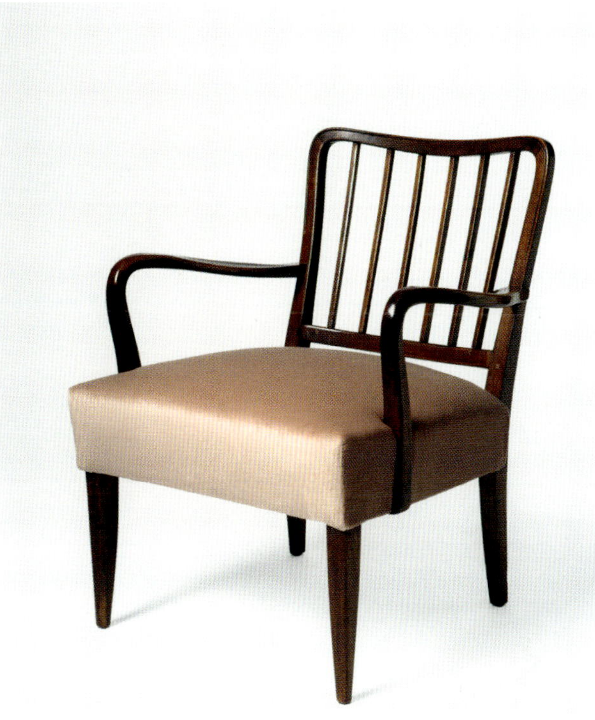

Kat.-Nr. 80
Armlehnstuhl aus der Wohnung Painsipp
Entwurf: Felix Augengeld, um 1935
Ausführung: Karl Schreitel, Werkstätte für Innendekoration, Wien
Nussbaumholz, politiert, Stoffbespannung, erneuert
H: 87, B: 67, T: 78 cm
Bundesmobilienverwaltung: MD 68.263

Kat.-Nr. 81
Runder Beistelltisch aus der Wohnung Painsipp
Entwurf: Felix Augengeld, um 1935
Ausführung: Karl Schreitel, Werkstätte für Innendekoration, Wien
Buche, gebeizt und Maserholz, politiert
H: 51, DM: 90,5 cm
Bundesmobilienverwaltung: MD 68.265

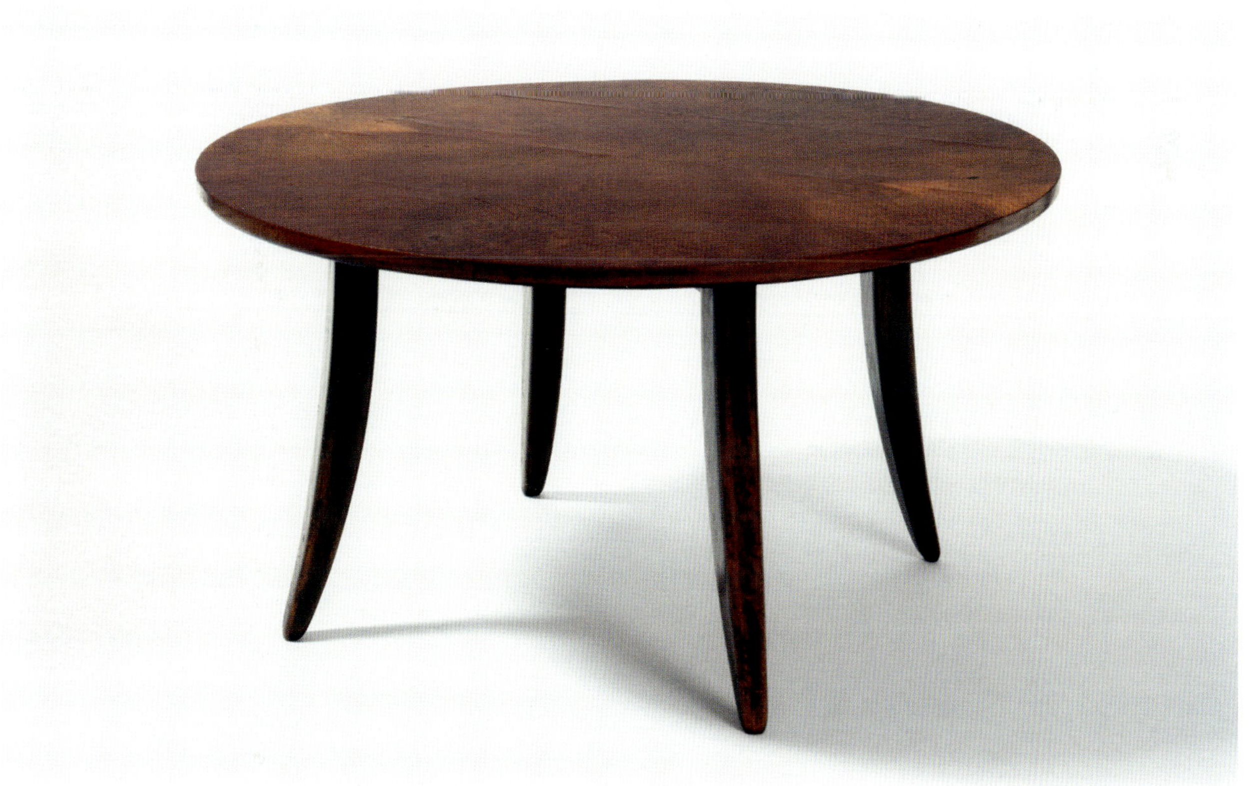

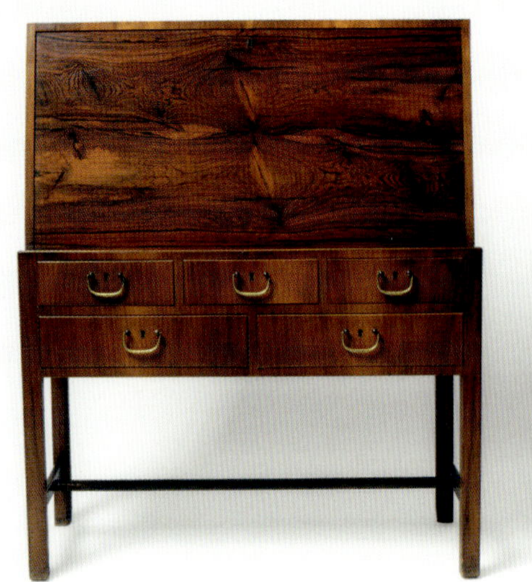

Kat.-Nr. 82
Schreibsekretär aus der Wohnung Painsipp
Entwurf: Felix Augengeld, um 1935
Ausführung: Karl Schreitel, Werkstätte für Innendekoration, Wien
Nussbaumholz, politiert, Klappe: Palisander, Innengliederung: Kirschbaumholz, Messingbeschläge
H: 122, B: 100,5, T: 43 cm
Bundesmobilienverwaltung: MD 68.267

Kat.-Nr. 83
Wohn-Esszimmer der Wohnung Painsipp
(Foto: © SKB)

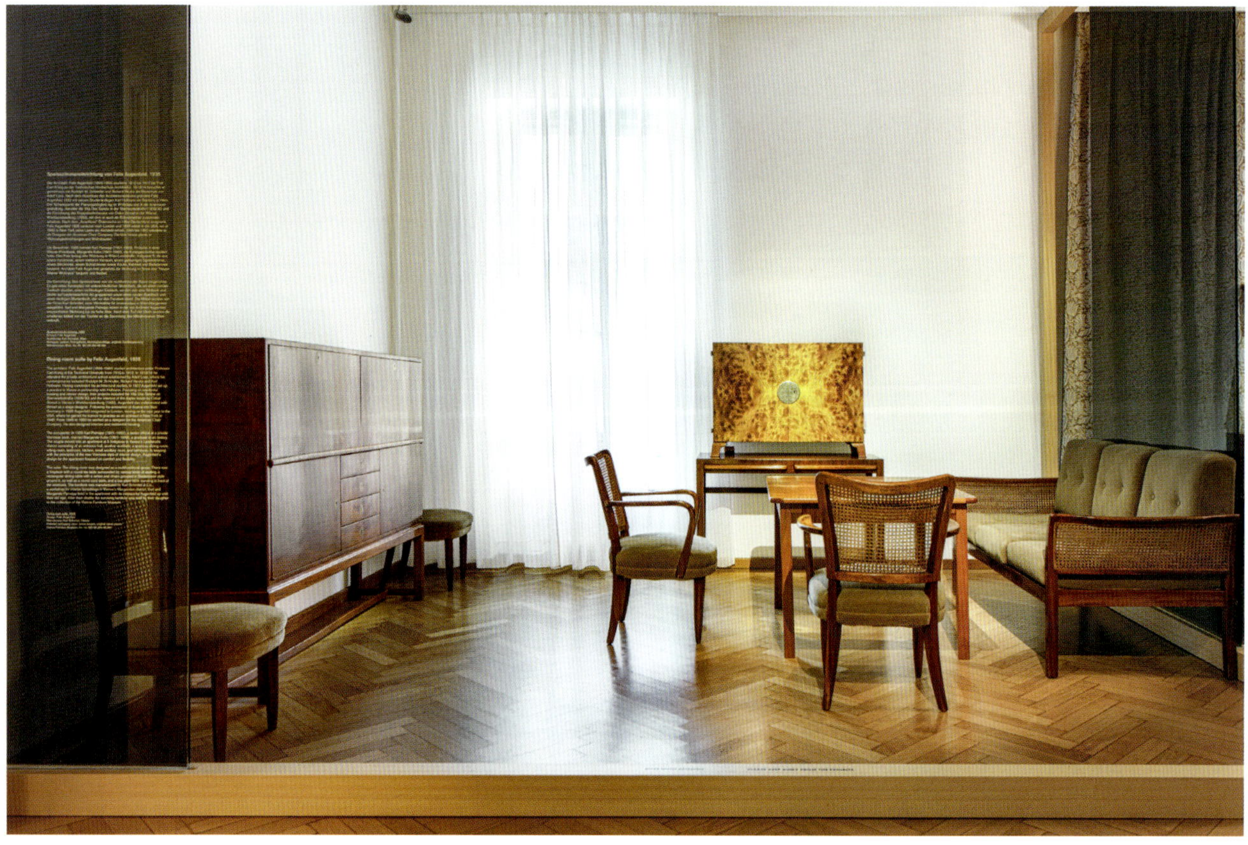

Architekt Josef Frank war international bestens vernetzt. Bereits 1912 gehörte er zu den Gründungsmitgliedern des Österreichischen Werkbunds. 1927 wurde er als einziger Österreicher von Ludwig Mies van der Rohe eingeladen, ein Musterhaus für die Werkbundsiedlung in Stuttgart-Weißenhof zu bauen, das er mit Möbeln und Stoffen von Haus & Garten einrichtete. 1928 nahm er – abermals als einziger Österreicher – am Gründungskongress des Congrès Internationaux d'Architecture Moderne (CIAM) in La Sarraz in der Schweiz teil.

Von 1930 bis 1932 hatte Frank die künstlerische Gesamtplanung der Wiener Werkbundsiedlung inne, zu der er internationale Vertreter des »Neuen Bauens« und junge Architekten aus Österreich einlud. 1934 spalteten sich konservative Kräfte unter der Leitung der Architekten Josef Hoffmann und Clemens Holzmeister vom Österreichischen Werkbund ab und gründeten den Neuen Werkbund Österreich, während die Gruppe um Josef Frank im alten Werkbund verblieb.

Vor dem Hintergrund der politischen und kulturellen Veränderungen 1933/34 in Österreich und Deutschland übersiedelte Josef Frank mit seiner schwedischen Frau Anna (geb. Sebenius) nach Stockholm, wo er für die 1924 von Estrid Ericson (1894–1981) gegründete Ausstattungsfirma Svenskt Tenn als Möbel- und Stoffdesigner zu arbeiten begann.[35]

Obwohl Schweden im Zweiten Weltkrieg neutral war und Frank 1939 die schwedische Staatsbürgerschaft angenommen hatte, entschied er sich 1941 für die Emigration nach New York, wo er an der »New School of Research« unterrichtete. Zum 50. Geburtstag von Estrid Ericson entwarf er 1944 in New York 50 neue Stoffmuster für Svenskt Tenn, darunter einen Stoff mit dem Stadtplan von Manhattan.[36] 1946 kehrte er mit seiner Frau nach Stockholm zurück, wo er weiter bei Svenskt Tenn arbeitete.

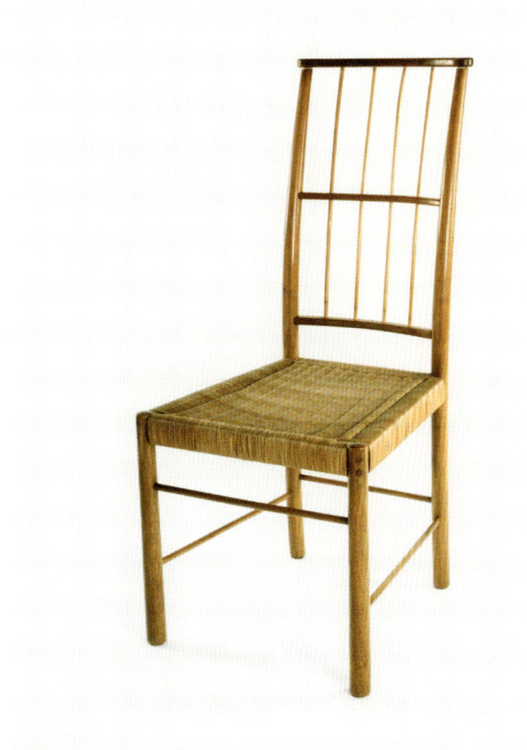

Kat.-Nr. 84
Stuhl
Entwurf: Josef Frank, um 1925
Ausführung: Haus & Garten, später: Svenskt Tenn, Modell 2025
Nussbaumholz, Bambusrohr, Sitzfläche: Peddigrohrgeflecht
H: 100, B: 45, T: 45 cm
Bundesmobilienverwaltung: MD 61.924

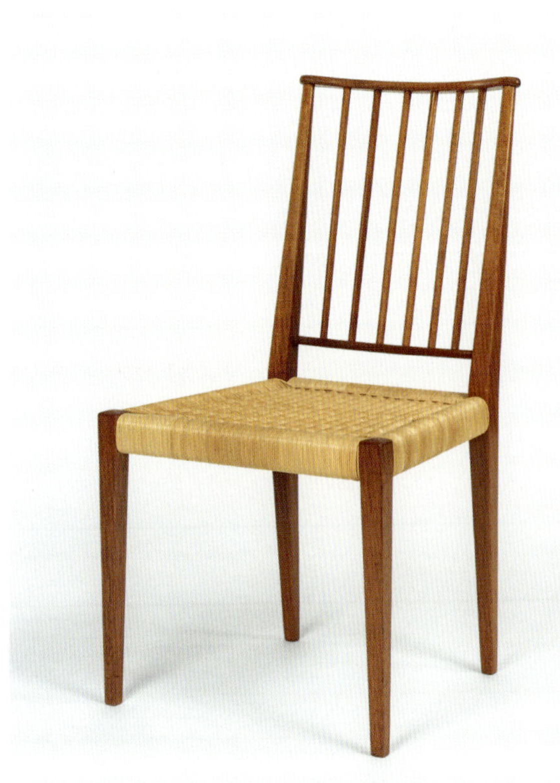

Kat.-Nr. 85
Stuhl
Entwurf: Josef Frank, um 1925
Ausführung: Haus & Garten, später: Svenskt Tenn, Stockholm, Modell 970
Mahagoni, politiert, Peddigrohrgeflecht
H: 92, B: 48, T: 58 cm
Bundesmobilienverwaltung: MD 76.725

Kat.-Nr. 86
Schreibsekretär
Entwurf: Josef Frank, um 1940
Ausführung: Svenskt Tenn, Stockholm
Mahagoni, massiv und auf Blindholz furniert, politiert, Messingbeschläge
H: 123, B: 120, T: 50 cm
Bundesmobilienverwaltung: MD 76.726

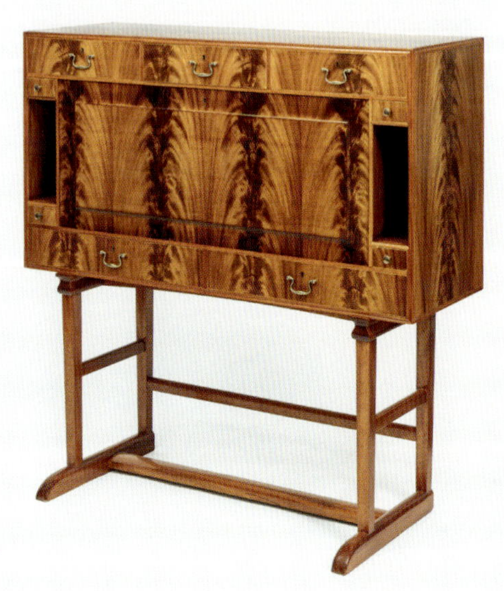

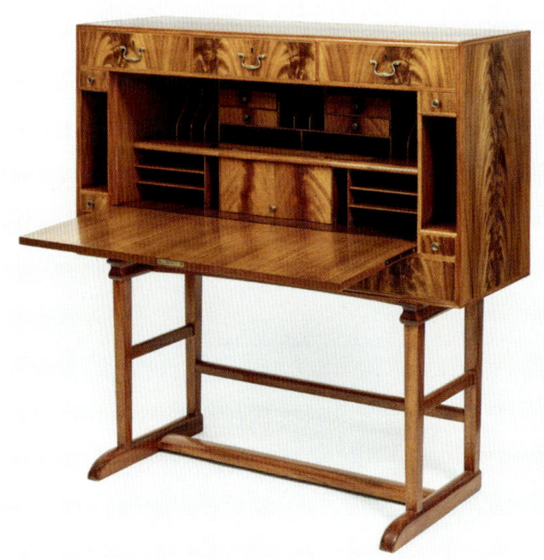

1935 brachte der Julius Hoffmann Verlag in Stuttgart in der Reihe »Die Baubücher« den Band »Wiener Möbel in Lichtbildern und maßstäblichen Rissen« bearbeitet von Architekt Erich Boltenstern heraus. Die Einleitung verfasste der Wiener Kunsthistoriker Max Eisler. Vorgestellt wurden aktuelle Möbelentwürfe von österreichischen Architekten*innen, darunter Oskar Strnad, Josef Frank, Hugo Gorge und Karl Augenfeld. Als einer der Jüngsten mit dabei war Ernst A. Plischke, dessen Wohnung für Lucie Rie im Band prominent abgebildet wurde.[37]

Wenige Monate später wäre eine solche Publikation in Deutschland kaum mehr möglich gewesen. Denn im September 1935 wurden am 7. Reichsparteitag der NSDAP in Nürnberg die »Nürnberger Rassengesetze« erlassen, die eine rassische Verfolgung von Menschen mit jüdischem Familienhintergrund unabhängig von ihrer tatsächlichen Religionszugehörigkeit zum Ziel hatten. Mit dem »Anschluss« an das Deutsche Reich im März 1938 galten diese Gesetze auch in Österreich. Unmittelbar darauf setzten auch hier systematische Verfolgungen und Enteignungen ein.

Die planmäßigen Enteignungen von persönlichen Einrichtungsgegenständen wurden von der »Verwaltungsstelle für jüdisches Umzugsgut der Gestapo« (Vugesta) durchgeführt.[38] Entzogen wurden nicht nur Kunstsammlungen, sondern auch komplette Designerwohnungen wie die von Oskar Strnad 1913–1916 eingerichtete Wohnung von Daisy und Willy Hellmann in der Rathausstraße,[39] und die von Josef Frank 1924/25 eingerichtete Wohnung von Malvine und Hugo Blitz,[40] deren umfangreiche Einrichtung im Wiener Dorotheum versteigert wurde.

Josef Frank war bereits 1933 von Wien nach Stockholm übersiedelt, Hugo Gorge († 1934) und Oskar Strnad († 1935) waren verstorben. Auch die übrigen Gestalter und Hersteller von Möbeln in diesem Katalog waren nach dem »Anschluss« in Österreich gefährdet. Felix Augenfeld, Heinrich Glaß (Henry P. Glass), Walter Loos, Rudolf Lorenz, Robert Schläfrig (Robert Sheldon) und Oskar Wlach verließen Österreich. Ernst A. Plischke ging zum Schutz seiner Frau ebenfalls in die Emigration, während Otto Prutscher wegen seiner jüdischen Gattin zwangspensioniert wurde. Herbert Eichholzer wurde als Widerstandkämpfer verhaftet und 1943 hingerichtet.

Auch zahlreiche Auftraggeber*innen waren von den »Nürnberger Rassengesetzen« bedroht. Jene, die ein Affidavit vorlegen konnten und ein Einreisevisum bekamen, durften ausreisen. Aber nur jene, die auch die Reichsfluchtsteuer zahlen konnten, durften ihre Habe mitnehmen. Möbel von Hugo Gorge, Josef Frank, Ernst A. Plischke und Robert Schläfrig haben mit ihren Besitzer*innen weiten Reisen gemacht und sind als Schenkungen und Ankäufe nach Wien zurückgekommen.

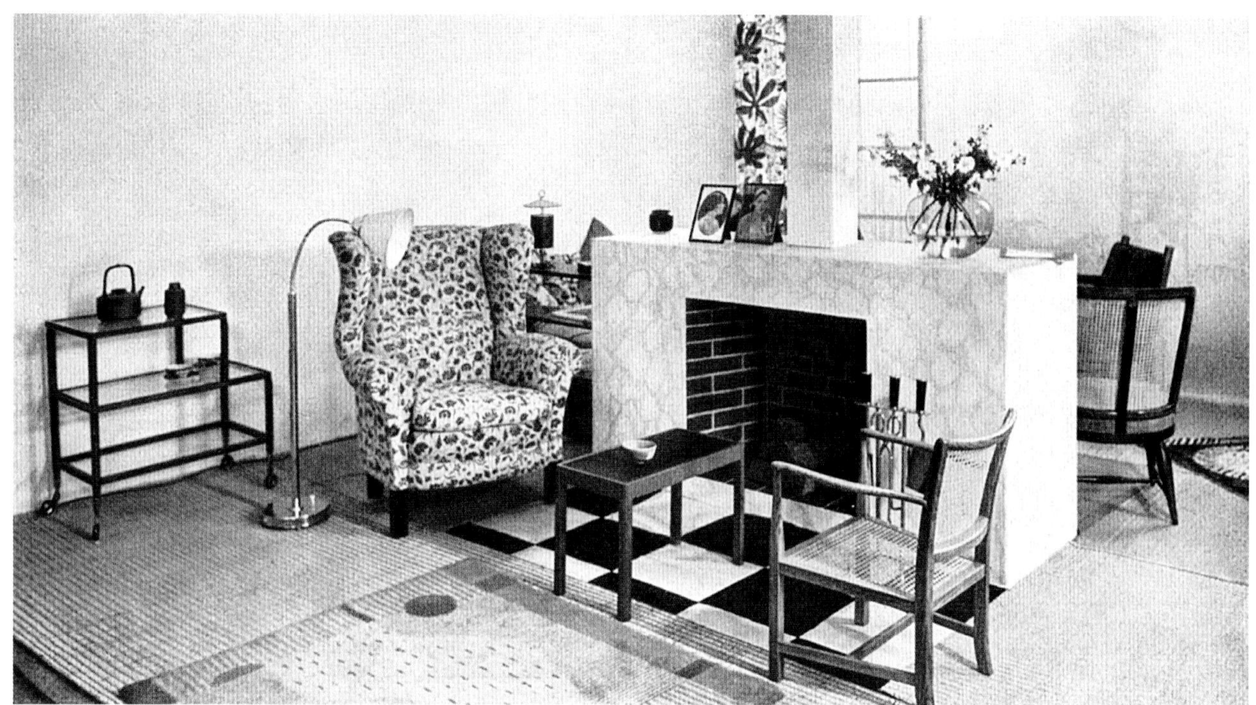

Abb. 28: Haus & Garten, Wohnzimmer, ausgestellt in der Ausstellung »Wiener Raumkünstler« im Österreichischen Museum für Kunst und Industrie, 1929/30 (Moderne Bauformen, 1930)

JOSEF FRANK UND DAS EINRICHTUNGS-UNTERNEHMEN HAUS & GARTEN[1]

Marlene Ott-Wodni

»Modern ist nur, was uns vollkommene Freiheit gibt.«
(Josef Frank, Die Großstadtwohnung unserer Zeit, 1927)

Im Wien der Zwischenkriegszeit existierten auf dem Gebiet der Raumausstattung zwei gegensätzliche Einrichtungsströmungen. Zu Beginn der 1920er-Jahre waren die Vertreter des gehobenen Kunsthandwerks unter der Führung von Josef Hoffmann richtungsweisend. Unter Berücksichtigung von ganzheitlichen Gestaltungsprinzipien arbeiteten diese für eine sehr wohlhabende bürgerliche Käuferschicht. Die Wiener Werkstätte war das diesbezüglich einflussreichste Unternehmen.

Um 1927 übernahmen die Protagonisten des sogenannten »Neuen Wiener Wohnens«[2] die dominierende Position im Bereich der Innenausstattung. Hierbei handelte es sich um einen lockeren Zusammenschluss von Architekten, die dieselben Einrichtungsgrundsätze verfolgten. Im Gegensatz zu den Protagonisten des traditionellen Kunsthandwerks lehnten sie allumfassende Gestaltungsprinzipien vehement ab. Darüber hinaus plädierten sie für die Schaffung von leichten und beweglichen Einzelmöbeln, für die Kombination von unterschiedlichen Formen und Materialien sowie für die Orientierung an den Bedürfnissen der Bewohner.[3] Zu den führenden Köpfen der Einrichtungsbewegung zählten die Architekten Oskar Strnad und Josef Frank. Vor allem Letzterer trug im Rahmen seiner Tätigkeit für die Einrichtungsfirma Haus & Garten entscheidend zur Weiterentwicklung des »Neuen Wiener Wohnens« bei. Welch innovativen Eindruck die Präsentationen der Wiener Firma beim zeitgenössischen Publikum erweckten, wird in der Gegenüberstellung von zwei Ausstellungsräumen deutlich, die 1930 in Wien präsentiert wurden.

Die Möblierung des von Josef Frank für die Ausstellung »Wiener Raumkünstler« im Österreichischen Museum für Kunst und Industrie gestalteten Wohnzimmers (Abb. 28) setzte sich aus locker gruppierten beweglichen Einzelmöbeln aus dem Haus & Garten-Sortiment zusammen. Im Gegensatz dazu folgte der Wiener Werkstätten-Mitarbeiter und Professor an der Wiener Kunstgewerbeschule Otto Prutscher beim 1930 im Wiener Künstlerhaus ausgestellten »Raum in einem Gartenpavillon« der dekorativen Formensprache Josef Hoffmanns (Abb. 21).

DIE FIRMENGESCHICHTE

Bereits zu Beginn der 1920er-Jahre unternahmen die ehemaligen Studienkollegen Oskar Strnad (1879–1935), Walter Sobotka (1888–1970), Oskar Wlach (1881–1963) und Josef Frank (1885–1967)[4] erste Bemühungen zur Gründung eines gemeinschaftlich geführten Einrichtungsunternehmens. So bewarben sie sich beispielsweise 1923 um die Überlassung des Hofmobiliendepots in Wien-Neubau, das im Jahr 1900 als zentrales Möbellager des Wiener Hofes errichtet worden war und heute das »Möbelmuseum Wien« beherbergt, »zwecks Ausgestaltung desselben zu einer von modernen künstlerischen Gesichtspunkten geleiteten Werkstätte für Mobilien und Wo hnungseinrichtungsgegenstände[n]«[5]. Nach dem Vorbild »der Moris-Werkstätten [!] in England, [...] den deutschen Werkstätten in Berlin, München und Hellerau«[6] sollte auf die enge Zusammenarbeit der Entwerfer mit den ausführenden Handwerkern größter Wert gelegt werden. Erklärtes Ziel der vier Architekten war es, durch den Vertrieb der Einrichtungsgegenstände über eigene Verkaufsräumlichkeiten eine vom Auftrag des Kunden unabhängige Produktionsweise der Möbel zu realisieren.[7]

Da die ersten Versuche zur Entstehung eines ebensolchen Unternehmens nicht erfolgreich verliefen, kam es erst am 16. Juni 1925 zur Gründung der offenen Handelsgesellschaft »Haus und Garten« Frank & Co.[8] Bei den gleichberechtigten Gesellschaftern handelte es sich um Josef Frank, Oskar Wlach und Walter Sobotka.[9] Das Warensortiment der Firma setzte sich aus Einzelmöbeln, Leuchtkörpern, Textilien und Wohnaccessoires zusammen. Das Verkaufslokal von Haus & Garten befand sich in guter Innenstadtlage in der Bösendorferstraße 5, Büro und Atelier waren in der Neustiftgasse 3 untergebracht. (Abb. 29)

Schon wenige Monate nach Gründung des Unternehmens schied Walter Sobotka im Jänner 1926 als teilhabender Gesellschafter aus. Die Geschäfte wurden fortan unter dem Namen »Haus & Garten« Frank & Wlach weitergeführt.[10] Josef Frank übernahm nun die künstlerische Leitung der Firma und Oskar Wlach fungierte als Geschäftsführer.

Im Gegensatz zur Wiener Werkstätte verfügte Haus & Garten über keinen eigenen Produktionsbetrieb. Stattdessen wurden die Möbel bei annähernd 40 externen Handwerkern[11] in Auftrag gegeben und nur nach Bedarf hergestellt.[12] Die Klientel der Firma entstammte dem wohlhabenden, überwiegend jüdischen, Bürgertum. So zählten unter anderem der Papierfabrikant Hugo Bunzl, die Immobilienbesitzer Hugo und Malvine Blitz, der Kautschukproduzent Julius Beer, der Komponist Ernst Krenek oder der Seidenfabrikant Albert Steiner zu den Kunden von Haus & Garten.

Im Laufe der 1930er-Jahre gelang es den Architekten Frank und Wlach das Vertriebsnetz von Haus & Garten-Produkten auf den internationalen Markt auszuweiten. So unterhielt der Wiener Betrieb 1936 bereits Vertretungen in Köln (Gustav Carl Lehmann), Prag, Mailand (Scaglia), Paris und Chicago (Chicago Workshops).[13]

Obwohl Josef Frank Ende 1933, dessen Frau Anna (geb. Sebenius) Schwedin war, seinen Wohnsitz von Wien nach Stockholm verlegte, führte er seine Entwerfertätigkeit für Haus & Garten bis zum »Anschluss« Österreichs an das Deutsche Reich im März 1938 weiter fort. Die politischen Veränderungen wirkten sich auf das Fortbestehen des jüdischen Unternehmens allerdings katastrophal aus. Im Zuge eines Arisierungsverfahrens wurde bereits am 25. Mai 1938 die Übernahme der Einrichtungsfirma durch den Gürtlermeister Julius Theodor Kalmár und seinen Bruder Josef Karl Kalmár fixiert.[14]

Oskar Wlach und seiner Frau, der Malerin Klari (geb. Klara Krausz), gelang mithilfe von Architekt Eugen Wörle 1938 zunächst die Flucht in Schweiz. 1939 konnten sie von London aus nach New York weiterreisen, wo Wlach Wohnungen einrichtete und seine Frau den Modesalon »Madam Klari« betrieb.[15] 1941 emigrierte auch Josef Frank mit seiner Frau Anna nach New York, wo er an der »New School of Research« unterrichtete. 1946 kehrten sie nach Stockholm zurück.[16]

Über den Geschäftsverlauf von Haus & Garten in Wien ist im Zeitraum von Beginn der 1940er-Jahre bis Anfang der 1950er-Jahre nur wenig bekannt. Lediglich durch eine 1943 datierte Entwurfszeichnung[17] kann belegt werden, dass das Verkaufslokal während des Krieges zumindest temporär geöffnet war. Allerdings bleibt ungewiss, wer zum damaligen Zeitpunkt für den künstlerischen Bereich zuständig war. Nach Kriegsende war das Geschäft eine Zeit lang geschlossen.[18]

1953 übernahm schließlich Josef Karl Kalmárs Tochter, Lea Calice, die Leitung des Unternehmens. Für den kreativen Part war die Architektin Anna-Lülja Praun[19] zuständig. Das Produktsortiment von Haus & Garten bestand weiterhin größtenteils aus den Möbel- und Textilentwürfen von Josef Frank. Auch die Fertigung des Mobiliars blieb ausgelagert und bedarfsorientiert. In den 1950er-Jahren setzte sich der Kundenstock von Haus & Garten neben Privatpersonen auch aus namhaften Architekten wie Erich Boltenstern oder Otto Niedermoser zusammen.[20]

Aufgrund von finanziellen Schwierigkeiten verkauften die Brüder Kalmár das Unternehmen im Juni 1958 an Marianne Payer[21], die bereits das Einrichtungshaus Payer Decor[22] gemeinsam mit den Architekten Oskar und Peter Payer [23] leitete. Zwei Jahre später ging es vollständig in das Unternehmen Marianne Payer Kommanditgesellschaft auf.[24] Der Verkauf von Einrichtungsgegenständen am Standort Bösendorferstraße 5 wurde jedoch unter dem Namen Haus & Garten noch zwei Jahrzehnte weiter fortgeführt. Im Laufe des Jahres 1980 wurde das Geschäftslokal endgültig geschlossen.[25]

AUSSTELLUNGSBETEILIGUNGEN

In den 1920er- und 1930er-Jahren fand eine intensive Auseinandersetzung mit den verschiedenen Möglichkeiten einer zeitgemäßen und adäquaten Inneneinrichtung statt. Die Ergebnisse wurden der Bevölkerung mithilfe von zahlreichen Ausstellungen nähergebracht, auf welchen die bekanntesten Wiener Architekten und Kunsttischler ihre Entwürfe präsentierten. Anhand von Musterzimmern konnten sich die Besucher einen anschaulichen Eindruck über die neuen Wege in der Wohnraumeinrichtung machen. In Bezug auf die Bewegung des »Neuen Wiener Wohnen« fungierten die Ausstellungen als wichtigstes Medium zur Verbreitung des neuen Stils.

In den 1920er- und 1930er-Jahren fand eine intensive Auseinandersetzung mit den verschiedenen Möglichkeiten einer zeitgemäßen und adäquaten Inneneinrichtung statt. Die Ergebnisse wurden der Bevölkerung mithilfe von zahlreichen Ausstellungen nähergebracht, auf welchen die bekanntesten Wiener Architekten und Kunsttischler ihre Entwürfe präsentierten. Anhand von Musterzimmern konnten sich die Besucher einen anschaulichen Eindruck über die neuen Wege in der Wohnraumeinrichtung machen. In Bezug auf die Bewegung des »Neuen Wiener Wohnen« fungierten die Ausstellungen als wichtigstes Medium zur Verbreitung des neuen Stils.

Auch Josef Frank und Oskar Wlach beteiligten sich im Rahmen ihrer Tätigkeit für die Einrichtungsfirma Haus & Garten an zahlreichen Ausstellungen. Bereits im Entstehungsjahr 1925 konnte das Wiener Unternehmen an der »L'Exposition Internationale des Arts Décoratifs et Industriels Modernes« in Paris teilnehmen. Josef Hoffmann hatte die künstlerische Leitung des österreichischen Beitrages inne, darüber hinaus entwarf er den Ausstellungspa-

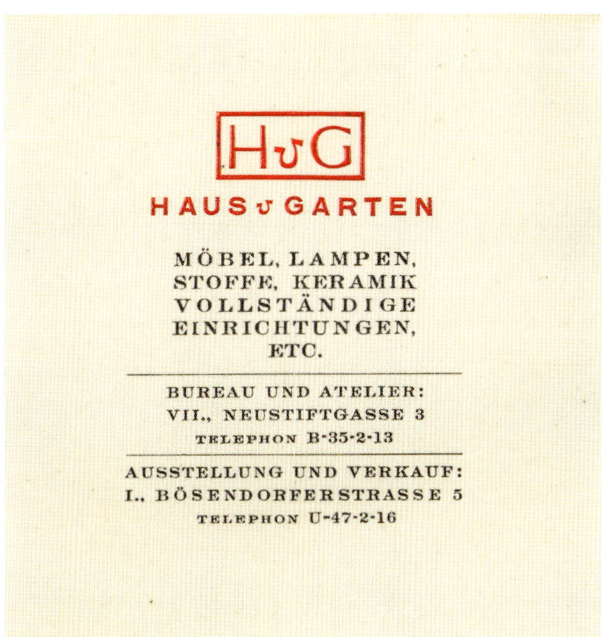

Abb. 29: Haus & Garten, Geschäftskarte, um 1925/30 (Bundesmobilienverwaltung, Wien)

villon. Josef Frank zeichnete für die Gestaltung des »Café viennois« sowie die Präsentation einiger Nutzmöbel verantwortlich. Die schon wenige Monate nach der Gründung stattfindende Beteiligung von Haus & Garten an der Pariser Kunstgewerbeausstellung lässt auf die äußerst einflussreiche und wegweisende Stellung schließen, die dem Unternehmen in Bezug auf die Entwicklung der Wiener Wohnkultur von Beginn an zugestanden wurde.

In den folgenden Jahren war Haus & Garten auf den wichtigsten Ausstellungen in Wien vertreten; diese waren: »Wien und die Wiener« (1927)[26] im Messepalast, »Kunstschau« (1927)[27], »Wiener Raumkünstler« (1930)[28] und die Werkbundausstellung (1930)[29] im Österreichischen Museum für Kunst und Industrie. Im Rahmen dieser Schauen präsentierte die Firma Haus & Garten – zumeist für eine wohlhabende Zielgruppe – farbenfrohe Textilien und leichte bewegliche Einzelmöbel, die zwanglos miteinander kombiniert werden konnten. Eine Ausnahme bildete das von Josef Frank entworfene Wohnzimmer für die Ausstellung »Wien und die Wiener« im Messepalast, da diese Präsentation von einem verstärkten sozialen Hintergrund geprägt war. Es handelte sich hierbei nämlich um ein Musterzimmer für die neu errichteten Wohnhäuser der Gemeinde Wien.

Ein sozialer Aspekt kam auch bei der Ausstattung der Werkbund-Siedlungshäuser zum Tragen. Die im Siedlungsverband konzipierten Häuser in Grünlage sollten zur Verbesserung der Wohnsituation des Arbeiterstandes und der Mittelschicht beitragen. Sowohl im Rahmen der 1927 errichteten Weißenhof-Siedlung in Stuttgart[30] als auch der 1932 erbauten Wiener Werkbundsiedlung[31] hatte Josef Frank die Möglichkeit, nicht nur einzelne Musterzimmer, sondern sämtliche Räume der von ihm geplanten Einfamilienhäuser nach seinen Wohnvorstellungen mit Möbeln von Haus & Garten einzurichten (Abb. 1).

RAUMAUSSTATTUNGEN

Bei einer der frühesten unter dem Firmennamen Haus & Garten vorgestellten Arbeiten handelt es sich um die Inneneinrichtung der Villa des Textilgroßhändlers David Löbel in Wien-Hietzing. Josef Frank und Oskar Wlach führten den Umbau sowie die Ausstattung des Hauses bereits 1923 aus,[32] aber erst drei Jahre später wurden die Räumlichkeiten in der Fachzeitschrift »Innen-Dekoration«[33] publiziert. Obwohl Josef Frank in Bezug auf die Möblierung der Villa Löbel auf seine flexibel einsetzbaren Modelle (Abb. 30) zurückgriff, blieb er bei der Raumaufteilung in der traditionellen Form des Bürgerhauses verhaftet. So wies er jedem Raum eine spezielle Funktion (Empfangszimmer, Speisezimmer, Bibliothek etc.) zu. Durch die Anbringung von Stuckaturen an der Decke nach einem Entwurf von Robert Obsieger sowie den generellen Einsatz von hochqualitativen Materialien vermittelten diese frühen Haus & Garten-Interieurs noch einen repräsentativ herrschaftlichen Eindruck.

Im Gegensatz zu den Funktionszimmern der Villa Löbel kam es in den späteren Ausstattungen der Wiener Einrichtungsfirma zu einer Auflösung der konkreten Aufgabenzuweisung an einen Raum. Für Josef Frank stellte das Zentrum des Hauses der funktionsübergreifende Wohnraum dar. Als prägnantestes Beispiel in diesem Zusammenhang ist das große, zu einer offenen Einheit verbundene Wohn- und Musikzimmer des Hauses Krasny[34] (Abb. 31), das 1927/28 von Arnold und Gerhard Karplus errichtet und von Josef Frank ausgestattet wurde, anzusehen. Die Anbringung von blickdichten Vorhängen ermöglichte eine temporäre Unterteilung des Raumes. Den neutralen Hintergrund für die heterogene Einrichtung bildeten die in Haus & Garten-Interieurs ausschließlich in Weiß gehaltenen Wände.[35] Aufgrund des großzügigen Einsatzes von bunten Vorhang- und Bezugsstoffen mit unterschiedlichen, meist floralen Mustern wiesen die Innenräume dennoch eine kräftige Farbigkeit auf. Darüber hinaus trug die Kombination verschiedener Möbelhölzer zur Belebung des Raumeindrucks bei. Durch die Anbringung einzelner raumübergreifender gestalterischer Leitelemente, wie beispielsweise die oftmals in zahlreichen Variationen eingesetzten Messinglampen, verlieh der Architekt den Wohnräumlichkeiten einen zusammenhängenden, »durchkomponierten«[36] Gesamteindruck.

Die 1926 im Auftrag des Immobilienbesitzers Hugo Blitz ausgestattete Wohnung zählte zu den umfangreichsten Aufträgen von Haus & Garten. Wie die erhaltenen Interieuraufnahmen (Abb. 32) belegen, konnte Josef Frank seine Gestaltungsprinzipien auf annähernd alle Räumlichkeiten der Wohnung übertragen. Diese an den Bedürfnissen der Bewohner orientierte Ausstattungsform stieß auf große Zustimmung des Fachpublikums:

> In diesen Räumen wurde gezeigt, daß die Gestaltung einer neuen, zeitgemäßen Wohnform nicht allein auf dem Wege ingenieurhafter Überlegungen und Vorstellungen zu erreichen ist. Dankbar empfand man an jener Stätte herber Kontraste die wohnliche Wirkung, die von den Räumen und Möbeln der Wiener ausging, von den gewählten Hölzern in ihrer lebensvollen, natürlichen Färbung und Maserung. Sie vermieden grelle Wirkungen und gestalteten lebhafte und dennoch maßvolle Farbeneffekte durch ein symphonisches Zusammenfließenlassen der Farben von Möbelstoffen, Vorhängen und Kissen, von Holz und Lackarten; stets war das Praktische mit dem Wohnlichen

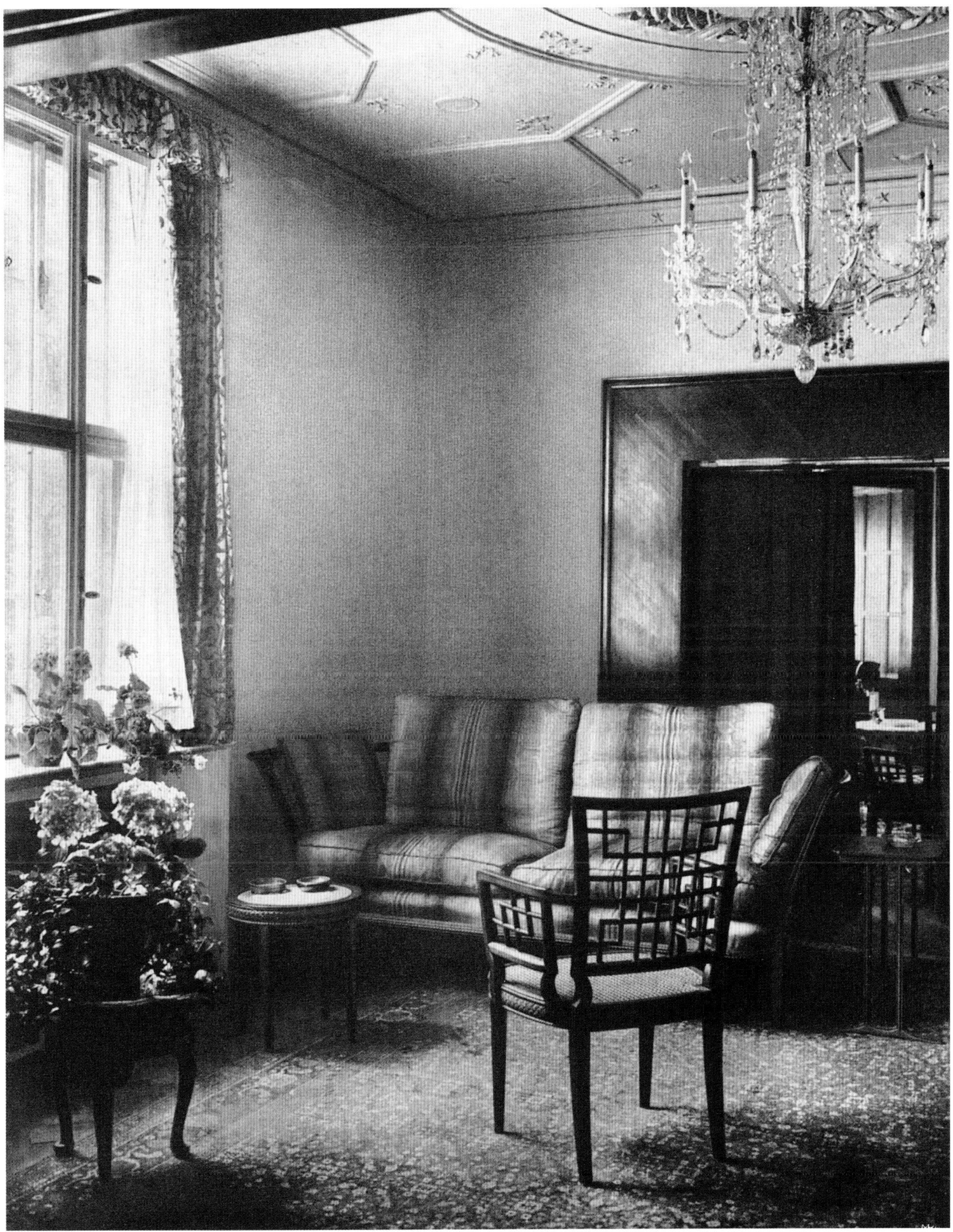

Abb. 30: Haus & Garten, Empfangssalon im Haus David Löbel in Wien, 1923 (Innen-Dekoration, 1926)

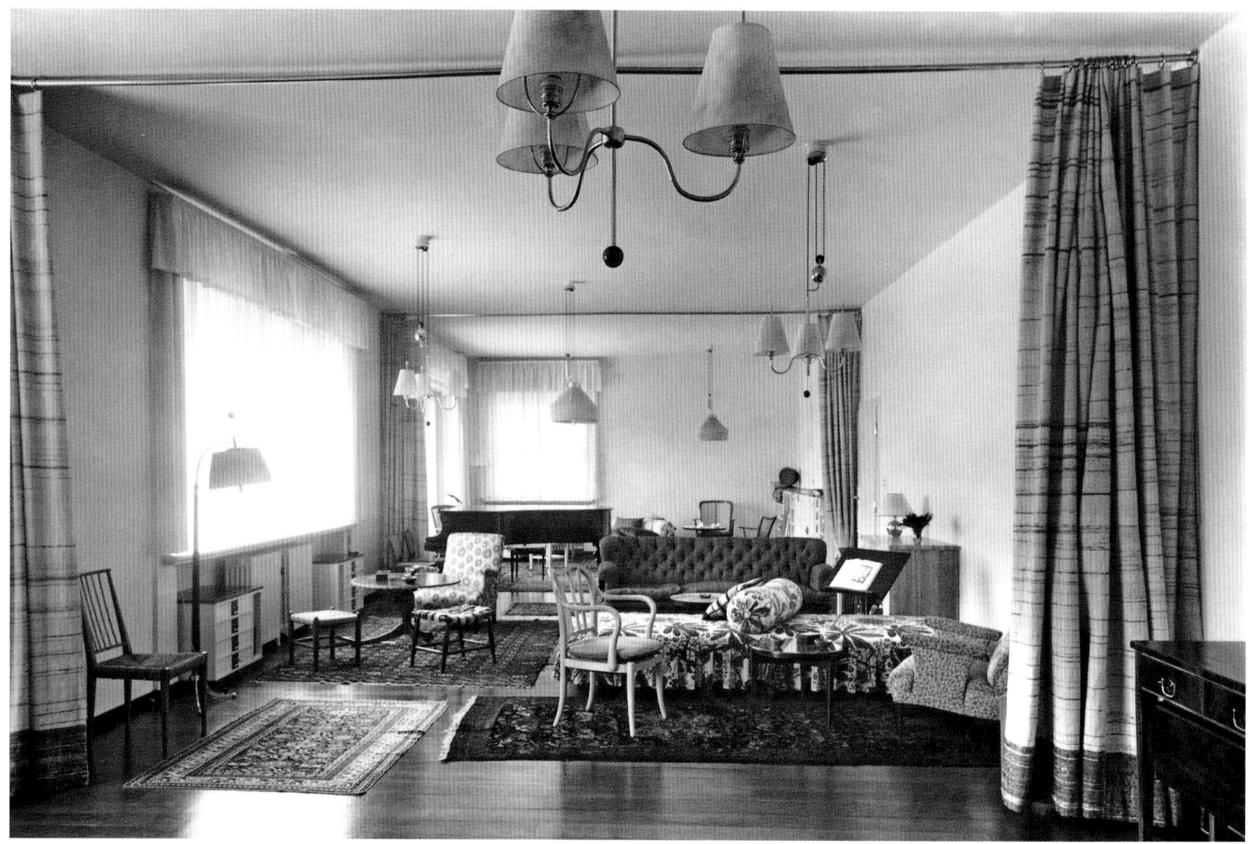

Abb. 31: Haus & Garten, Wohnraum im Haus Krasny in Wien, 1927/28 (MAK – Museum für angewandte Kunst, Wien)

vereint und die Gleichwertigkeit von Verstand und Gefühl wurde niemals außeracht gelassen.[37]

Ähnlich wie bei der Wohnung Blitz bezogen sich die meisten Ausstattungsarbeiten, mit denen Haus & Garten beauftragt wurde, (nur) auf die Inneneinrichtung von einzelnen Wohnungen oder bereits bestehenden Immobilien. Eine der wenigen Ausnahmen bildete das 1929/30 errichtete Haus Beer[38] in Wien-Hietzing. Für Julius Beer, den Besitzer einer Kautschukfabrik, entwarf Josef Frank sowohl die Architektur des Hauses als auch die komplette Innenausstattung (Abb. 33). Die Villa Beer ist als Josef Franks Hauptwerk in Wien anzusehen.

EINZELMÖBEL

Das Angebot von Haus & Garten bestand aus den unterschiedlichsten Einzelmöbeln, Lampen, Keramiken und Textilien. Sämtliche Einrichtungsgegenstände wurden nach den Entwürfen Franks gefertigt. Im Verkaufslokal konnten sich die Kunden anhand von Ausstellungsstücken einen Überblick über die verfügbaren Möbel machen und diese anschließend bestellen. Durch erhaltene Entwurfszeichnungen, die zum Teil mit den Namen einzelner Auftraggeber versehen sind, kann belegt werden, dass einige Modelle auf speziellen Kundenwunsch entstanden sind. Bei kompletten Wohnungsausstattungen übernahm Josef Frank auch die Planung sämtlicher Einbaumöbel.

Generell legte der Architekt in Bezug auf das Entwerfen von Einrichtungsgegenständen großen Wert

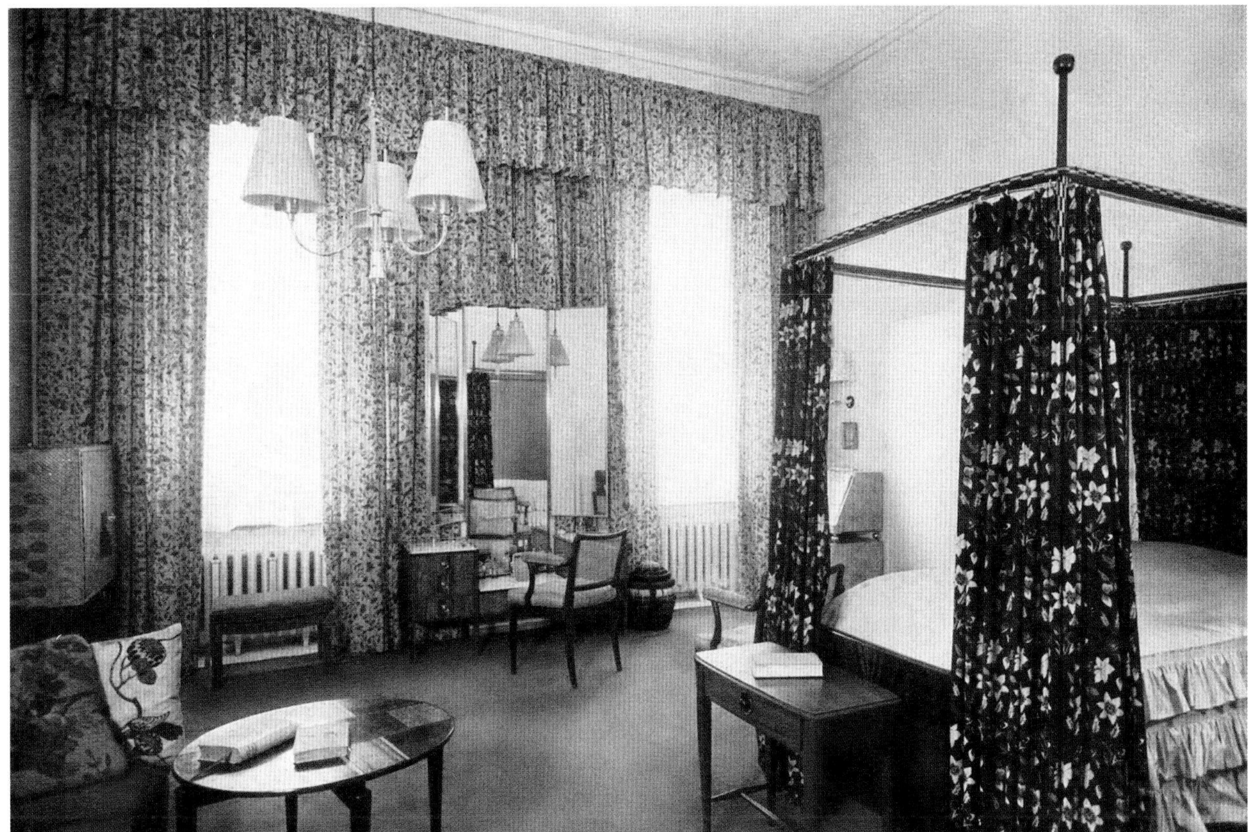

Abb. 32: Haus & Garten, Schlafzimmer der Dame in der Wohnung Blitz, 1926/27 (Innen-Dekoration, 1928)

auf eine gewisse Leichtigkeit und Beweglichkeit, da sie flexibel im Raum aufgestellt werden sollten. Um die Raumgrenzen nicht zu überdecken, versah er Kastenmöbel beispielsweise immer mit hohen Beinen. Die Ausgangsbasis jedes neuen Entwurfs stellte für Josef Frank die Orientierung an den Bedürfnissen des Menschen, also des Individuums, dar. Jeder Gegenstand sollte für einen bestimmten Zweck möglichst charakteristisch auf das Beste ausgebildet werden.[39] Wie anhand des Wohnraumes im Haus Krasny (Abb. 31) exemplarisch dargestellt werden kann, entwarf der Architekt daher eine Vielzahl von unterschiedlichen Sitzmöbeln, um dem Bewohner eine breite Auswahlmöglichkeit bieten zu können.

Stilistisch knüpfte Josef Frank oftmals an ein traditionelles – aus unterschiedlichen Inspirationsquellen herrührendes – Formenvokabular an. Er war der Ansicht, dass neue Formen nur durch die Kenntnis und die Berücksichtigung alter Formen entstehen können.[40] Als wichtigstes Vorbild diente Josef Frank die angelsächsische Wohnkultur, aber auch Einflüsse des biedermeierlichen oder ostasiatischen Formenvokabulars sind in seinen Möbelentwürfen spürbar. Beispielsweise finden sich unterschiedliche Variationen des englischen Windsor-Stuhls in vielen Interieurs von Josef Frank wieder.[41] Die Ursprünge dieses leichten Holzstuhls gehen bis in das 18. Jahrhundert zurück.

Als prägnantestes Merkmal der Haus & Garten-Möbel ist deren schlichte, jedoch im Detail verhaftete und überwiegend organische Formgebung anzusehen. Diesbezüglich war Josef Frank der Ansicht, dass das freistehende Möbel nur durch eine Form, die von der des Raumes so verschieden wie möglich war, die von ihm geforderte Freiheit und Beweglichkeit erlangen und somit an beliebiger Stelle in

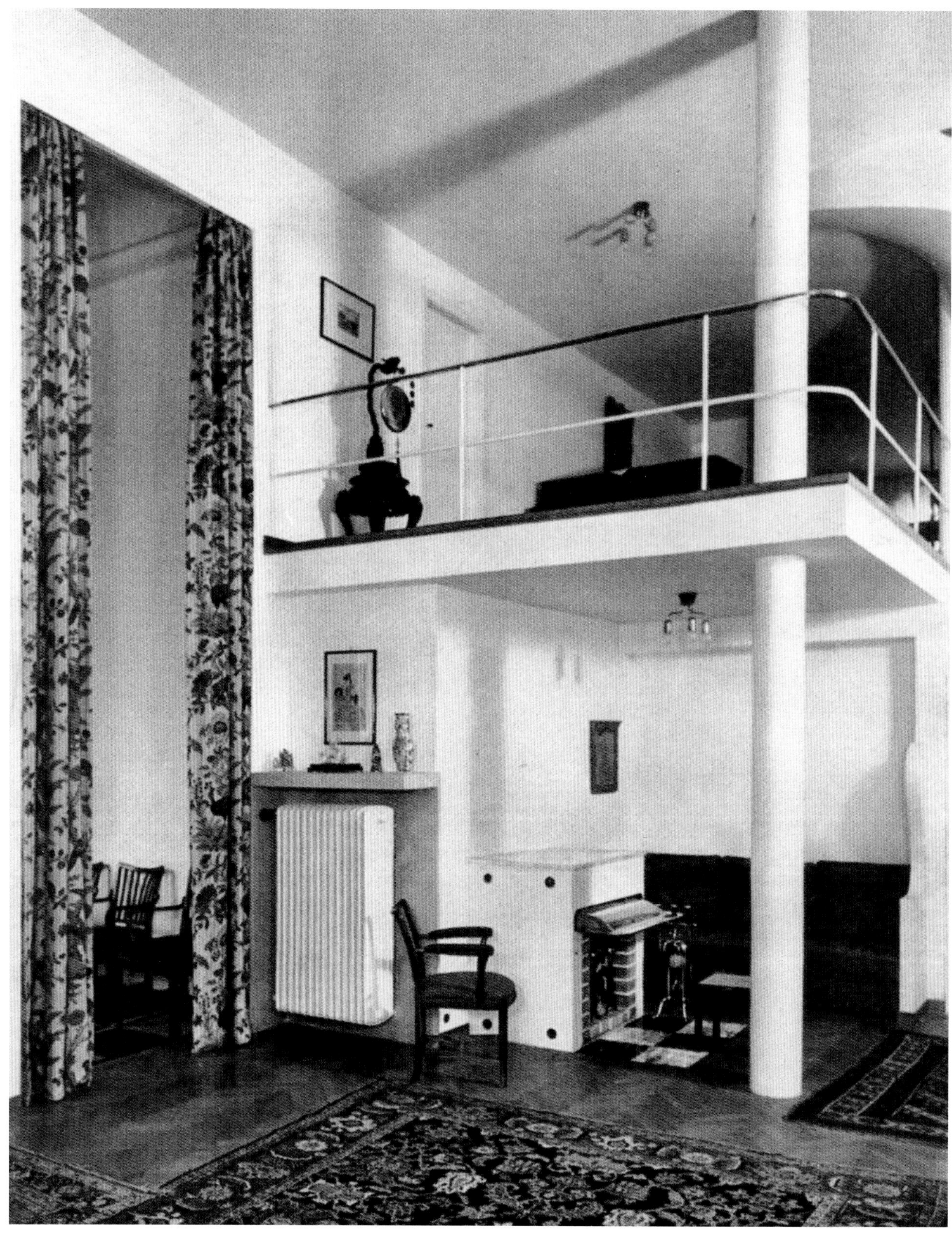

Abb. 33: Haus & Garten, Wohnraum im Haus Beer, 1929/30 (Innen-Dekoration, 1931)

das Raumgefüge integriert werden konnte.[42] Des Weiteren hielt der Architekt durch den direkten Kontakt des Möbels mit dem menschlichen Körper eine organische Formensprache für unumgänglich. So bildete für ihn die Form des Stuhles das Negativ der menschlichen Körperform und sollte demgemäß dieser angepasst werden.[43]

Die Aufwertung der zumeist einfachen Grundform erfolgte durch eine gezielte Betonung von Details, wie anhand des bekannten »leichten Stuhls«[44] von Haus & Garten (Kat.-Nr. 85) nachvollzogen werden kann. Das Möbel aus Nussbaumholz weist einen klaren, einfachen Aufbau auf. Die Akzentsetzung erfolgt aufgrund der an den Enden leicht geschwungenen Rückenlehne, der sich nach oben verjüngenden Beine sowie durch die Kombination unterschiedlicher Materialien. Die Sitzfläche ist aus Rattan geflochten und die in die Rückenlehne eingesetzten Stäbe bestehen aus Bambus. Im Gegensatz dazu verzichtete Josef Frank bei dem Entwurf des Schreibtisches[45] (Kat.-Nr. 30) auf aufwendige Werkstoffkombinationen. Das in der Mitte des Korpus eingeschwungene Möbel ist mit einer durchgehenden Mahagonifurnier versehen. Diese besticht durch ein sorgfältig ausgewähltes sowie alle strukturierenden Elemente überziehendes Furnierbild.

Zu den weiteren Eigenschaften von Franks Möbelentwürfen zählen deren Leichtigkeit und Transparenz. So sind die Sitzmöbel von Haus & Garten größtenteils mit einer offenen und somit durchscheinenden Rückenlehne, bestehend etwa aus Rohrgeflecht oder aus einzelnen eingesetzten Stäben (Kat.-Nr. 22 und 84), versehen.

In Bezug auf die Materialwahl legte Josef Frank größten Wert auf hochqualitative Werkstoffe sowie auf deren hervorragende handwerkliche Verarbeitung. Im Gegensatz zu den Vertretern des Funktionalismus lehnte der österreichische Architekt den Einsatz von Stahlrohr kategorisch ab[46] und beschränkte sich bei seinen Möbeln ausschließlich auf die Verwendung von Naturmaterialien. Laut Frank sollten diese als natürliche Stoffe von den Bewohnern wie ein Stück Natur im Raum wahrgenommen werden.[47] Darüber hinaus übertrug er mithilfe seiner Textilentwürfe, die zumeist Pflanzenmotive zierten, ein weiteres naturales Element in den Wohnraum. Frank zufolge sollte eine Verbindung von Außen- und Innenraum hergestellt werden.[48] In diesem Sinn war die Firmenbezeichnung Haus & Garten nicht nur Name, sondern gleichzeitig Programm.

THEORETISCHE GRUNDLAGEN DER MÖBEL- UND RAUMGESTALTUNG

Josef Franks Gestaltungsprinzipien beruhen auf einer starken theoretischen Grundlage. Bereits seit Ende der 1910er-Jahre veröffentlichte der Architekt kontinuierlich seine diesbezüglichen Überlegungen in zeitgenössischen Fachorganen. Durch die Gründung von Haus & Garten gelang es Josef Frank seine theoretischen Vorstellungen sowohl im Bereich des Möbeldesigns als auch in Bezug auf die Raumgestaltung großflächig in die Praxis umzusetzen.

Josef Frank sprach sich für eine durchaus zulässige Kombination von handwerklich gefertigten sowie maschinell erzeugten Gegenständen – zum Beispiel Bugholzmöbel – in einem Raum aus. Die Integration von Industrieprodukten bedingte jedoch, laut Frank, eine neue Behandlung des Raumes:

> Der einheitliche Wohnraum, dessen Teile ein einheitliches Ganzes bilden, wie er in früheren Zeiten möglich war, [kann] in unserer Zeit nicht mehr existieren. Unsere Wohnungen bedürfen einer sehr großen Bewegtheit und Buntheit, eines solchen Reichtums an Farben und Formen, an Gegenständen und Materialien, daß sie jedes neue Ding der beiden Arten so in sich aufnehmen können, daß er nicht als Fremdkörper empfunden wird.[49]

1923 übertrug Josef Frank diese raumbezogenen Forderungen auf den Möbelbereich. In seinem Aufsatz »Einzelmöbel und Kunsthandwerk«[50] wandte er sich dezidiert gegen das Garniturdenken und plädierte für das Entwerfen von Einzelmöbeln. Diese sollten frei im Raum beweglich[51] sowie voneinander unabhängig sein und nur im räumlichen Zusammenhang als »Gruppe«[52] wirken. Seine Forderungen untermauerte der Architekt mit schematischen Zeichnungen von Wohnräumen, deren Ausstattung aus schlichten, zweckdienlichen Holzmöbeln bestand. Diese sogenannten einfachen Typenmöbel entwarf Frank in Hinblick auf die Siedlerbewegung.

Josef Franks theoretische Überlegungen basierten somit auf den Ideen der sozialen Wohnbaureform und sind als Grundlage seiner Tätigkeit bei Haus & Garten anzusehen. Erstaunlicherweise verwirklichte er seine Entwürfe aber in einem völlig konträren Umfeld, da die Kunden von Haus & Garten vorrangig der vermögenden jüdischen Oberschicht angehörten. Für den Arbeiterstand waren die Haus & Garten-Modelle auch schlichtweg nicht finanzierbar.

Im Rahmen seiner Tätigkeit für Haus & Garten war es Josef Franks oberstes Ziel dem »modernen« Menschen ein behagliches und angenehmes Wohnumfeld zu schaffen. Getreu seinem Grundsatz »Modern ist nur, was uns vollkommene Freiheit gibt«[53] versuchte er den Wohnraum von jeglichen formalen und kategorisierenden Zwängen zu befreien und somit dem Menschen eine größtmögliche Bewegungs- und Gestaltungsfreiheit zu ermöglichen. Obwohl Josef Frank mit seiner Beteiligung am Bau der Weißenhof-Siedlung in Stuttgart 1927 sowie seiner Teilnahme am Congrès International d'Architecture Moderne (CIAM) in La Sarraz 1928 aktiv in die Entwicklung der Internationalen Moderne eingebunden war, unterschieden sich somit seine theoretischen Vorstellungen in Bezug auf die Innenausstattung grundsätzlich von denen anderer Architekten, wie Le Corbusier oder Walter Gropius. Trotz einer weitaus traditionelleren Formensprache muss die von Josef Frank mit Haus & Garten vertretene Linie als alternativer und typisch wienerischer Weg in der modernen Wohnraumeinrichtung der Zwischenkriegszeit angesehen werden.

Die Fortführung der Wiener Wohnkultur in Schweden

Mit der Einführung des Ständestaates verlegte Josef Frank Ende 1933 seinen Wohnsitz von Wien nach Stockholm, wo er fortan für das Einrichtungsunternehmen Svenskt Tenn[54] als alleiniger Entwerfer von Möbeln und Textilien fungierte. Im Rahmen seiner Tätigkeit bei der schwedischen Firma knüpfte er nahtlos an sein österreichisches Schaffen an und führte seine in Wien entwickelte Möbel- und Raumgestaltung sowohl formal als auch programmatisch nahezu unverändert fort. Bei seinem Umzug nahm Josef Frank sogar Haus & Garten-Entwürfe mit, die anschließend in das Sortiment von Svenskt Tenn aufgenommen wurden.[55]

Seine schwedischen Möbelentwürfe sind gestalterisch und die Möbeltypen betreffend eine stringente Fortsetzung der in Wien entwickelten Modelle. Darüber hinaus entwarf Josef Frank im Laufe seiner fast dreißigjährigen Tätigkeit für Svenskt Tenn eine Vielzahl von Stoffen, die immer noch produziert werden und für die das Einrichtungsunternehmen im Besonderen bekannt ist. Mit diesen viel beachteten Entwürfen gilt Josef Frank heute gemeinhin als Begründer des sogenannten modernen schwedischen Einrichtungsstils.

FIRMENGESCHICHTEN

Stefan Üner

KUNST UND WOHNUNG R(UDOLF). LORENZ

Rudolf Lorenz wurde 1883 in Prag geboren. Nachdem er als Offizier der österreich-ungarischen Armee im Ersten Weltkrieg »heimgekehrt war, empfand er das ununterdrückbare Verlangen, am Wiederaufbau zerstörter Kulturgüter praktisch mitzuarbeiten.« Er wollte »Wohnung für Menschen schaffen, die es letzteren ermöglichen, durch das Mittel angewandter Ästhetik, sozusagen realistische Ideale zu verwirklichen.« Dabei vertraute er »auf seine Fähigkeiten als ›geborener‹ Baumeister und auf die wirkende Kraft lauterer Gesinnung, die das Notwendige und Gediegene dem Luxuriösen und Spielerischen vorzieht.«[1] So umschrieb der bekannte Kunstförderer Arthur Roessler die Anfänge von Lorenz. 1919 wurde die Firma Kunst und Wohnung R. Lorenz gegründet. Der Firmensitz befand sich in der Josefstädterstraße 21 im 8. Wiener Gemeindebezirk. Als Geschäftsführer fungierten Rudolf Lorenz, Dr. Oskar Reichel und Samuel Goldfarb. Reichel war Arzt und zählte zu den wichtigsten Kunstsammlern der österreichischen Moderne in der ersten Hälfte des 20. Jahrhunderts. Der ebenfalls jüdischstämmige Geschäftsmann Samuel Goldfarb dürfte neben Reichel Finanzier der Firma gewesen sein. Als Gegenstand des Unternehmens wurde die »Erzeugung, Ankauf und Vertrieb von Möbeln, Kunstgewerbe- und Einrichtungsgegenständen, Einkauf und Vertrieb von Antiquitäten und Kunstgegenständen aller Art, endlich der Betrieb aller zur Förderung dieser Zwecke dienenden Gewerbe und Geschäfte«[2] angegeben.

1920 war Kunst und Wohnung R. Lorenz neben der Kunsthandlung Max Hevesi die einzige Galerie außerhalb der Inneren Stadt. Anders als Hevesi, der einen reinen Kunstsalon führte, stellte Lorenz sich von Anfang an breit auf. Unter Oskar Reichel organisierte die Galerie Kunst und Wohnung R. Lorenz in ihren »drei einfach und konzessionslos zweckmäßig ausgestatteten Raumen«[3] 1920 und 1921 Ausstellungen zum ungarischen Maler Lajos Tihanyi, zur Künstlergruppe »Freie Bewegung«, zum Schriftsteller und Maler Rolf Henkl sowie zur Bildhauerin Grete Neuwalder.[4] Ob es mit dem Desinteresse des Publikums oder der ungünstigen Lage zusammenhing – in Folge konzentrierte man sich verstärkt auf Möbel und Wohnungseinrichtungen. Die künstlerische Leitung übernahm der aus Mähren stammende Architekt Hugo Gorge, der an der Akademie am Schillerplatz bei Friedrich Ohmann studiert hatte. Darüber hinaus arbeitete Lorenz unter anderen mit dem Architekten Gustav Friedmann, der Wiener Werkstätte-Keramikerin Hertha Bucher und dem deutschen Architekten Hans Döllgast zusammen.

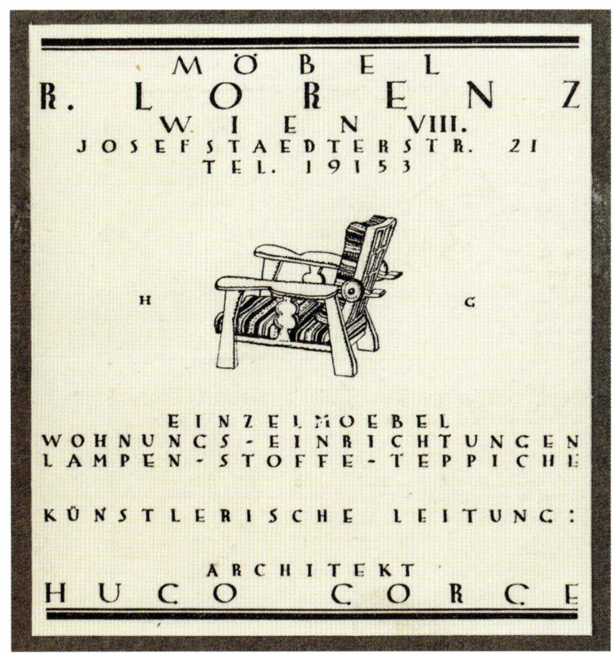

Abb. 34: Kunst und Wohnung, R. Lorenz, Inserat, um 1920/25 (Bundesmobilienverwaltung, Wien)

In Kooperation mit Hugo Gorge zeigte Kunst und Wohnung R. Lorenz 1920 ein Schlaf- und Wohnzimmerensemble in der Ausstellung »Einfacher Hausrat« im Österreichischen Museum für Kunst und Industrie. Beim Thema Wohnen vertrat Lorenz, ähnlich wie Oskar Strnad und Josef Frank die Mei-

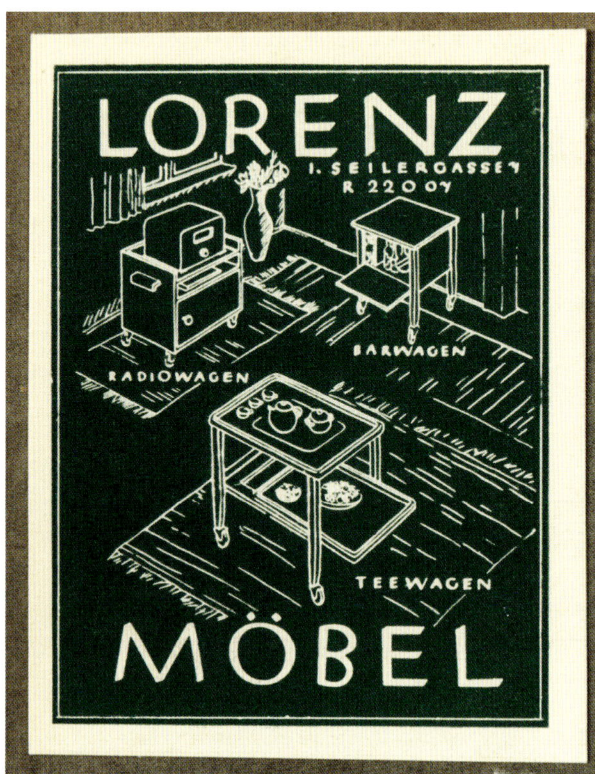

Abb. 35: Kunst und Wohnung, R. Lorenz, Inserat, um 1935 (Bundesmobilienverwaltung, Wien)

nung, »daß unsere Wohnung in erster Linie für uns selber bestimmt ist, und daß sie, indem sie unseren praktischen Zwecken sowohl wie der Befriedigung unseres Gemütes dient, am besten unsere eigene Art wiedergibt.«[5] Von durchgestylten Interieurs hielt Lorenz nichts. Schönes und funktionales Wohnen ging bei ihm einher mit den individuellen Bedürfnissen der Bewohner. »Darum müssen wir in Raum und Gerät einfache und klare Formen finden, die wirklich dem Wesen der Dinge und den ihnen zugedachten Funktionen gemäß, also wahrhaft sind; so wahr wie wir selbst, die wir die eigene Art ja auch nicht verstellen wollen«,[6] so Lorenz selbst.

Als Architekt trat Lorenz nur einmal in Erscheinung, nämlich mit dem »Haus eines Schriftstellers« im Wiener Nobelviertel Döbling (1928). Das moderne Einfamilienhaus befand sich auf einem Hang eines ehemaligen Weinbergs. Der Eingang mit Holzpergola unterstrich das Ambiente der ländlichen Umgebung. Bei der Innenarchitektur verband Lorenz Wohnlichkeit und Funktionalität auf natürliche Weise. Dabei wurden die Räume ganz auf den Alltag und die Bedürfnisse der Bewohner zugeschnitten. »Lorenz hat es vermieden, das Haus, das er für einen Menschen der Gegenwart zu errichten hatte, nach irgendwelchen modischen Mustern zu gestalten oder [es] formal der sogenannten ›bodenständigen‹ Bauart anzupassen. Auf allen archäologischen Schnickschnack verzichtete er zu Gunsten einer ehrlichen Zweckmäßigkeit.«[7] In den Zwanzigern und Dreißigern bewarb Kunst und Wohnung R. Lorenz seine Interieurs in verschiedenen Fachzeitschriften wie etwa Innen-Dekoration, Moderne Welt, Eigenheim und Weekend oder The Studio. Darüber hinaus publizierte Lorenz regelmäßig Essays zu Fragestellungen von Wohnen und Inneneinrichtung.

Rudolf Lorenz »war auf dem Gebiete der Inneneinrichtung der erste, der die Errungenschaft der modernen Forderungen propagiert und praktisch durchgesetzt hat. Lorenz geht bei der Konstruktion seiner Möbel nicht von der Sucht nach extremem Formalismus, sondern vom Gesichtspunkt des Zweckdienlichen und technisch Materialgemäßen aus, bei der Einrichtung der Wohnung dient ihm die möglichst ökonomische Ausnützung des Raumes unter Berücksichtigung aller hygienischen, hauswirtschaftlichen und gesellschaftlichen Forderungen als Richtlinien. Seine Arbeiten werden vom Auslande gesucht und geschätzt, in den besten Fachzeitschriften aller Sprachen publiziert und als vorbildlich anerkannt«,[8] so eine zeitgenössische Beobachtung des Schriftstellers Oskar Friedmann.

1934 übersiedelte Kunst und Wohnung R. Lorenz in die Seilergasse 7 in die Wiener Innenstadt und verfügte über eine Zweigniederlassung in der angrenzenden Plankengasse 4.[9] 1937 wurde Oskar Reichels Sohn Raimund zum Geschäftsführer ernannt und der Firmenwortlaut in Kunst und Wohnung, Lorenz & Reichel Gesellschaft mbH geändert.[10] Mit der Machtübernahme des NS-Regimes wurde die Firma 1938 gesperrt. Rudolf Lorenz musste aufgrund seiner jüdischen Abstammung 1938 über Prag nach London emigrieren, wo er 1941 verstarb. Die endgültige Firmenlöschung aus dem Handelsregister erfolgte am 18. Mai 1942.[11]

Rudolf Lorenz und sein Unternehmen verhalfen dem Möbeldesign der österreichischen Zwischenkriegszeit zu einer eigenen Note. Im Sinne von Josef Frank und Oskar Strnad produzierte er unter der künstlerischen Leitung von Hugo Gorge Möbel und Wohnungseinrichtungen, die modern, funktional und elegant gleichermaßen wirkten und sich den Bedürfnissen ihrer Auftraggeber anpassten.

SVENSKT TENN

Die schwedische Traditionsfirma Svenskt Tenn (Schwedisches Zinn) zählt mit ihren eleganten und stilvollen Möbeln und Stoffen zu den bekanntesten Einrichtungshäusern der modernen Designgeschichte. Gegründet wurde das Unternehmen von der Designerin Estrid Ericson (1894–1981). Ericson absolvierte eine Ausbildung zur Kunstlehrerin in Stockholm. Sie arbeitete anschließend als Zeichenlehrerin, ehe sie den Kunsthandwerker und Bildhauer Nils Fougstedt kennenlernte und mit ihm im Sommer 1924 die Zinnwerkstatt Konsthantverkets verkstad (Kunsthandwerkliche Werkstatt) auf der Kungsholmstorg in Stockholm eröffnete. Aufgrund der großen Nachfrage an Zinnobjekten, gründete Ericson am 25. Oktober 1924 die Firma Svenskt Tenn. Als Startkapital diente Ericson das Erbe ihres Vaters. Verkauft und produziert wurde in einem Geschäft mit angrenzender Werkstatt in der Smålandsgatan in Stockholm.[12] Inspiriert von der englischen Arts-and-Crafts-Bewegung, strebte Eriscson nach hochwertigen, handwerklichen Erzeugnissen. Svenskt Tenn entwickelte sich schnell zu einer Qualitätsmarke. Als Gütesiegel diente das bis heute unveränderte grüne kreisrunde Logo mit zwei Engeln mit Wappen und den gotischen Buchstaben ST. Der Entwurf stammte vom Grafikdesigner Akke Kumlien und dem Künstler Bertil Lybeck.

Schon früh erfuhr Svenskt Tenn internationale Aufmerksamkeit und Anerkennung. 1925 wurde das Unternehmen auf der wegweisenden »Exposition

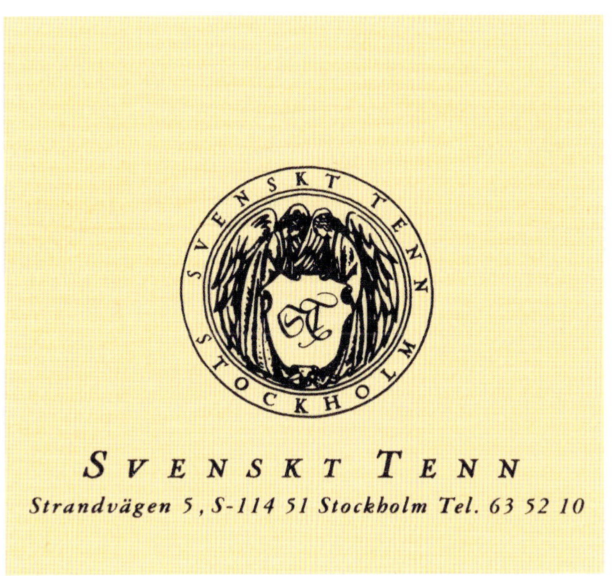

Abb. 36: Svenskt Tenn, Logo auf Firmenkatalog, um 1990 (Privatbesitz)

internationale des arts décoratifs et industriels modernes« mit einer Goldmedaille ausgezeichnet. 1927 war man in der US-Wanderausstellung »Contemporary Swedish Decorative Arts« im Metropolitan Museum of Art in New York und im Art Institute of Chicago präsent. Mit dem steigenden Erfolg zog Svenskt Tenn 1927 in größere Räumlichkeiten in der Strandvägen 5 in Stockholm, wo sich heute noch das Geschäft befindet. Anfang der Dreißiger erweiterte man das Sortiment um Möbel, Leuchten und Einrichtungsgegenstände. Dafür engagierte man Architekten und Designer wie Uno Åhrén, Robert Hult und Björn Trädgårdh, die moderne und funktionalistische Entwürfe lieferten. Damit avancierte Svenskt Tenn zu einem der bekanntesten Möbelhäuser in Schweden.

Ein markanter Einschnitt in die Firmengeschichte stellte die Zusammenarbeit mit dem Wiener Architekten Josef Frank dar. Der Architekt und Mitbegründer der Wiener Einrichtungsfirma Haus & Garten emigrierte mit seiner schwedischen Ehefrau Anna Sebenius aufgrund des wachsenden Antisemitismus in Deutschland und Österreich 1933 nach Stockholm. Neben Freunde und Familie hatte Frank auch einen beruflichen Bezug zu Schweden. »Ich habe in

Schweden seit 1924 gebaut, und zwar in der Art, die dort ziemlich unbekannt war, denn Schweden war sehr in Romantik befangen, wenn auch der Standard der Wohnverhältnisse etc. ein ziemlicher hoher war. Ich habe aber das Bauen bald aufgegeben, eigentlich, weil es mir zu kompliziert war, denn es besteht ja zum größten Teil in Verhandlungen mit Bestellern, Behörden und Lieferanten.«[13] 1934 begann Frank bei Svenskt Tenn zu arbeiten. Als Chefdesigner war er federführend in der Produktentwicklung. Er entwarf klassische Möbel und verspielte Stoffe in Anlehnung an die Natur. Dabei kombinierte er Alt und Neu zu einer sinnlichen Synthese und ließ sich von verschiedensten Möbelstilen vom Wiener Biedermeier über die englische Tradition bis zur Moderne anregen. Der Komfort und die Gemütlichkeit hatten bei Frank oberste Prämisse. Bezeichnend für seine Arbeit ist »der gelockerte Wohn- und Lebensstil der Gegenwart«. Seine Möbel »sind sämtlich Einzelstücke, zum Teil auf Ergänzung durch Anbau eingerichtet. Sie streben nicht nach Neuheit um jeden Preis, suchen vielmehr eine gelassene Anpassung überlieferter Formen an neue Gebrauchszwecke und Herstellungsverfahren. Wo es nötig ist, weichen sie unbedenklich von früher üblichen Maßen ab, um an Bequemlichkeit zu gewinnen.«[14]

Estrid Ericson und Josef Frank wurden schnell ein eingespieltes Duo. Die beiden ergänzten sich perfekt. Ericsons Gespür für Design und ihre Führungsqualitäten in Kombination mit Franks Kreativität und Fantasie machte Svenskt Tenn zu einem Erfolgsrezept. 1937 waren sie auf der Pariser Weltausstellung vertreten, wo man eine Gartenterrasse präsentierte. Die Teilnahme an der New Yorker Weltausstellung zwei Jahre später bestätigte Svenskt Tenn als innovative Möbelfirma. 1951 präsentierte man mehrere Wohnensembles in einer Ausstellung im Kaufhaus Kaufmann's in Pittsburgh in den USA. Zu sehen waren ein Wohnzimmer, Schlafzimmer, Esszimmer, Arbeitszimmer und Gartenbereich. Ständig versuchte sich Frank zu verbessern: »Wenn ich einen Sessel plane, denke ich immer, das wird mein bester werden, da ich mir der Fehler bewusst bin, die ich zuvor gemacht habe. Dann wenn der Sessel fertig ist, entdecke ich neue Fehler, daher habe ich die meiste Freude an den Sesseln, die ich noch nicht entworfen habe.«[15] Mit ihrer Firmenphilosophie von Qualität, Langlebigkeit und Nachhaltigkeit wurde Svenskt Tenn zu einem wichtigen Impulsgeber der schwedischen Moderne. Die Produkte zeichneten sich durch Leichtigkeit, Helligkeit und Verspieltheit aus und brachen mit dem Bild vom schweren und dunklen Interieur. Bekannte Kunden waren etwa der Industriedesigner Sigvard Oscar Fredrik Bernadotte Graf von Wisborg, der Ökonom Gunnar Myrdal und die Kuratorin Anne Hedmark, für die Ericson und Frank ihr Haus auf dem Grundstück des Bildhauers Carl Milles im Millesgården einrichteten.

Frank blieb Svenskt Tenn bis zu seinem Tod 1967 treu. Das Archiv von Svenskt Tenn verwahrt von Frank rund 250 Drucke für Stoffe, Tapeten und Teppiche sowie rund 3.000 Zeichnungen und Skizzen für Möbel, Lampen und verschiedene Einrichtungsgegenstände.[16] 1975 verkaufte Ericson im Alter von 81 Jahren die Firma an die Stiftung Kjell und Märta Beijer. Die Stiftung wurde ein Jahr zuvor von Ericsons Mitarbeiterin Märta Beijer und ihrem Ehemann, dem Unternehmer Kjell Beijer, gegründet. 1979 übernahm Ann Wall die Geschäftsführung. Unter der studierten Grafikdesignerin erfuhr Svenskt Tenn eine Modernisierung und Weiterentwicklung. 1999 ging Wall nach zwanzig Jahren in Ruhestand. In ihrem Namen vergab Svenskt Tenn von 1999 bis 2012 das Ann-Wall-Designstipendium. Seit 2015 vergibt Svenskt Tenn jährlich ein Stipendium an einen der Absolventen des Beckmans College of Design in Stockholm. Neben der Förderung an Nachwuchstalenten arbeitet Svenskt Tenn mit namenhaften Designer wie Michael Anastassiades, India Mahdavi und Luca Nichetto. 2024 feierte Svenskt Tenn sein 100-jähriges Bestehen. Angefangen als kleiner Zinnladen in den 1920er-Jahren, steht Svenskt Tenn heute für eine Vielfalt an Wohnideen. Neben Möbeln produziert das schwedische Traditionshaus Textilien, Tapeten, Beleuchtungskörper, Tischdekor, Zinnobjekte und Mode.

KURZBIOGRAFIEN DER ARCHITEKT*INNEN

Stefan Üner

FELIX AUGENFELD

Der Architekt und Designer Felix Augenfeld (10. 1. 1893 Wien – 21. 7. 1984 New York) stammte aus einer jüdischen Familie in Wien. Seine Eltern waren der Kaufmann Isidor Augenfeld (1853 – 1936) und dessen Ehefrau Pauline Augenfeld, geborene Bendiener (1868 – 1946). Augenfelds Interesse an der Architektur wurde schon früh durch seinen Onkel geweckt, dem Architekten Alois Augenfeld (1865 – 1936). Dieser entwarf in Wien und Budapest mehrere Wohn- und Geschäftsbauten und beteiligte sich neben Adolf Loos am Wettbewerb für das Haus Goldman & Salatsch am Michaelerplatz in der Wiener Innenstadt. Nach der Matura auf der Schottenbastei begann Augenfeld 1910 ein Architekturstudium an der Technischen Hochschule bei Karl König und Max Ferstel.

1912 wechselte Augenfeld an die Bauschule von Adolf Loos und zählte neben Paul Engelmann, Ernst Ludwig Freud oder Richard Neutra zu Loos' ersten Studenten und blieb bis zum Ausbruch des Ersten Weltkriegs. Rückblickend schrieb er über diese Zeit:

> In meiner Erinnerung war Loos damals ein eleganter, origineller Bohemian, mit etwas exzentrischen, zum Teil durch seine Schwerhörigkeit bedingten Umgangsformen. [...] Persönliche Umstände und Zufälle haben es bewirkt, daß ich nach meiner Rückkehr aus der Kriegsgefangenschaft, im Jahre 1919, und nach Beendigung der Hochschule in den Bannkreis Oskar Strnads geriet und mich in eine andere Richtung gezogen fühlte. [...] Ich konnte nicht mehr recht an die marmorbedeckten und mahagoniegetäfelten Wände der Loss'schen Bankier-Speisezimmer der Vorkriegszeit glauben.[1]

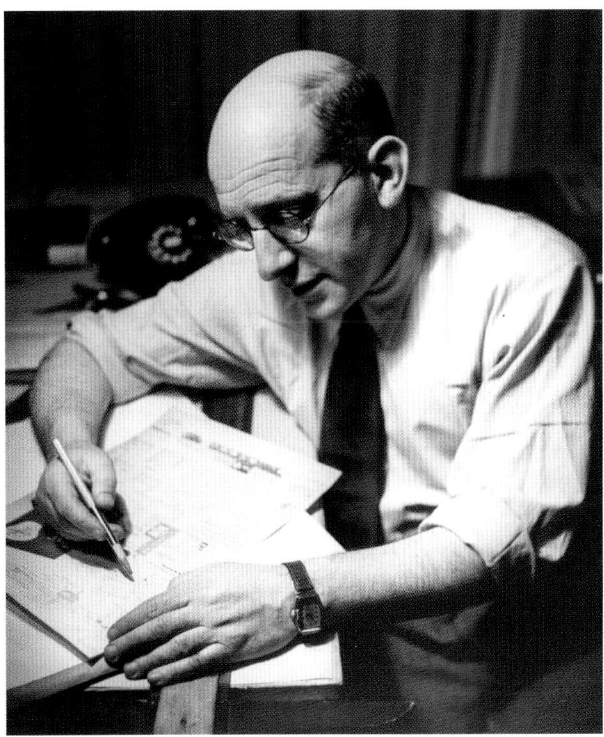

Abb. 37: Felix Augenfeld, fotografiert von Trude Fleischmann (Wien Museum mit Rechtsnachfolgern von Trude Fleischmann)

Nach Abschluss seines Architekturstudiums 1920[2] und ersten Praxiserfahrungen im Architekturbüro von Friedrich Mahler eröffnete Augenfeld 1922 mit seinem ehemaligen Studienkollegen Karl Hofmann ein eigenes Architekturbüro. Ihr Atelier befand sich in der Nedergasse 3, 19. Wiener Gemeindebezirk,[3] ab 1927 in der Wipplingerstraße 33 in der Inneren Stadt.[4] Das Duo etablierte sich in der Zwischenkriegszeit zu angesagten Architekten der neuen Wiener Wohnkultur. Ihre Auftraggeber stammten oft aus dem sozialen Umfeld, wie etwa die Familie von Ernst Ludwig Freud, mit dem Augenfeld zusammen studierte. So entwarfen Sie für Professor Sigmund Freud dessen Schreibtischsessel.[5] Augenfeld erinnerte sich:

> Es war um 1930, vielleicht früher, als Frau Mathilde Hollitscher, Freuds älteste Tochter, mit der Bitte an mich herantrat, einen Schreibtischsessel zu entwerfen, der den speziellen Anforderungen ihres Vaters gerecht werden sollte.

Sie erklärte mir, dass S. F. die Angewohnheit habe, in einer sehr eigenartigen und unbequemen Körperhaltung zu lesen. Er lehnte in seinem Sessel in einer Art diagonaler Haltung, ein Bein über die Armlehne geschwungen, das Buch hochgehalten und sein Kopf ungestützt. Die ziemlich bizarre Form des von mir entworfenen Sessels muss als Versuch verstanden werden, diese Angewohnheiten zu unterstützen und bequemer zu machen.[6]

Neben Sigmund Freud arbeiteten Augenfeld und Hofmann auch für den dessen Tochter, die Psychoanalytikerin Anna Freud. Für sie und ihre US-amerikanische Freundin Dorothy Tiffany Burlingham bauten sie ein Wochenenddomizil im niederösterreichischen Hochrotherd (1930). Auch die Ferienhäuser der Designerin Maria Strauss-Likarz in Kritzendorf (1928) und der Psychoanalytikerin Muriel Gardiner im Wienerwald (1929–1930) gehen auf das Konto der beiden Architekten. Weitere bekannte Bauten waren etwa das Kanzleigebäude der Spinnerei und Weberei Gottlieb Schnabel im tschechischen Neupaka (1925), das Wohnhaus Else dos Santos im Wiener Cottageviertel (1929–1930), das Espresso-Café auf der Wiener Werkbundausstellung (1930) sowie das Wohn- und Geschäftshaus Arthur Soffer in der Wiener Innenstadt (1936). Die Projekte von Augenfeld und Hofmann wurden in namhaften Fachzeitschriften wie Moderne Bauformen, Innen-Dekoration oder Deutsche Kunst und Dekoration publiziert. Das Wochenendhaus von Maria Strauss-Likarz schaffte es 1932 bis in das US-Fachblatt House Beautiful[7], was dazu beitrug, dass die Wiener Wohnkultur der Zwischenkriegszeit bis über den Atlantik gelangte.

Für die Werkbundsiedlung 1932 arbeitete Augenfeld in Kooperation mit dem Architekten Oskar Strnad. Während Strnad das Doppelhaus Nr. 13–14 sowie das Interieur von Haus Nr. 14 zeichnete, übernahmen Augenfeld und Hofmann die Möblierung von Haus Nr. 13. In den Wohnensembles vermischen sich Eleganz und Funktionalität zur harmonischen Synthese. Als Assistent von Strnad sammelte Augenfeld auch Erfahrungen im Bühnenbild. So arbeitete er mit ihm 1932 an der Ausstattung von Max Reinhardts Inszenierung »Mirakel« im Londoner Lyceum Theatre.

Nach dem »Anschluss« Österreichs 1938 floh Augenfeld aufgrund seiner jüdischen Abstammung über London nach New York. Wie in Österreich arbeitete Augenfeld auch in den USA vermehrt als Innenarchitekt und Möbeldesigner. Aufgrund seiner Reputation und seinen Kontakten zu anderen österreichischen Exilanten konnte er schnell Fuß fassen. Neben diversen Strandhäusern auf Long Island war Augenfelds größtes Projekt das Stadthaus und die Bibliothek Buttinger (1956–1958) in Manhattan für seine Bekannte Muriel Gardiner-Buttinger und ihren Ehemann, den österreichischen Sozialisten Joseph Buttinger. 1966 heiratete Augenfeld im Alter von 73 Jahren die ebenfalls aus Wien stammende Kunstgewerblerin Anna Epstein-Gutmann. Augenfeld starb 1984 im Alter von 91 Jahren in New York. In Anlehnung an die Theorien von Oskar Strnad und Adolf Loos verfolgte Augenfeld in seiner Arbeit zeitlebens einen modernen Wohnkomfort, der Eleganz und Funktionalität verband und auf die Bedürfnisse der Auftraggeber bestmöglich einging. Mit seinen modernen und individuellen Architekturkonzepten zählte Augenfeld nicht nur zu den wichtigsten Protagonisten der Wiener Wohnkultur, sondern legte darüber hinaus auch eine internationale Karriere hin.

HERBERT EICHHOLZER

Der Architekt und Widerstandskämpfer Herbert Eichholzer (31. 1. 1903 Graz – 7. 1. 1943 Wien) wurde 1903 als zweites Kind der Handelsreisenden Karl und Adele Eichholzer in Graz geboren. Als Schüler schloss sich Eichholzer der lebensreformatorischen »Wandervogelbewegung« an. Die Idee von Freiheit und Gleichheit sowie die Verbundenheit zur Natur und dem Wandern begleitete Eichholzer zeitlebens. Nach der Matura begann er 1922 ein Architekturstudium an der TU Graz.[8] Prägend für ihn waren die Professoren Julius Schulte und Friedrich Zotter, die der jüngeren Architektengeneration angehörten und einen fortschrittlichen Kurs verfolgten. Besonders Zotter sollte auf Eichholzer nachhaltig wirken, so arbeiteten die beiden in den Dreißigern gemeinsam an verschiedenen Projekten, wie dem Haus Dr. Philipp Erlacher (1937) und dem Entwurf für den Österreichischen Pavillon für die Pariser Weltausstellung (1937).

Eichholzer war weltoffen, er bereiste Bulgarien, Italien, Frankreich, Griechenland, Äthiopien, Eritrea, Somalia und den Jemen. Politisch engagierte sich der Linksliberale für die Sozialdemokratische Arbeiterpartei, die in den Zwanzigern ihren Siegeszug antrat. 1928 schloss Eichholzer sein Architekturstudium ab. Mit gerade einmal 25 Jahren wird er Bauleiter für die Stahlhaus GmbH Duisburg in Griechenland. Die Arbeit scheint ihn wenig zu erfüllen, denn bereits 1929 ging er weiter nach Paris, wo er ein dreimonatiges Praktikum bei Le Corbusier und Pierre Jeanneret absolvierte und bei der Planung des Moskauer Zentrosojus mitwirkte. Die Zusammenarbeit mit dem französischen Stararchitekten Le Corbusier hinterließ bei Eichholzer einen prägenden Eindruck. Viele seiner späteren Bauten zeigen Anklänge an Le Corbusier und den Internationalen Stil, wie etwa die Wohnhäuser Engelbert Lind (1936) oder Herma Albrecher-Leskoschek (1937), die sachliche Nüchternheit mit moderner Funktionalität raffiniert verbinden.

Ab 1930 arbeitete Eichholzer als selbstständiger Architekt. Die Weltwirtschaftskrise machte es ihm nicht einfach. Neben der Wohnanlage in Judenburg (1930) konnte er zwei Interieurs planen. Über die Wohnung Franz Steiner (1931) schrieb Eichholzer in seinem Essay »Warum nicht Möbel aus heimischem Holz?«: »Die Eigenart jedes Holzes ist schön, man muss sie nur zur Wirkung bringen, darf sie nicht verstecken oder, was noch schlimmer ist, mit Edelholz imitieren wollen. Die einfachst gehaltenen Profilierungen sind durch Farbgebung (zinnober und weiß) leicht unterstrichen. Bei Stühlen und Bänken wurde vor allem Wert auf gutes Sitzen, auf Anlehnung an die Körpermaße gelegt. Die Formen sind dem an sich einfachen Material angepasst und bringen dieses dadurch zur erwünschten Wirkung.«[9] Eichholzers Gedanken zeigen, dass es dem Architekten nicht nur um modernes Wohnen ging, sondern auch um Nachhaltigkeit und Komfort. Seinem Credo »Volle Erfüllung des Zwecks und aus diesem heraus die Form«,[10] blieb Eichholzer zeitlebens treu.

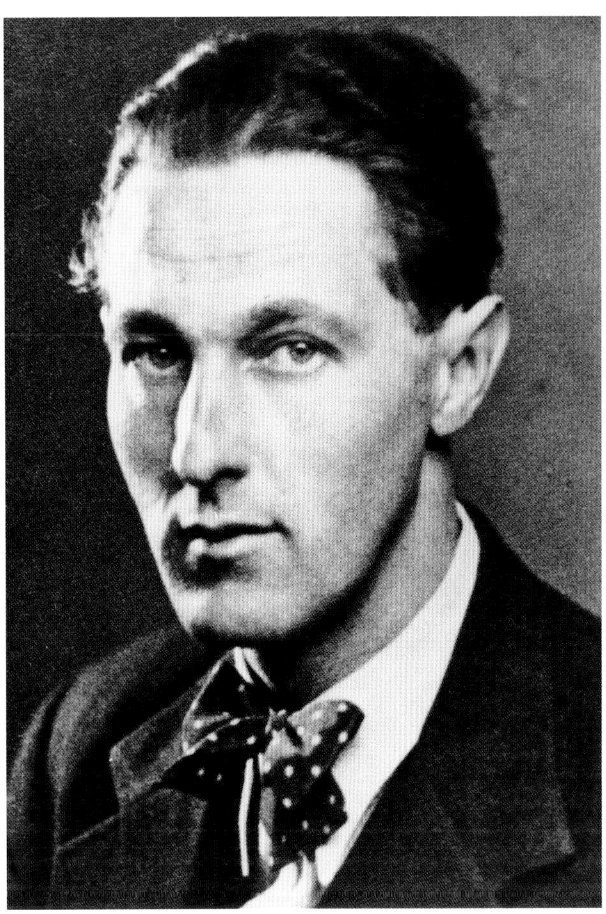

Abb. 38: Herbert Eichholzer (Eichholzer-Nachlass, Architekturarchiv Steiermark, TU Graz)

1931 fungierte Eichholzer als Bauleiter für Eugen Székelys Grazer Arbeitsamt, das damals zu den repräsentativsten Gebäuden der Stadt zählte. Im gleichen Jahr tat sich Eichholzer mit dem gleichaltrigen Architekten Rudolf Nowotny zusammen. So konzipierten sie unter anderen die Grazer Operngarage (1932) und den Bridge-Salon im Hotel Erzherzog Johann in Graz (1932), wo man moderne Materialien wie Glas und Stahl bewusst in Kontrast zu den Thonet-Armlehnstühlen setzte. 1932 ging Eichholzer für vier Monate nach Moskau, wo er sich neben Ernst May, Margarete Schütte-Lihotzky und anderen westlichen Architekten am sowjetischen Stadterweiterungsbau beteiligte. Dafür entwarf er die nicht realisierte Wohnanlage Obscheschitje Moskwa, eine Art Boardinghouse mit Fokus auf gemeinschaftliche Nutzflächen. Nach dem frühen Tod von Rudolf Nowotny 1933 bildete Eichholzer eine Arbeitsgemeinschaft mit Viktor Badl. Das Duo zeichnete mehrere Wohnungseinrichtungen und Einfamilienhäuser, darunter für Josef Exner (1933), Dr. Adolf Überbacher (1933) und Engelbert Lind (1936) in Graz. Die Architektur orientierte sich dabei an den zeitgenössischen Strömungen mit Hang zu klarer Formensprache und geometrischen Grundformen. 1935 erhielten Eichholzer und Badl den Staatspreis der Grazer Secession. Trotz kreativen Outputs blieben viele Entwürfe, darunter das Haus der Musik oder die Markthalle am Andreas-Hofer-Platz in Graz, wegen schwacher Wirtschaftslage nur Ideen am Reißbrett.

1936 wandelten Eichholzer und Nowotny ihre Arbeitsgemeinschaft in ein Büro um. Zu ihrem Mitarbeiterstab zählten unter anderen Fritz Hodnik und Anna-Lülja Simidoff, mit der Eichholzer in den Dreißigern auch eine Beziehung führte. Nach dem Anschluss Österreichs 1938 floh Eichholzer nach Paris. Noch im gleichen Jahr folgte er dem Ruf seines Freundes Clemens Holzmeister in die Türkei, um ihn bei seinen Projekten für die türkische Regierung zu unterstützen. Die Architektin Margarete Schütte-Lihotzky, die damals auch in der Türkei war, erinnerte sich:

> Wir rechneten mit Krieg. Wir berieten meine Mitarbeit im österreichischen Widerstand. […] Noch bevor ich mich in Istanbul an diese Leute wenden konnte, erschien im November 1938 bei uns in der Akademie ein scharmanter junger Mann, ein österreichischer Architekt. Er kenne mich dem Namen nach, komme aus Paris und arbeite bei Professor Clemens Holzmeister in Tarabya, einem Villenvorort am Bosporus. Das war meine erste Begegnung mit Herbert Eichholzer, der die Auslandsgruppe der KPÖ in der Türkei aufbaute, die für Widerstand in Österreich und seine Verbindung mit der Auslandsleitung von Bedeutung werden sollte.[11]

Eichholzer blieb zwei Jahre in der Türkei, ehe er 1940 nach Österreich zurückkehrte und sich als Widerstandskämpfer gegen das NS-Regime stellte. Schließlich wurde er verhaftet und wegen Hochverrat zum Tode verurteilt. Vor seiner Hinrichtung am 7. Jänner 1943 schrieb Eichholzer seine Verteidigungsschrift »Mein Weg«, worin er erklärt: »Ich will heimkehren! – aber nicht um mich zu bescheiden, sondern um mein Können dort einzusetzen, wo ich mein Bestes geben kann, in der die Zukunft bestimmenden Architektur.«[12] Eichholzer zählte zu den vielversprechendsten Architekturtalenten der steierischen Moderne der Zwischenkriegszeit. In Anlehnung an Le Corbusier galt er als konsequenter Vertreter des Internationalen Stils, wobei in seinen Wohn- und Raumkonzepten Behaglichkeit und Komfort, Funktionalität und Modernität in Einklang standen.

JOSEF FRANK

Josef Frank (15. 7. 1885 Baden bei Wien – 8. 1. 1967 Stockholm) zählte zu den innovativsten Architekten und Designern des 20. Jahrhunderts. Fern von Trends und Ismen verfolgte er eine individuelle Formensprache, die Tradition und Moderne, Zweck und Funktion, Eleganz und Wohnlichkeit auf harmonische Weise verband. Mit seinem Prinzip des »Akzidentismus« vertrat er die Meinung, »daß wir unsere Umgebung so gestalten sollen, als wäre sie durch Zufall entstanden«[13]. Frank wurde 1885 in Baden als Sohn einer jüdischen Kaufmannsfamilie geboren. Seine Eltern waren der aus Ungarn stammende Textilwarenhändler Ignaz Isak Frank (1851–1921) und die aus Wien stammende Kaufmannstochter Jenny Feilendorf (1861–1941). Frank hatte drei Geschwister, sein Bruder war der bekannte Physiker und Mathematiker Philipp Frank (1884–1966). Von 1903 bis 1908 studierte Frank Architektur an der Technischen Hochschule Wien.[14] Prägend für ihn war vor allem Karl König, der eine ganze Architektengeneration ausbildete und mit seiner Synthese aus Alt und Neu Frank nachhaltig beeinflusste. Nach dem Studium absolvierte Frank ein Praktikum beim Jugendstilarchitekten Bruno Möhring in Berlin, ehe er eine Studienreise nach Italien unternahm, um Material für seine 1910 verfasste Dissertation zu Leon Battista Alberti zu sammeln.[15]

1910 erhielt Frank seine ersten Aufträge als Raumgestalter. So entwarf er das Interieur für seine Schwester Hedwig (1887–1966) und deren Ehemann Karl Tedesko (1874–1945) im 3. Wiener Gemeindebezirk. Auffallend dabei ist der Stilmix aus Renaissance-Optik, skandinavischem Folklore-Dekor und der Rückgriff auf das Biedermeier. Diese freie und undogmatische Haltung sollte für Frank bezeichnend werden, da er der Auffassung war: »Man kann alles verwenden, was man verwenden kann.«[16] Dazu zählt auch die Raumgestaltung für die Schwedische Turnschule am Fleischmarkt 1 in der Wiener Innenstadt, bei der sich Franks Faible für dekorative Ornamentik widerspiegelte. 1912 war Frank Gründungsmitglied des Österreichischen Werkbunds. Im gleichen Jahr übernahm er die Ausstellungsarchitektur für das Museum für Ostasiatische Kunst in Köln. Für den Neubau entwickelte Frank ein modernes Layout in schmucklosem Weiß, bei dem freistehende Vitrinen die Exponate dreidimensional erfahrbar machten. Ihm war es wichtig, »jede persönliche Beeinflussung der ausgestellten Kunstwerke durch Farbenwirkungen oder durch malerische und geschmackvolle Anordnungen zu vermeiden«[17], so Frank.

1913 schloss sich Frank seinen ehemaligen Studienkollegen Oskar Strnad und Oskar Wlach an, Letzterer sah in Franks Raumensembles »die Lebendigkeit, die Beweglichkeit und den Ausdruck der Liebenswürdigkeit«[18]. Bis zum Ausbruch des Ersten Weltkriegs errichtete das Trio mehrere Villenbauten, wie etwa die Häuser Emil und Agnes Scholl (1913/14), Oskar und Hanny Strauss (1914) sowie Jakob und Julie Wassermann (1914). Nach dem Ersten Weltkrieg 1918 löste sich die Arbeitsgruppe auf, Frank arbeitete aber vereinzelt mit beiden Architekten weiter zusammen, so errichtete man mehrere Wohnanlagen im »Roten Wien«, wie etwa den Winarskyhof (1924/25) in Brigittenau oder den Leopoldine-Glöckel-Hof (1931/32) in Meidling. Mit Wlach

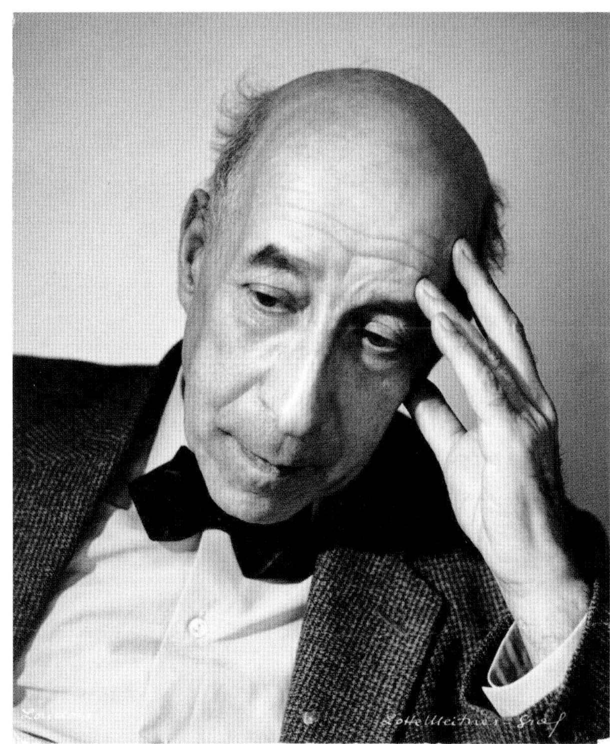

Abb. 39: Josef Frank (Bundesmobilienverwaltung, Wien)

konzipierte Frank auch das Haus für den Papierfabrikanten Hugo Bunzl in Döbling (1935). Daneben realisierte er Projekte mit Ernst Anton Plischke.

Als Humanist war Frank ein Verfechter der sozialen Siedlungs- und Gartenstadtbewegung, die diametral zum Superblock des kommunalen Wohnbaus stand. Nach dem Ersten Weltkrieg, wo Armut und Wohnungsnot herrschte, konnte Frank 1919 mit der Arbeiterkolonie Ortmann in Niederösterreich erstmals seine Ideen umsetzen. Dabei merkte er an: »Wenn es wahr ist, daß das schöne Heim nicht nur eine Auswirkung, sondern auch eine Quelle geistiger Verfeinerung ist, dann gehört die Frage der Wohnung in den Rahmen der Volksbildungs-Bestrebungen. Eine wilde, rohe Umgebung drückt auf die Dauer selbst den entwickelten Geist herab. Das steht fest. Vielleicht ist auch das Gegenteil wahr, daß nämlich eine gepflegte Häuslichkeit auf die Dauer auch den niederen Geist hebt.«[19] Von 1919 bis 1926 unterrichtete Frank Baukonstruktionslehre an der Wiener Kunstgewerbeschule. 1925 gründete er mit Walter Sobotka und Oskar Wlach die Einrichtungsfirma

Haus & Garten, deren Sortiment von Stoffen und Einzelmöbeln bis hin zu kompletten Wohnungseinrichtungen und Gartengestaltungen reichte. 1927 verwirklichte Frank sein erstes Projekt in Schweden, das Haus Axel und Sighild Claëson in Falsterbo. Im selben Jahr wurde Frank als einziger Österreicher zur Teilnahme an der Stuttgarter Weißenhofsiedlung eingeladen, wo er mit seinem modernen Doppelwohnhaus an die Internationale Moderne eines Le Corbusiers und Ludwig Mies van der Rohes anknüpfte. 1928 fungierte Frank als Mitbegründer der Congrès Internationaux d'Architecture Moderne (CIAM). Ein Jahr später entwarf er mit Oskar Wlach eine Villa für das Industriellenpaar Julius und Margarete Beer in Hietzing, die ganz Franks Credo entsprach, »Ein gut organisiertes Haus ist wie eine Stadt anzulegen mit Straßen und Wegen, die zwangsläufig zu Plätzen führen, welche vom Verkehr ausgeschaltet sind, so daß man auf ihnen ausruhen kann.«[20] Die Villa Beer verbindet Modernität und Wohnkomfort auf eindrucksvolle Weise und zählt zu den Architekturjuwelen der österreichischen Zwischenkriegszeit. 1932 war Frank federführend bei der Gesamtplanung der Wiener Werkbundsiedlung in Hietzing, wobei er auch ein eigenes Wohnhaus realisierte (Nr. 12).

Aufgrund des aufkeimenden Antisemitismus ließ sich Frank 1933 mit seiner schwedischen Ehefrau Anna Sebenius (1880–1957) in Stockholm nieder. Ab 1934 arbeitete er als Designer für das schwedische Einrichtungshaus Svenskt Tenn, dem er bis zu seinem Tod 1967 treu blieb. Gemeinsam mit der Firmengründerin Estrid Ericson (1894–1981) schuf Frank als Chefdesigner zahlreiche Entwürfe für Möbel und Textilien. Erste internationale Beachtung fand das Duo auf der Pariser Weltausstellung 1937, wo Frank und Ericson eine Gartenterrasse präsentierten. Die Teilnahme an der New Yorker Weltausstellung zwei Jahr später bestätigte Frank als Pionier des schwedischen Möbeldesigns der Moderne.

Als Vertreter einer humanen Architektur kultivierte Frank zwischen Adolf Loos und Josef Hoffmann eine unprätentiöse Moderne, die für freie Stilvielfalt stand. Als Funktionalismus-Kritiker war er gegen eine universale Normierung. Seine Ideen und Entwürfe strebten nicht nach radikaler Neuheit, bei seinen zeitlosen Raumkonzepten orientierte er sich stets an den Bedürfnissen der Bewohner. Als Architekt und Designer prägte Frank nicht nur die Wiener Wohnkultur der österreichischen Zwischenkriegszeit, sondern setzte mit seiner Auswanderung nach Schweden auch internationale Impulse.

HENRY P. GLASS

Der Architekt und Designer Henry Peter Glass (24. 9. 1911 Wien – 27. 8. 2003 Northfield, Illinois) wurde am 24. September 1911 in Wien als Heinrich Glaß geboren. Seine Eltern waren jüdischer Herkunft. Der Vater, Ernst Glaß (1869–1944) war Arzt in Wien-Josefstadt. Von 1929 bis 1936 studierte Glaß Architektur an der Technischen Hochschule Wien.[21] Während der Studienzeit sammelte er erste praktische Erfahrungen bei der Carl Korn Baugesellschaft. Daneben arbeitete er für seinen Professor Siegfried Theiss, der mit Hans Jaksch ein Architekturbüro führte. Neben Gemeindebauten für das Rote Wien errichtete Theiss & Jaksch Anfang der Dreißiger das erste Wiener Hochhaus in der Herrengasse 6–8 in der Wiener Innenstadt. Für das hochmoderne Prestigeprojekt zeichnete Glaß mehrere Details. Während sich Architekten der Wiener Moderne wie Josef Frank und Oskar Strnad gegen den Bau aussprachen, waren Felix Augenfeld und Karl Hoffmann als Interior Designer für das Haus im Einsatz.

Nach Abschluss seines Studiums machte sich Glaß 1936 als Architekt selbstständig. Zu seinen ersten großen Aufträgen zählte ein Miethaus für seinen Großvater Max Zaitschek in Olmütz, der Eigentümer einer Holzfirma war. Daneben entwarf er ein kleines Schuhgeschäft für Lilly und M. Landstein in der Brünnerstraße 40 im 21. Wiener Gemeindebezirk (1932) sowie mehrere Wohnungseinrichtungen für Dr. Arthur Bassel (1935), die Schauspielerin Christl Mardayn (1936), Dr. Ludwig Krausz (1937) und Dr. Grosz (1937) in den inneren Bezirken. Die von Glaß entworfenen Interieurs gehen einher mit der Wiener Wohnraumkultur der Zwischenkriegszeit, die funktionale Modernität mit heimeliger Wohnlichkeit kombinierte. Erwähnenswert ist auch die Wohnung Dr. Rudolf Tersch (1936) in der Tendlergasse 15–17 im 9. Wiener Gemeindebezirk. Für sein Honorar bekam Glaß eine fünfjährige Mietbefreiung für eine Wohnung im Haus, die er für sich und seine zukünftige Ehefrau, die Schneiderin Eleonore »Elly« Christine Knopp (1915–2010), einrichtete. Rückblickend erinnerte sich Glass: »Wir haben unsere Wohnung eingeweiht, unsre kleine Dachwohnung, und da haben wir eine Menge Leute gehabt, unter anderem auch von der Bühne. Und die haben gesungen und getanzt und g'soffen und es ist ziemlich zugegangen. Da haben sich wahrscheinlich einige Parteien beschwert, und die Polizei ist gekommen. Die haben die Mardayn und alle die Berühmtheiten gesehen und haben sich nicht getraut einzuschreiten. Sie haben sich mit uns hingesetzt, mitg'soffen und getanzt!«[22]

Nach dem Anschluss Österreichs 1938 wurde Glaß aufgrund seiner jüdischen Abstammung verhaftet und in die Konzentrationslager Dachau und Buchenwald überstellt. Unter der Bedingung der sofortigen Auswanderung wurde er im Jänner 1939 aus der Haft entlassen. Im Februar 1939 emigrierte er nach New York und nannte sich in Folge Henry P. Glass. Aufgrund seines Talents fand er schnell eine Anstellung beim US-amerikanischen Designer Gilbert Rohde. Bei Rohde, der auf der New Yorker Weltausstellung 1939–1940 vertreten war und für »Herman Miller Furniture Company« arbeitete, sammelte Glass Erfahrungen im Bereich Industriedesign – ein Thema, das ihn in den USA verstärkt beschäftigte. Mit seiner Ansage »Es wird keine Plüschsofas mit geschnitzten Rahmen mehr geben und keine fetten, übergepolsterten Clubsessel, keinen Staub und keine Motten«[23], versuchte Glass die amerikanische Wohnraumkultur zu revolutionieren und zu modernisieren.

Nach kurzen Zwischenstopps beim Architekten Morris B. Sanders, dem Interior Designer William Wright Crandall und dem Bühnenbildner Boris Aronsson machte Glass 1940 die Bekanntschaft mit

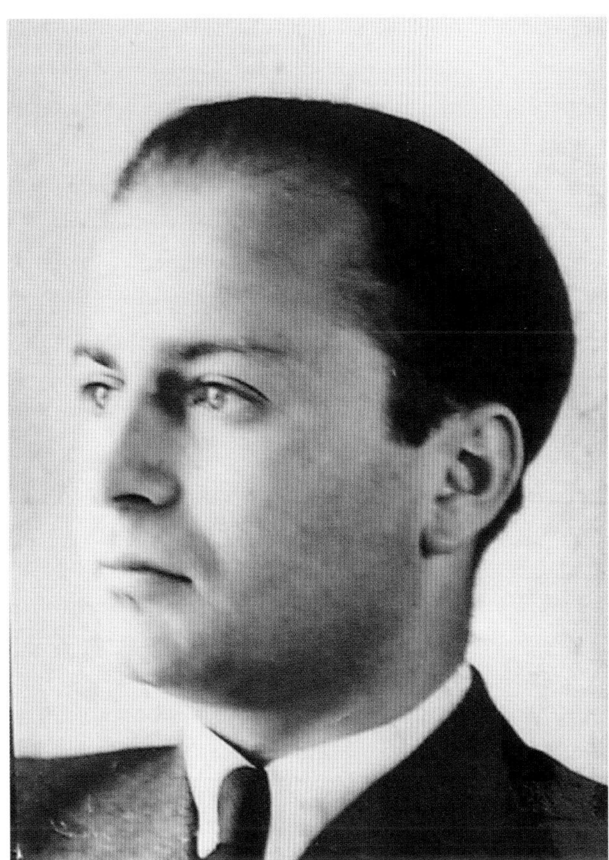

Abb. 40: Henry P. Glass (Familienbesitz)

Russel Wright, der zu den führenden Industriedesignern der amerikanischen Moderne zählte. Wright arbeitete damals an der Kollektion *American Way*, einer Produktlinie von Möbeln und Geschirr. Für die Entwicklung beauftragte er mehrere Designer. Glass entwarf dafür die sogenannten »Hairpin Legs« – schlanke Möbelfüße aus gebogenem Eisen. Während des Zweiten Weltkriegs waren Ressourcen knapp, mit dem minimalem Materialeinsatz traf Glass den Puls der Zeit. Schnell entwickelte sich daraus ein Trend – Designerinnen wie Florence Knoll oder Dorothy Schindele übernahmen die Idee und entwickelten sie weiter. Längst sind die Haarnadelbeine zu einem Designklassiker des Mid-Century modern geworden. Der Erfolg machte Glass in den USA weiter bekannt.

Nachdem Glass ein Jobangebot von der Displayfirma W. L. Steensgard erhielt, übersiedelte er 1942 nach Chicago. Bis 1945 arbeitete er für das Unternehmen. Neben Verkaufshilfen entwickelte Glass Büro- und Wohnungsmöbel und erhielt Aufträge vom US-Militär. Daneben besuchte er die von László Moholy-Nagy 1939 gegründete School of Design in Chicago. 1946 eröffnete Glass sein eigenes Studio im American Furniture Mart und begann an der School of the Art Institute of Chicago Industriedesign zu unterrichten, wo er bis 1967 Professor war.[24] Neben der Entwicklung aufblasbarer Möbel und Fertighäuser in Modulbauweise stellte Glass 1947 das Gebäude für die Werbefirma Kling Studios in Chicago fertig. Ein Jahr später baute er für sich und seine Familie ein Eigenheim in Northfield, einem Vorort von Chicago. In Anlehnung an Buckminster Fuller und George Fred Keck stellt das Gebäude eines der ersten Solarhäuser in den USA dar.

Glass arbeitete bis weit in die 1990er-Jahre hinein. 1996 veröffentlichte er sein Buch »The Shape of Manmade Things«, wo er seine sechs Kriterien für ein gutes Design zusammenfasste: 1. Funktion: Dient das Objekt dem Zweck, für den es gemacht ist? 2. Ästhetik: Sind die visuellen und taktilen Merkmale (Proportionen, Ausgewogenheit, Textur, Farbe) für die menschlichen Sinne angenehm zu erkennen? 3. Angelegenheit: Wurde das richtige Material ausgewählt und richtig verwendet? 4. Prozess: Bringt das Objekt die Methode zum Ausdruck, mit der es hergestellt wurde, von Hand oder maschinell? 5. Ökologie: Ist das Objekt und seine vorgesehene Verwendung für die Umwelt von Vorteil? Ist es recycelbar? 6. Originalität: Handelt es sich bei der Form und dem Zweck des Objekts um ein neues Konzept, eine Erfindung, die Kopie einer alten Idee oder die Nachahmung von etwas anderem?[25] Ob Häuser und Möbel oder Autos und Alltagsgegenstände – Glass' Kreativität und Fantasie war grenzenlos, was sich auch in seinen 52 Patenten widerspiegelt.[26] Als innovativer Designer verstand es Glass Modernität und Funktionalität zu vereinen, wobei er mit seinem ökologischen und nachhaltigen Grundgedanken seiner Zeit weit voraus war.

HUGO GORGE

Hugo Gorge (31. 1. 1883 Botenwald – 25. 12. 1934 Wien) wurde 1883 als Sohn jüdischer Eltern in Nordmähren geboren. Sein Vater Moritz Gorge (1847–1908) war Privatier. Nach der Staatsgewerbeschule in Brünn besuchte Gorge von 1906 bis 1908 als außerordentlicher Hörer die Technischen Hochschule Wien.[27] Von 1907 bis 1910 studierte er Architektur an der Akademie der bildenden Künste Wien bei Friedrich Ohmann.[28] 1910 wurde ihm von der Akademie der Rompreis verliehen, der ihm einen zweijährigen Aufenthalt in Rom ermöglichte. Noch während seines Studiums arbeitete Gorge im Büro von Friedrich Ohmann, wo er Oskar Strnad kennenlernte. 1911 wurde Gorge Assistent von Strnad an der Wiener Kunstgewerbeschule.[29] Im gleichen Jahr nahm er mit Strnad, Josef Frank und Viktor Lurje an der Ausstellung »Österreichisches Kunstgewerbe« 1911/12 im Österreichischen Museum für Kunst und Industrie (heute MAK) teil. 1912 gewann Gorge den Architekturwettbewerb für eine Hietzinger Synagoge, der Ausbruch des Ersten Weltkriegs machte die Realisierung allerdings zunichte. Gorges einzig ausgeführtes Projekt bis zum Zerfall der Donaumonarchie war ein Wohnhaus in der Laimgrubengasse 4 im 6. Wiener Gemeindebezirk im Jahr 1916.[30]

Nach dem Ende des Ersten Weltkriegs konzentrierte sich Gorge aufgrund der Baustagnation und schwierigen Auftragslage auf die Gestaltung von Möbeln, Interieurs und kunstgewerblichen Erzeugnissen. So war er Kreativdirektor der 1919 gegründeten Einrichtungsfirma Kunst und Wohnung R. Lorenz in der Josefstädter Straße 21 im 8. Wiener Gemeindebezirk. Als Gegenstand des Unternehmens wurde die »Erzeugung, Ankauf und Vertrieb von Möbeln, Kunstgewerbe- und Einrichtungsgegenständen, Einkauf und Vertrieb von Antiquitäten und Kunstgegenständen aller Art, endlich der Betrieb aller zur Förderung dieser Zwecke dienenden Gewerbe und Geschäfte« angegeben.[31] Daneben entwarf Gorge Möbelbeschläge und Türklinken für die Wiener Werkstätte, Luster für Melzer & Neuhart sowie Keramikerzeugnisse für

Wienerberger. Mit seinen Möbeln und Interieurs war Gorge in zahlreichen Ausstellungen präsent. In der »Kunstschau« 1920 präsentierte er mehrere Möbelstücke, ausgeführt von der Tischlerei Franz Krejci. Im gleichen Jahr war er mit Kunst und Wohnung R. Lorenz mit einem Schlaf- und Wohnzimmer in der Ausstellung »Einfacher Hausrat« im Österreichischen Museum für Kunst und Industrie vertreten. 1923 nahm er an der Werkbundausstellung »Die Form« in Stuttgart teil und 1925 an der »Exposition internationale des arts décoratifs et industriels modernes« in Paris, wo sich die Speerspitze der internationalen Moderne versammelte. Neben seiner regen Ausstellungstätigkeit wurden Gorges Wohnensembles in Fachzeitschriften wie Der Architekt, Innen-Dekoration, Deutsche Kunst und Dekoration und The Studio publiziert.

Über das bürgerliche Wohnen schrieb Gorge:

> Die Behaglichkeit eines Raumes wird durch seine Maße, die harmonischen Beziehungen zwischen Wand und Decke, das Verhältnis zwischen Türen, Fenster und Ofen bestimmt. Ist diese Grundlage nicht vorhanden oder nicht zu schaffen, so ist jede Mühe, den Raum durch seine »Einrichtung« behaglich zu machen, erfolglos. Im strengen, architektonischen Raum früherer Zeiten bewegten sich auch die Menschen in feierlich repräsentativer Weise. Die Zeiten haben sich geändert. Der Mensch unserer Tage ist weniger konventionell, freier in seinem Wesen, seiner Gebärde, seinen Bewegungen geworden. In der neuzeitlichen Wohnung muss infolge dieser Ungezwungenheit und Absichtslosigkeit der Bewegungen des jetzigen Menschen das Wohn-Gerät in ein ganz anderes Verhältnis zu uns treten. Wir wollen die Möbel nicht mehr in starrer, architektonischer Gebundenheit, sondern als »Möbel« im engeren Sinn, als ›Mobilia‹ […] In dieser neuzeitlichen Bürger-Wohnung ergibt sich von selbst eine Einschränkung der Möbel auf das unumgänglich Notwendige. Auf gute Tische, Sessel und Liege-Möbel wird in erster Linie Wert zu legen sein. Der kulturelle Gewinn solcher Einschränkung wird sich vor allem darin zeigen, daß, wenn wir wieder wenige, aber gute Möbel in unseren Wohnungen haben, wir wieder eine innigere Beziehung zu diesen Einrichtungs-Stücken unseres Heims herstellen können.[32]

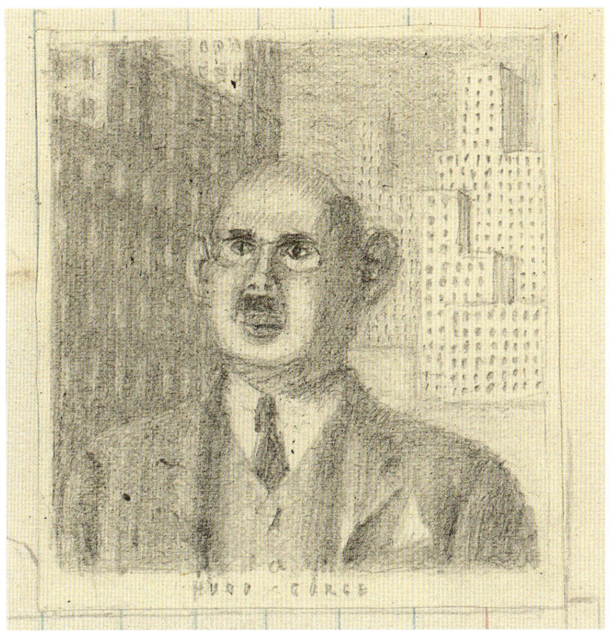

Abb. 41 : Hugo Gorge, gezeichnet von Viktor Lurjel (MAK – Museum für angewandte Kunst Wien)

Der Kunsthistoriker Max Eisler fand, sein »Werk kommt, wenn man will, vom Möbel her, jedenfalls ist es von diesem Ausgangspunkt am besten zu verstehen. Daß dabei der Wohnraum immer das Ziel bleibt, ist innerhalb der modernen Schule, in der er steht, nur selbstverständlich und erscheint uns für den Charakter seiner Arbeit weniger wichtig. Denn schon sein Möbel ist so beschaffen, daß es je nach seiner Zusammenstellung einen immer andern, immer wohnlichen Raum ergibt. Schon sein Möbel ist Raumform.«[33] Neben Möbel und Wohnungseinrichtungen plante Gorge im »Roten Wien« eine Reihe von Gemeindebauten, teils alleine, teils mit Architektenkollegen. So realisierte er mit Franz Kaym und Alfons Hetmanek den Friedrich-Engels-Hof und den Karl-Höger-Hof in Simmering (1925–1926). Mit Hugo Mayer konzipierte er die Wohnanlage in der Breitenseerstraße 110–112 im 14. Wiener Gemeindebezirk (1930/31). Daneben plante er den Gemeindebau in Neustift am Walde 69–71 im 19. Wiener Gemeindebezirk (1930/31).

1932 entwarf Gorge für die von Josef Frank initiierte Werkbundsiedlung das Doppelhaus Nr. 43–44 in der Woinovichgasse 1–3 in Hietzing. Die dreigeschossigen Musterhäuser verfügten über die gleiche Raumaufteilung mit nahezu quadratischem Grundriss, wobei die Straßenfassade aufgrund der hohen Fenster einen vertikalen Charakter vermittelte, hingegen die Gartenfassade mit breiten Fenstern die Horizontale betonte. Während die Nutzräume Richtung Straßenfassade zeigten, öffnete sich der Wohnraum Richtung Garten. Die Einrichtung von Haus Nr. 43 übernahm Gorge selbst, wobei er teils mit Einbaumöbeln arbeitete. Das wohnliche Ambiente im Innenraum stand dabei in Kontrast zur sachlich-nüchternen Fassade. Ein ähnliches Prinzip verfolgte Gorge auch bei der Planung seines Eigenheims in der Fleschgasse 8 in Hietzing (1933/34), wo die Fassade mit wenigen Fenstern den Eindruck der hermetischen Abgeschlossenheit vermittelte. Zum Einfamilienhaus schrieb Gorge: »Das Wohnen im einzeln hergestellten Einfamilienhaus muss frei von doktrinärem Purismus bleiben. Für ein solches Haus gelten nicht die Beschränkungen des kollektiven Bauens und Wohnens, sondern vielmehr das Bestreben, sich weitestgehend nach eigenem Gutdünken sein Leben einzurichten. Der Purismus ist hier aber in einem anderen Sinne wirksam. Er ist die Grundlage für die innere Harmonie des Bewohners und damit ein Bekenntnis zur unzerstörbaren Freude am Leben.«[34] Kurz nach der Fertigstellung seines Hauses starb Gorge 51-jährig nach langer Krankheit. Seine Witwe und seine drei Kinder bewohnten das Haus bis zu ihrer Emigration nach London 1938.

Als Architekt und Designer gab Gorge mit seinen Möbelentwürfen und Wohnungseinrichtungen der österreichischen Zwischenkriegszeit wesentliche Impulse. Seine Formensprache war geprägt vom Formenkanon der Moderne, wobei er die Tradition berücksichtigte, so schrieb er: »Nur die Inspiration durch die Gegenwart kann fruchtbar sein für unser Schaffen. Das gute Alte ehren wir, weil es auf gleiche Weise entstanden ist.«[35]

WALTER LOOS

Der Architekt und Designer Walter Loos (12. 1. 1905 Wien – 11. 3. 1974 Buenos Aires) wurde 1905 in Wien geboren. Sein Vater Franz Loos (1873–1944) führte ein Geschäft für Beschläge in der Felberstraße 24 in 1150 Wien. Mit bereits 15 Jahren besuchte Loos Kurse bei Franz Čižek, Rudolf von Larisch und Carl Witzmann an der Wiener Kunstgewerbeschule, wo er schließlich von 1922 bis 1925 Architektur bei Josef Frank und Josef Hoffmann studierte.[36] Hier lernte Loos seine zukünftige Ehefrau, Elfriede (Friedl) Steininger (1905–2000), kennen, die später als Friedl Loos eine Karriere als Modedesignern machte. 1925 reiste Loos für einige Monate nach Paris, wo er Einblicke in Adolf Loos' Atelier gewann, der zu diesem Zeitpunkt am Haus für Tristan Tzara in Paris arbeitete.

Nach dem Studium ging Loos nach Würzburg, wo er sich mit dem deutschen Architekten Peter Feile am Wohn- und Siedlungsbau beteiligte. Loos und Feile kannten sich noch aus Wiener Tagen bei Josef Hoffmann. Wie Feile, so war auch Loos ein Befürworter des »Neuen Bauens« – eine Bewegung, die soziale, funktionale und ökonomische Prinzipien zu vereinen versuchte. Mit Feile arbeitete Loos an der Lerchenhainsiedlung (1929–1930) und am Doppelhaus Labusch/Jakob (1932) in Würzburg. Parallel zu seiner Tätigkeit in Deutschland errichtete Loos die Wohnhäuser Karl und Ottilie Bugner (1928/30) und Friedrich Hillebrand und Johanna Wörhl (1929/30) im Nobelviertel Hietzing.[37] Daneben inskribierte Loos im Studienjahr 1930/1931 Volkswirtschaftslehre und Verwaltungsrecht an der Technischen Hochschule Wien – ein Beleg, dass Loos die Ziviltechnikerprüfung ablegen wollte. Fächer aus dem engeren Bereich der Architektur besuchte er nicht.[38]

1932 beteiligte sich Loos an der Wiener Werkbundsiedlung. Mit nur je 33 Quadratmeter Grundfläche stellen seine beiden Reihenhäuser in der Woinovichgasse 24–26 die kleinsten Bauten der Werkbundsiedlung dar. Wie die Fassade, so ist auch der Innenraum auf eine funktionale und ökonomische Formensprache ausgerichtet. Küche und Vorraum wurden klein gehalten, wodurch der angrenzende Wohnraum an maximaler Größe gewann. Auch das Obergeschoss wurde effizient geplant. So verfügen die beiden Schlafzimmer über einen direkten Zugang zum mittig ausgerichteten Bad und WC. Während Loos bei der Einrichtung von Haus Nr. 20 mit Mobiliar von Josef Frank und der Firma Thonet spielte, übernahm sein Arbeitskollege Peter Feile die Ausstattung von Haus Nr. 19.

In den Dreißigern plante Loos eine Reihe von Einfamilienhäusern in kubischer Formensprache mit Flachdach. Beispielhaft dafür ist neben dem Haus Aladar Nagypál (1933) und dem Haus Otto und Hedwig Lenz (1936) das Wohnhaus Adolf Luser in Kritzendorf (1936). Zur Architektur fand die Journalistin Gisela Urban poetische Worte: »Man kann in diesem Haus beliebig wo stehen, sitzen, ruhen; immer kann das Auge das Himmelslicht trinken, den Horizont dort, wo er Berge und Wälder küsst, umfangen, immer kann das Ohr inmitten köstlicher Ruhe die wohltätig anregenden Stimmen der Natur vernehmen.«[39] Für das Haus des Musikers Alexander Zemlinsky in Döbling erhielt Loos einen Preis auf der »Triennale« in Mailand 1933. Der Kunsthistoriker Max Eisler sah in Loos »eine der saubersten und erfreulichsten Begabungen unter den jüngeren Wiener Architekten.«[40]

Neben seinen Bauten machte sich Loos auch einen Namen als Innenarchitekt. So gestaltete er die Wohnungen für Ida Spira (1930) und einem gewissen Direktor Hofmann (1932/33). Am besten dokumentiert ist die Wohnung für Elisabeth »Lisl« Pospisil am Schwarzenbergplatz 12 in der Wiener Innenstadt (1935). Neben Entwurfszeichnungen haben sich ein Armlehnstuhl, ein Servierwagen und eine Liege erhalten, die sich heute im Hofmobiliendepot befinden.[41] Zu den nicht realisierten Projekten zählte ein Haus für den Musiker Alban Berg, die Umgestaltung des Pratergeländes gemeinsam mit Jacques Groag und Walter Sobotka sowie eine Studie für die Wohnentwicklung im Kahlenbergerdorf. Breite Anerkennung erfuhr Loos 1937 durch die Ernennung zum österreichischen Delegierten des Congrès Internationaux d'Architecture Moderne (CIAM), der

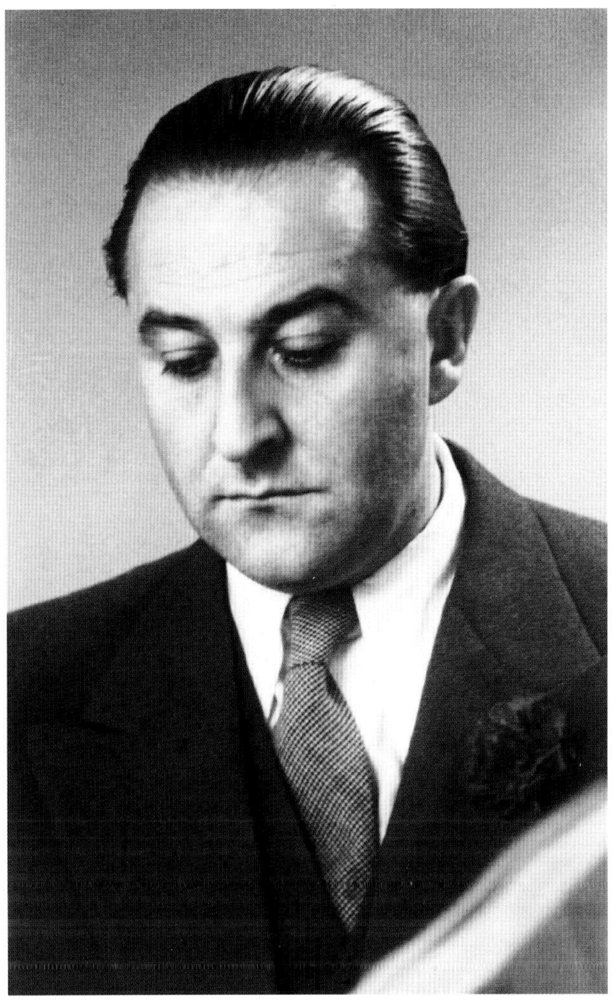

Abb. 42: Walter Loos (AzW – Architekturzentrum Wien)

damals wichtigsten Architekturvereinigung der internationalen Avantgarde.

Nach der Machtübernahme der Nazis 1938 ging Loos mit seiner Partnerin Elfriede Steininger nach London. Richtig Fuß fassen konnte das Paar dort nicht, da man ihnen als Österreicher nach dem Anschluss wenig Sympathie entgegenbrachte. 1940 reisten sie weiter nach New York, wo bereits die Weltausstellung wartete. Mit Raumentwürfen für die Firma Rena Rosenthal war Loos 1940 in der Ausstellung »Contemporary American Industrial Art« im Metropolitan Museum of Art vertreten. Im gleichen Jahr erhielt er den ersten Preis für einen Lampenentwurf in der Ausstellung »Plastic Competition« in New York. Wegen strenger Einwanderungsgesetze und der fehlenden Arbeitserlaubnis musste das inzwischen verheiratete Ehepaar Loos die USA verlassen. 1940 emigrierten sie nach Buenos Aires, wo sie eine neue Heimat fanden. Da Loos' Ausbildung als Architekt in Argentinien nicht anerkannt wurde, konzentrierte er sich auf die Ausstattung von Wohnungen und Geschäften. Zu seinen ersten Aufträgen zählte der Modesalon für seine Frau Friedl Loos in Buenos Aires (1942). Weitere Filialen folgten im Badeort Mar del Plata (1943) und Buenos Aires (1944). Schon bald nach seiner Ankunft in Argentinien gründete Loos mit dem Unternehmer Max Thurn das Atelier Ltda, das sich auf Möbel und Leuchten spezialisierte. Thurn rückblickend: »Zum ersten Mal wurden in Argentinien gute, moderne Möbel aus bestem Material in glatten Formen ohne jede Verzierung angeboten. Erste Preise bei Ausstellungen brachten die von uns erhoffte öffentliche Anerkennung, der kommerzielle Erfolg blieb uns aber auf Dauer versagt.«[42] Nach Meinungsverschiedenheiten und schlechten Verkaufszahlen trennten sich Loos und Thurn nach zwei Jahren. Viele von Loos' Auftraggeber waren selbst Emigranten. Auch wenn Loos an seine großen Erfolge in Wien nicht wirklich anknüpfen konnte, realisierte er in Argentinien eine Reihe von Projekten, darunter das Haus Patio in Mar del Plata (1943), das Doppelhaus Highlandpark in Chapadmalal (um 1952), die Wohnung Blauhorn in Buenos Aires (vor 1953), das Haus Valerio in Ingeniero Maschwitz (1959) und die Wohnung Landesberger (1962).[43] Als Architekt und Designer setzte Loos wichtige Impulse für die Moderne. Fern von Bauhaus und dem ästhetischen Gesamtkunstwerk propagierte er in Anlehnung an Josef Frank ein modernes und soziales Wohnen, dass auf die individuellen Bedürfnisse seiner Bewohner einging. Bei Loos vermischen sich Modernität und Funktionalität mit Eleganz und Bequemlichkeit auf raffinierte Weise.

ERNST ANTON PLISCHKE

Der Architekt Ernst Anton Plischke (26. 6. 1903 Klosterneuburg – 23. 5. 1992 Wien) wurde 1903 in Klosterneuburg geboren. Das Interesse an der Architektur wurde schon früh durch sein Elternhaus geweckt. Sein Vater war der Architekt und Baurat Anton Plischke (1875–1949), seine Mutter Emma (geb. Pflanzer) (1880–1966) stammte aus einer Tischlerfamilie. Nach dem Schulabschluss machte Plischke 1918 ein einjähriges Praktikum in der traditionsreichen Kunsttischlerei Michael Niedermoser & Sohn im 5. Wiener Gemeindebezirk. Hier freundete er sich mit dem Sohn des Inhabers, dem späteren Architekten Otto Niedermoser an. Von 1919 bis 1923 studierte Plischke Architektur an der Kunstgewerbeschule bei Oskar Strnad und Josef Frank.[44] 1923 wechselte er an die Akademie der bildenden Künste Wien. Neben dem Studium sammelte Plischke Erfahrungen beim Architektenduo Heinrich Schmid und Hermann Aichinger sowie bei Gottlieb Michal. Noch während seiner Studienzeit richtete sich Plischke neben seinem Studienkollegen Max Frey (1902–1955), der Plischkes Schwester Margarethe (Grete) (1906–1998) heiratete, ein Atelier in der Marxergasse 1 im 3. Wiener Gemeindebezirk. 1926 schloss Plischke sein Studium bei Peter Behrens an der Akademie ab. Dieser konstatierte seinem Schützling: »Es ist ohne Zweifel, daß man von seiner weiteren künstlerischen Entwicklung viel Gutes erwarten darf, da er auch mit dem nötigen Ernst an die technischen und konstruktiven Aufgaben herantritt.«[45]

Nach dem Studium arbeitete Plischke 1926 kurzeitig beim Architekten Karl Ehn, der gerade mit der Planung des Karl-Marx-Hofs beschäftigt war. Noch im gleichen Jahr folgte er der Einladung seines ehemaligen Professors Peter Behrens, in dessen Architekturbüro mitzuarbeiten. Parallel kümmerte er sich als Tutor um dessen amerikanischen Studenten William Muschenheim (1902–1990). Im Frühjahr 1927 wechselte Plischke in das Atelier von Josef Frank, wo er ihm bei Planungen am Haus Robert und Anna Lang in Döbling (1927/28) und dem Gemeindebau in der Sebastian-Kelch-Gasse 1–3 in Penzing (1928) unterstützte. Neben Wohnbauten realisierte Plischke in den Zwanzigern eine Reihe von Innenraumgestaltungen, darunter die Wohnung Max und Grete Frey in Klosterneuburg (1925), die Wohnung

Dr. Friedrich Neubauer im 8. Wiener Gemeindebezirk sowie die Wohnung für die Keramikerin Lucie Rie in der Wiener Innenstadt (1928), deren Mobiliar sich heute im Besitz des Möbelmuseums befindet.

Im Frühjahr 1929 reiste Plischke mit seinem Studienkollegen William Muschenheim in dessen Heimatstadt New York. Nach dem Börsencrash im Oktober 1929 sah sich Plischke gezwungen, die Heimreise nach Wien anzutreten. Bei der Rückreise besuchte er Le Corbusier in Paris. 1930 erhielt Plischke den Auftrag für das Arbeitsamt Liesing im 23. Wiener Gemeindebezirk. Für seine progressive Architektursprache aus Stahl und Glas lehnte er sich an Le Corbusier und den Internationalen Stil an. Der Bau zählt zu Plischkes wichtigsten Werken und setzte neue Maßstäbe für die Wiener Moderne. Ähnlich radikal ging es mit seinen Reihenhäusern Nr. 35–36 für die von Josef Frank organisierte Werkbundausstellung 1932 weiter. Plischkes hellblau gestrichene Gebäude zeichnen sich durch eine horizontale Betonung sowie eine Loggia und Terrasse an der Gartenseite aus. Anders als Josef Frank oder Oskar Strnad sah Plischke seine Interieurs stets als Teil der Architektur, wobei er Fixbauten mit nur wenigen freien Möbeln ergänzte. Der Kunsthistoriker Max Eisler beschrieb Plischkes Kreationen einmal so: »Es ist das Werk eines mathematisch, ja mechanisch exakten und ersten Geistes, der – irren wir nicht – für die Wiener Baukunst eine neue charaktervolle Energie, ein Ferment ihres Fortschritts bedeutet.«[46]

1935 heiratete Plischke die jüdischstämmige Gartenarchitektin Anna Schwitzer (1895–1983), die er während des Umbaus ihres Hauses mit ihrem damaligen Ehemann Dr. Robert Lang kennengelernt hatte. Nach dem »Anschluss« Österreichs 1938 emigrierte Plischke mit seiner Familie nach Wellington in Neuseeland. Von 1939 bis 1947 arbeitete er im Staatsdienst für das Departement of Housing Construction in den Abteilungen Wohnbau und Stadtplanung. Neben diversen Wohnblöcken entwarf er unter anderen das Abel Tasman Monument in Tarakohe (1942), das anlässlich des 300. Jahrestages der Entdeckung Neuseelands errichtet wurde. Gemeinsam mit Cedric Harold Firth gründete Plischke

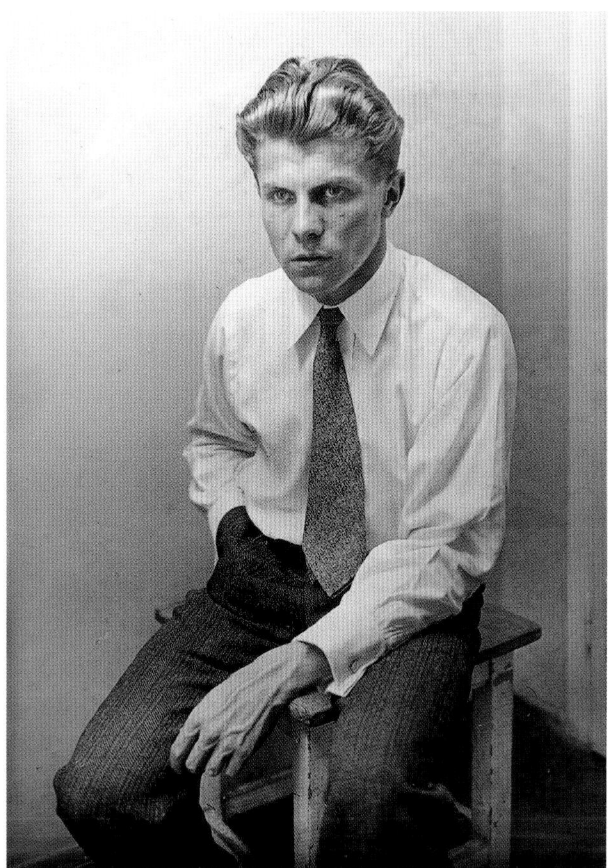

Abb. 43: Ernst A. Plischke (Plischke-Nachlass im Kupferstichkabinett der Akademie der bildenden Künste, Wien, © Bildrechte, Wien 2025)

1948 ein eigenes Architekturbüro. Bis in die Fünfzigerjahre entstanden zahlreiche Villen und Sakralbauten in Neuseeland. Nach Meinungsdifferenzen lösten Plischke und Firth ihre Arbeitsgemeinschaft 1959 auf. Im Anschluss arbeitete Plischke bis 1961 mit Robert »Bob« Fantl zusammen.

Auf Initiative von Roland Rainer wurde Plischke 1963 als Nachfolge von Clemens Holzmeister zum Professor für Architektur an die Akademie der bildenden Künste Wien berufen. Infolge übersiedelte Plischke zurück nach Wien, wo er für sich und seine Frau eine Wohnung in der Josefstädter Straße 7 im 8. Wiener Gemeindebezirk einrichtete. 1965 wurde er zum Rektor an der Wiener Akademie ernannt. Bei seiner Antrittsrede sagte er: »Das Ziel einer vollentwickelten modernen Architektur muß meiner Ansicht nach eine Einheit sein zwischen einem räumlichen Konzept einerseits und einer Bauplastik anderseits. Diese beiden Qualitäten müssen aber aus der Erfüllung der Funktion des Bauwerks und seiner Konstruktion erarbeitet werden. Die wesentliche Qualität einer solchen vollentwickelten Architektur liegt in der Spannung zwischen dem Raumkonzept und der Funktion einerseits und zwischen der Vision einer Bauplastik und der Konstruktion anderseits. Es ist erst diese Spannung, welche einen Bau lebendig macht und zu einem Spürbarwerden seiner Architektonik führen kann.«[47] 1989 erschien seine Autobiografie »Ein Leben mit der Architektur«. 1992 starb Plischke im Alter von 89 Jahren in Wien. Als Architekt und Möbeldesigner gehörte Plischke zu den wichtigsten Wegbereitern des Neuen Bauens in Österreich. In Anlehnung an den Internationalen Stil schuf er moderne und zeitlose Bauten, die Leichtigkeit und Transparenz mit humanen Aspekten gekonnt vereinten. Durch seine Auslandserfahrungen in Neuseeland und den USA zählte er zudem zu den internationalsten Architekten der österreichischen Szene. Neben seiner Tätigkeit als Architekt prägte Plischke als Professor an der Wiener Akademie seine Assistenten und Studierenden nachhaltig.

ANNA LÜLJA PRAUN (GEB. SIMIDOFF)

Anna-Lülja Praun (29. 5. 1906 St. Petersburg – 28. 9. 2004 Wien) gilt neben Margarete Schütte-Lihotzky als wegweisende Pionierin der österreichischen Architektur- und Designgeschichte. Ihr Leben und Werk umspannt nahezu die gesamte Moderne des 20. Jahrhunderts. Simidoff wurde 1906 als Anna-Lülja Simidoff in St. Petersburg in einem liberalen und kosmopolitischen Elternhaus geboren. Ihr Vater war ein bulgarischer Jurist und Verleger, ihre Mutter eine russische Gynäkologin. Da Simidoff neben Russisch und Bulgarisch auch Deutsch beherrschte, entschied sie sich für ein Studium im Ausland. Von 1924 bis 1939 studierte sie als erste Frau an der Technischen Hochschule Graz. Zu ihren Professoren zählten Friedrich Zotter und Wunibald Deininger.[48] Während ihrer Studienzeit bewegte sich Simidoff im linksliberalen Milieu der Grazer Avantgarde, etwa Widerstandsgruppe »Prenninger Kreis«, der auch Herbert Eichholzer angehörte, mit dem Simidoff in den Dreißigern eine Beziehung führte. Als gemeinsame Werke des Architektenpaars gelten die Typenmöbel »Joanneum« (1936), der Entwurf für ein Restaurant auf der Ries in Graz (1936) sowie die Wohnungseinrichtungen Dr. Erich Kastner in Graz (1936) und Kitzinger in Öblarn (1937). Rückblickend sagte sie über Eichholzer: »Er war ein sehr guter Architekt und begabt, aber auch eigenartig. Mit Politik wollte ich nie etwas zu tun haben, das hat uns schließlich entfremdet.«[49]

1937 folgte Simidoff dem Ruf von Clemens Holzmeister, in dessen Atelier an der Akademie der bildenden Künste Wien zu arbeiten. Mit Holzmeister war sie beteiligt an den Wettbewerbsprojekten für das Parlament in Ankara und dem Festspielhaus in Salzburg. Nach dem Studienabschluss 1939 arbeitete Praun in Sofia für die Direktion der Eisenbahnen und des Wasserverkehrs. Aus dieser Zeit stammte unter anderen eine Schiffsstation mit Restaurant und Kartenbüro am Schwarzen Meer in Nessebar (1941). 1942 kehrte sie nach Wien zurück und heiratete ihren Architektenkollegen Richard Praun, den sie in Clemens Holzmeisters Atelier kennenlernte. Praun stammte aus einer Tischlerfamilie und studierte an der Wiener Kunstgewerbeschule bei Oskar Strnad und Carl Witzmann[50] sowie an der Akademie bei Clemens Holzmeister.[51] Die Wohnung des Ehepaars Praun befand sich in der Bennogasse 3 in Wien-Josefstadt. Im gleichen Haus befand sich die Werkstätte der Möbelfirma Franz Michel,[52] von der Richard Prauns Vater den Betrieb übernommen hatte. Die letzten Kriegsjahre verbrachte sie mit ihrer Familie in Kindberg in der Steiermark.

Nach der Trennung von ihrem Mann 1952 gründete sie ihr eigenes Atelier in ihrer Wohnung in der Bennogasse 3[53] in Wien-Josefstadt und beschloss, wie sie selbst sagte, »nicht links und nicht rechts zu schauen und sich nur mehr auf sich selbst zu konzentrieren.«[54] Im gleichen Jahr erhielt sie ihren ersten großen Auftrag vom Stahlunternehmen Schoeller-Bleckmann im steierischen Mürzzuschlag, für

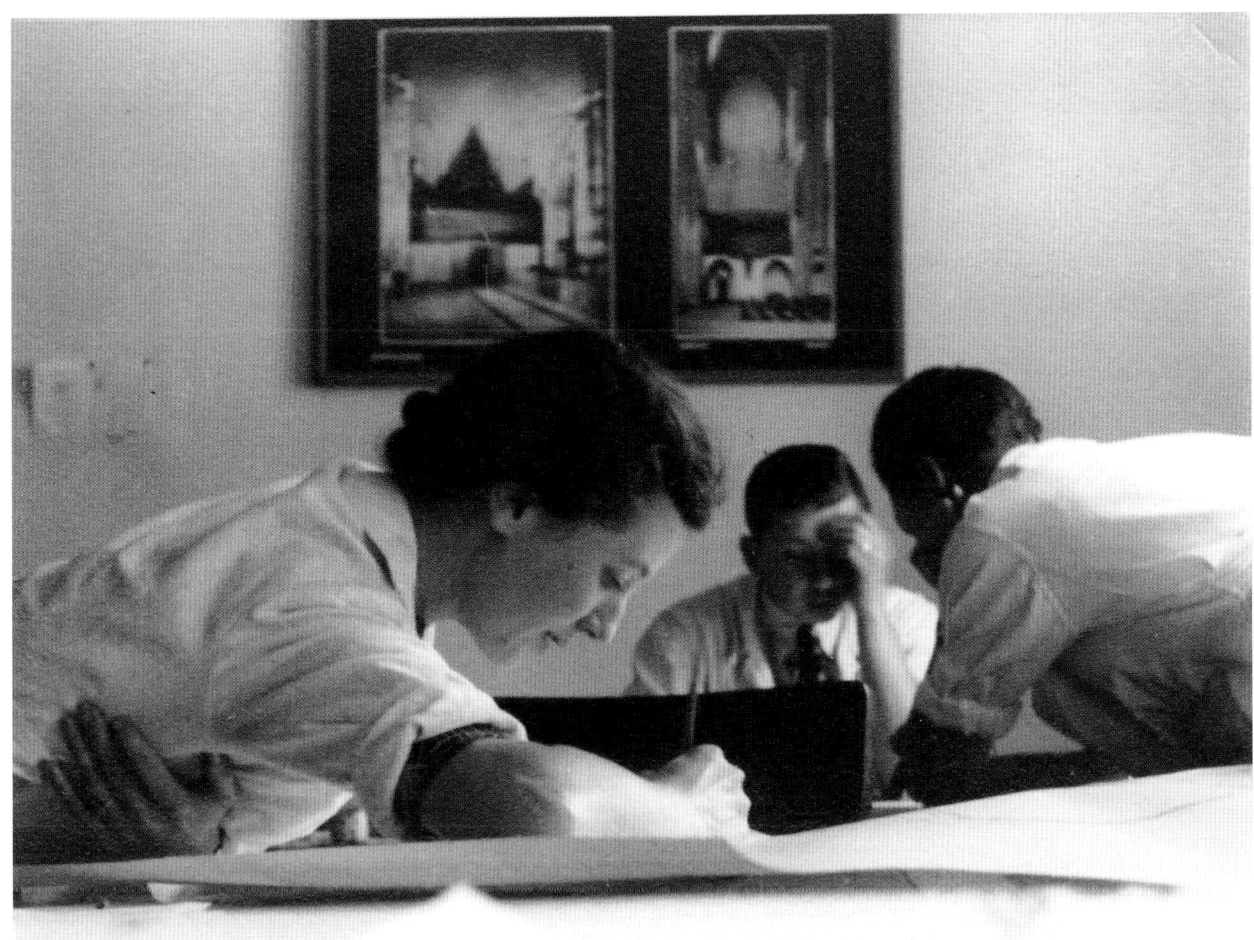

Abb. 44: Anna Lülja Praun (Eichholzer-Nachlass, Architekturarchiv Steiermark, TU Graz)

das sie das Interieur der Firma entwarf. Aufgrund der schwierigen Ausgangslage in der Nachkriegszeit, insbesondere für weibliche Architektinnen und Designerinnen, arbeitete Praun neben ihrem eigenen Atelier für das renommierte Einrichtungshaus Haus & Garten. Die 1925 von Josef Frank und Oskar Wlach gegründete Firma mit Sitz in der Bösendorferstraße 5 in der Wiener Innenstadt wurde nach dem »Anschluss« Österreichs von der Firma T. J. Kalmàr übernommen. Praun arbeitete von 1954 bis 1958 als Gestalterin für Haus & Garten. Zu ihren bekanntesten Arbeiten dieser Zeit zählt der Sessel »F.L.P.« (1955), der in seiner Form Eleganz und Leichtigkeit ausstrahlt. Gemeinsam mit einem von Praun entworfenen und von Gudrun Baudisch ausgeführten Keramikservice (1955) wählte Haus & Garten es als Beitrag für die Ausstellung Mailänder »Triennale« 1955 aus. Bemerkenswert ist auch Prauns höhenverstellbarer Ess- und Couchtisch für Haus & Garten (1956). Der Tisch mit Metallbeinen verfügte über eine ausgeklügelte Mechanik verbunden mit transparenter Leichtigkeit.

Praun war der Ideenwelt von Josef Frank eng verbunden, sie übernahm seine Ideen einer funktionalen Formensprache und das Eingehen auf die individuellen Bedürfnisse der Auftraggeber*innen. Darüber hinaus übte die irische Architektin und Designerin Eileen Gray großen Einfluss auf Praun aus. Kennengelernt haben sich die beiden Architektinnen durch Prauns jüngere Schwester Natascha Ferrand in Paris 1967. Gray hatte um 1930 Designerklassiker wie den verstellbaren Tisch E.1027 oder das Wohnhaus

E.1027 an der französischen Riviera entworfen. Mit Gray teilte Praun die Vorliebe für funktionalistische Möbel und edle Materialien. 1970 widmete Praun ihr die Einzelausstellung »Eileen Gray. Bauten, Möbel, Geräte 1916–1938« an der Angewandten in Wien, zu einer Zeit, als Gray in Wien noch kaum bekannt war.

Die Spannbreite von Prauns Arbeit reichte von Einzelmöbeln über Geschäfts- und Wohnungseinrichtungen bis hin zu Häusern. Zu ihren wichtigsten Auftraggebern zählte der Industrielle Wolfgang Denzel, den sie noch aus Grazer Studienzeiten kannte. Nachdem sie für Denzel einen Nachtisch entwarf, beauftragte er sie infolge mit der Inneneinrichtung seiner Domizile in Wien, Vorarlberg, der Schweiz und der Provence sowie der Ausstattung seiner Segelyacht. Praun war es stets wichtig im engen Austausch mit den Auftraggebern und den ausführenden Handwerkern zu stehen. Als unabhängige Architektin und Designerin baute sie sich im Laufe der Jahrzehnte einen illustren Kundenkreis aus Unternehmern, Ärzten, Künstlern und Intellektuellen auf. Mit vielen war sie auch befreundet. So zählten etwa die Keramikerin Gudrun Baudisch, die Fotografin Barbara Pflaum, der Dirigent Meinhard von Zallinger, der Pianist Alfred Brendel, der Komponisten György Ligeti und der bulgarische Arzt Parusch Tscholakoff zu ihren Auftraggebern. Praun arbeitete unermüdlich bis ins hohe Alter. Sie starb im Alter von 98 Jahren in Wien. Zeitlebens blieb sie sich treu und verfolgte ihren eigenen Weg. Von stereotypem Denken hielt sich nichts, so sagte sie einmal: »Es ist mir egal aus welcher Epoche ein Sessel ist, wenn man gut sitzen kann. Ich finde, dass sich alles verträgt, was Qualität hat.«[55]

OTTO PRUTSCHER

Otto Prutscher (7. 4. 1880 Wien – 15. 2. 1949 Wien) wurde 1880 als Sohn des Tischlermeisters Johann Prutscher (1845–1912) und dessen Frau Maria Tondl (1840–1909) in Wien geboren. Sein älterer Bruder war der Architekt Hans Prutscher (1873–1959). Nach der Tischlerlehre im väterlichen Betrieb besuchte Prutscher von 1895 bis 1897 die Fachhochschule für Holzindustrie. Im Anschluss studierte er von 1897 bis 1901 an der Wiener Kunstgewerbeschule bei Franz von Matsch, Josef Hoffmann und Willibald Schulmeister Architektur, Zeichnen und Malen.[56] Die Ausbildung bei seinem Vater und das Studium an der Kunstgewerbeschule – Prutscher zählte zu den ersten Absolventen in Zeiten von Aufbruch und Reform – sollten ihn nachhaltig prägen. Bei der Pariser Weltausstellung 1900 glänzte er als Ausstellungsgestalter für den Raum der Wiener Kunstgewerbeschule. Für seine Leistung erhielt er nach Abschluss des Studiums das Rothschild-Stipendium, das ihm eine Studienreise nach Paris und London ermöglichte.

Um die Wiener Jahrhundertwende war Prutscher fest verankert im modernen Kunstgeschehen. Er nahm aktiv an Ausstellungen teil, wie etwa an der XIII. Ausstellung der Wiener Secession oder der »Prima Esposizione Internazionale d'Arte Decorativa Moderna« 1902 in Turin. Von 1903 bis 1907 war er Assistent an der Graphischen Lehr- und Versuchsanstalt in Wien. In dieser Hochphase des Jugendstils etablierte er sich als autonomer Designer. So entwarf er Möbel, Textilien, Schmuck und Gläser für Wiener Traditionsunternehmen wie Bakalowits, Backhausen und Prag-Rudniker Korbwaren-Fabrication. Manch einer verglich Prutscher mit dem Secessions-Architekten Joseph Maria Olbrich, wie etwa der Autor und Kritiker Joseph August Lux: »Der geläuterte Prutscher zeigt als Kunstgewerbler tatsächlich eine gewisse Verwandtschaft mit Olbrich – wieder den gebührenden Abstand gewahrt! – und zwar mit den reifsten Arbeiten dieser Art des früh verstorbenen Meisters.«[57]

1904 realisierte er als Architekt sein erstes Gebäude, die Villa Christian Mörzinger-Cabos in Wien-Penzing (zerstört). 1907 begann er für die »Wiener Werkstätte« zu arbeiten. Bei der legendären »Kunstschau 1908« zählte er neben Gustav Klimt zum Ausstellungskomitee und arrangierte den »Raum für einen Kunstliebhaber«. Von 1909 bis 1946 war Prutscher Professor an der Wiener Kunstgewerbeschule im Unterrichtsfach »Offener Entwurfszeichensaal für Gewerbetreibende«.[58]

Anfang der 1910er-Jahre entwarf Prutscher eine Reihe von Geschäftslokalen, darunter den Schneidersalon Grünbaum, den Hutfabrikanten P. & C. Habig, Anton Böck Bettwaren, M. Munk jr. Leder und Bronzen, die Apotheke Zum goldenen Adler und das Café Heinrichhof (zerstört). Daneben baute er Wohnhäuser in Wien und Umgebung, wie etwa die Villen Moritz Rothberger (1912) und R. Bienenfeld (1912–1913) in Baden bei Wien sowie die Villa Theodor Flemmich in Jägerndorf (1914–1915) und die Villa Dr. Friedrich Benesch (1914–1915) in Wien-Meidling. In den Jahren 1913 bis 1914 gestaltete er in Zusammenarbeit mit dem Designer Michael Powolny und dem Keramikhersteller Brüder Schwadron zwei Warmwasserbecken in dem von Peter Paul Brang errichteten Dianabad (1965 abgerissen) in Wien-Meidling. »Sein Takt, sein Geschmack und seine Gewandtheit, vor allem aber sein soziales Verständnis und sein außerordentliches, solid fundiertes, reich entwickeltes Können, haben ihm über viele Hindernisse hinweggeholfen. Und so hat er seinen wichtigen Teil zur Lösung einer Aufgabe von besonderer Bedeutung beigetragen: er hat, mir mehr Erfolg und deshalb auch wirksamer als die meisten anderen das Wiener Gewerbe aus der Barbarei des Stilmöbels auf ein zeitgemäßes Gleis geführt, hat ihm die gesunde Kraft des Handwerks zugetragen und auch den Auftraggeber in diesen Lebenskreis miteinbezogen. Seine Arbeit wächst aus den Zusammenhängen mit der lebendigen Wiener Gegenwart«[59], so der Kunsthistoriker Max Eisler.

Nach dem Ersten Weltkrieg wurde Prutscher 1919 Fachinspektor des Fortbildungsschulwesens der Wiener Gewerbeschulen sowie künstlerischer Beirat der Firmen Gebrüder Thonet und Brüder Schwadron. Im gleichen Jahr plante er die Villa Marie Knopf in Wien-Hernals und die Villa Franz Arnfelser in Gleisdorf in der Steiermark. 1921 verantwortete er Geschäftslokal und das Interieur für die Möbelfabrik-Aktiengesellschaft August Knoblochs Nachfolger in Wien-Neubau. 1923 folgte die Bar im Parkhotel Schönbrunn. Ein Jahr später präsentierte er mehrere Interieurs in der »Jubiläums-

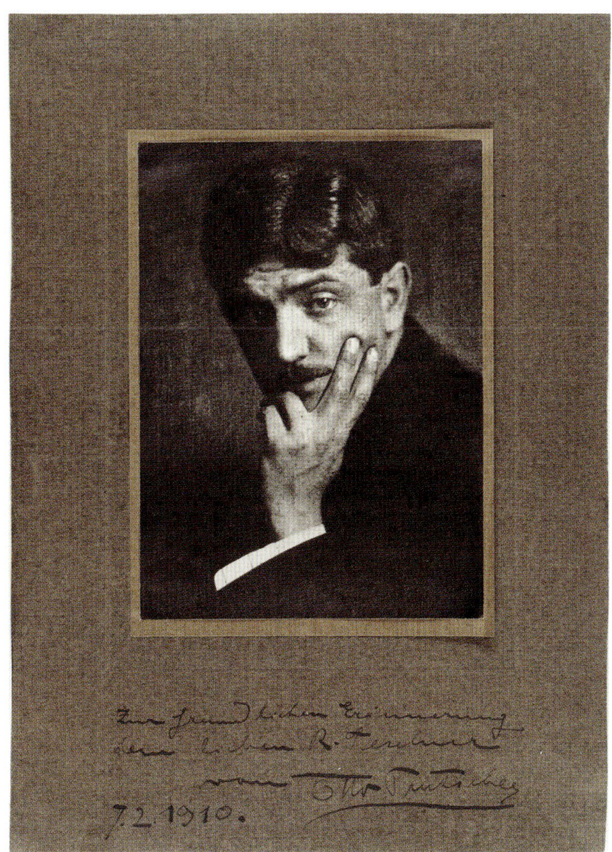

Abb. 45: Otto Prutscher (Bildarchiv der Österreichischen Nationalbibliothek, Wien)

ausstellung 1884–1924« des Wiener Kunstgewerbevereins im Österreichischen Museum für Kunst und Industrie. 1925 wurde ihm auf der bahnbrechenden »Exposition internationale des arts décoratifs et industriels modernes« in Paris die Goldmedaille für seine Arbeit mit der Firma Loetz verliehen. In den folgenden Jahren beteiligte sich Prutscher als Architekt am sozialen Wohnbau im Roten Wien. So realisierte er den Heinehof (1925/26), den Lorenshof (1927/28), den Hermann-Fischer-Hof (1928/29) und den Eiflerhof (1930/31). 1932 errichtete Prutscher in Mariazell in der Steiermark das Wohnhaus Dr. Otto Wertheim, das Landhaus Czerny und das Landhaus Wilhelm Kapsch. Es folgte 1936 die Adaptierung der Landhausvilla Kremenezky in Altaussee im steirischen Salzkammergut. Bei der Architektursprache verband Prutscher raffiniert die Wiener Moderne mit lokalen Traditionen.

Nach dem »Anschluss« Österreichs 1938 bemühte sich Prutscher mit seiner jüdischstämmigen Ehefrau Helene Süßmandel vergeblich um eine Einreise nach Bolivien. 1939 wurde er wegen seiner Ehe zwangspensioniert und mit einem Arbeitsverbot belegt. 1945 nahm er seinen Dienst als Professor an der Wiener Kunstgewerbeschule wieder auf. Im darauffolgenden Jahr wurde er emeritiert. 1947 beteiligte sich Prutscher an der Konzeption der »Ersten Großen Österreichischen Kunstausstellung« im Wiener Künstlerhaus. Im gleichen Jahr wurde ihm der Große Österreichische Staatspreis für Architektur verliehen. Prutscher starb am 15. Februar 1949 im Alter von 68 Jahren in Wien.

Als Universalgestalter der Wiener Moderne bewegte sich Otto Prutscher spielerisch zwischen Architektur, Kunsthandwerk und Raumkunst. Prutscher vereinte Jugendstil, Klassizismus und Neue Sachlichkeit in vielfältiger Ausdrucksform. Mit Blick auf das Gesamtkunstwerk arbeitete er als Architekt und Designer nicht nur für die wohlhabende Klientel, sondern leistete auch einen Beitrag für das »Rote Wien« der Zwischenkriegszeit. Seine Arbeit zeugt von einem ästhetischen Ansatz, der Eleganz und Schönheit, Rationalität und Pragmatismus auf kühne Weise verband.

ROBERT SHELDON (SCHLÄFRIG)

Der österreichisch-australische Architekt Robert Sheldon (16. 6. 1908 Wien – 18. 7. 1968 Perth) wurde 1908 in Wien als Robert Schläfrig geboren. Seine Eltern waren der praktische Arzt Dr. Albert Schläfrig (1873–1966) und dessen Ehefrau Lina (geb. Witrofsky) (1886–1941). Schläfrig hatte einen älteren Bruder, den späteren Arzt Dr. Otto Schläfrig (1906–1964). Die Familie wohnte in der Quellenstraße 91 im 10. Wiener Gemeindebezirk.[60] Schläfrigs Interesse für die Architektur wurde schon früh geweckt, seine Onkels waren die Architekten Friedrich Fritz Schläfrig (1875–1953) und Gustav Schläfrig (1881–1950). Von 1926 bis 1933 studierte Schläfrig Architektur an der Technischen Hochschule Wien. Während des Studiums arbeitete er im Atelier seines Onkels Gustav Schläfrig in der Josefstädter Straße 81–83 im 8. Wiener Gemeindebezirk.[61] Die erste Staatsprüfung legte er am 29. Oktober 1929 ab, die Zweite am 13. April 1932. Anschließend wurde er in der Meisterklasse von Franz von Krauß aufgenommen, der gemeinsam mit Josef Tölk ein Architekturbüro führte und unter anderen die Volksoper und Franzensbrücke neu adaptierte. Eine Dissertation hat Schläfrig an der TU Wien nicht eingereicht.[62]

Nach dem Studium schloss sich Schläfrig mit seinem Cousin Wilhelm Schläfrig (1909–1970) zusammen. In den Dreißigern realisierte Schläfrig eine Anzahl von Wohnungen, Häusern und Geschäftslokalen, darunter das Modegeschäft Löhr & Fischer in der Favoritenstraße 98–99 im 10. Wiener Gemeindebezirk und den Schneidersalon Ronai (1936/37) in der Schulgasse 2 im 18. Wiener Gemeindebezirk.[63] Während er bei den Shops großflächige Schaufenster für die optimale Präsentation verbaute, verwendete er bei den Wohnungen elegante Holzvertäfelungen und geometrische Muster in Kombination gemusterter Polstermöbel. Nach der Machtergreifung der Nationalsozialisten emigrierte Schläfrig mit seiner Ehefrau Jeanette (1910–2010) nach Australien. Über Genua reiste das Paar mit dem Schiff »Esquilino« nach Fremantle an der Westküste Australiens, wo sie am 10. Februar 1939 von Bord gingen.[64] Schläfrigs Familienangehörige kamen im Laufe des Jahres nach. Mit der Wahl, nach Australien zu gehen, war Schläfrig nicht alleine. Architekten und Designer wie Ernest Fooks, Paul Ernest Kafka oder Harry Seidler bauten sich in Australien neue Existenzen auf.

Schläfrig ließ sich mit seiner Familie in Perth, im Bundesstaat Western Australia nieder. Nach seiner Ankunft stellte er sich beim Architekten Abraham Harold Krantz (1906–1999) vor. Kranz wurde 1906 in Magill, einem Vorort von Adelaide, geboren. Seine Eltern waren jüdische Emigranten. Ähnlich wie Schläfrig arbeitete auch Krantz nach dem Architekturstudium bei seinem Onkel, dem Architekten und Stadtplaner Harold Boas. Krantz wurde am 15. Juli 1929 in Westaustralien als Architekt registriert.

Aufgrund mangelnder Aufträge betrieb er während der Weltwirtschaftskrise zwei Jahre lang ein kleines, aber erfolgreiches kommerzielles Kunstgeschäft namens Poster Studios in Perth, bevor er sich wieder der Architektur zuwandte. Seine Kollegen John Bramston Russell Oldham, Colin Ednie-Brown und Margaret Pitt Morison schlossen sich seinem Vorhaben an, das vielen arbeitslosen Künstlern Beschäftigung verschaffte. In den Dreißigern arbeitete Krantz dann wieder an verschiedenen Wohnbauprojekten. Über die erste Begegnung mit Schläfrig erinnerte sich Krantz rückblickend:

Eines Tages kam er in mein Büro und sagte: »Ich bin ein Architekt aus Wien und ich bin nach Australien gekommen, weil ich vor Hitler geflohen bin. Ich denke darüber nach, nach Melbourne zu gehen. Würdest du mir raten, zu gehen, oder gibt es hier Arbeit?« Ich fragte, ob Sie etwas von Ihrer Arbeit haben, die Sie mir zeigen könnten, da ich beschäftigt bin und etwas zusätzliche Hilfe gebrauchen könnte. Er sagte: »Nun, ich habe eine Reihe von Plänen unten auf dem Schiff. Ich kann ein Taxi nehmen und sie in einer Stunde zu Ihnen zurückbringen. Kannst du mich sehen?« Ich sagte ja. Ich öffnete sie einfach, das reichte, nur der Blick. Es waren großartige Zeichnungen, wunderschön. Sauberes Bauen – man konnte sehen, dass die Dinge funktionieren würden. Also sagte ich, möchtest du am Montagmorgen anfangen? Er fing an und war seitdem bei mir, bis er starb.[65]

1946 erlangte Schläfrig die Anerkennung als Architekt in Australien über dem »Architects Board of Western Australia«. Wenig später änderte er seinen Namen in Robert Sheldon und gründete mit seinem vormaligen Arbeitgeber im Oktober 1946 das Architekturbüro Krantz & Sheldon. Das Atelier befand sich in der 105 St Georges Terrace in Perth. Ihr breites Portfolio umfasste neben der Gestaltung von Wohnungen und Einzelhäusern die Renovierung von Fabriken, Banken, Büros, Hotels, Theatern, Kirchen und Schulen. Darüber hinaus bauten sie aufgrund der Dezentralisierung außerhalb des zentralen Geschäftsviertels von Perth Einkaufszentren, Lagerhäuser und Parkplätze. In Ihrer Hochphase in den Sechzigern beschäftigte Krantz & Sheldon an die hundert Mitarbeiter. Das Unternehmen wurde in der Nachkriegszeit zu einem wichtigen Arbeitgeber für Architekten, insbesondere für solche, die aus Europa emigriert waren. Einer von ihnen war der Bulgare Iwan Iwanoff. Wie Sheldon kam auch Iwanoff als Flüchtling nach Australien und begann 1950 bei Krantz und Sheldon als Zeichner. Später gründete er sein eigenes Unternehmen und wurde mit seinem futuristisch anmutenden Design aus Betonblöcken bekannt.

Krantz und Sheldon leistete einen wichtigen Beitrag zur Architekturgeschichte Australiens und leisteten Pionierarbeit für einen europäisch geprägten Stil im Gegensatz zu den englischen und amerikanischen Vorbildern, die Perth bis dahin dominiert hatten. 1960 trat Krantz' Sohn David Krantz als Partner ein, ebenso wie Robin Arndt und Lourens West. Als David beitrat, trat Harold vom Design zurück und konzentrierte sich auf das Business und die Syndikate. Diese ermöglichten Kleinanlegern einen direkten Zugang zu Immobilieninvestitionen. Da die Syndikate in der Kapitalanlage dienten, konnten Krantz und Sheldon ihre Designideen ohne Einschränkungen individueller Vorlieben verfolgen. Das Unternehmen wurde zum Entwickler und Immobilienverwalter. Die Philosophie des Funktionalismus stand für Krantz und Sheldon im Vordergrund, wobei ein Minimum an Verschwendung und Massenproduktion die Schlüsselkonzepte waren. 1965 wurde Sheldons Sohn George Partner im Büro. Robert Sheldon starb am 18. Juli 1968 im australischen Perth im Alter von 60 Jahren. Das Architekturbüro firmierte bis zu Harolds Pensionierung im Jahr 1972 als Krantz & Sheldon. Zu diesem Zeitpunkt trat John Silbert bei und das Unternehmen wurde 1980 zu Krantz & Sheldon, Arndt, Silbert & West umbenannt.[66]

ROSA WEISER

Rosa Weiser (25. 8. 1897 Salzburg – 11. 1. 1982 Oberalm) stammte aus einer bürgerlichen Familie in Salzburg. Ihr Vater Karl Weiser war Schneidermeister. Die Familie wohnte in der Paris-Lodron-Straße 30. Von 1920 bis 1924 studierte Weiser an der Wiener Kunstgewerbeschule. Zu ihren Lehrern zählten Oskar Strnad, Carl Witzmann, Josef Frank, Rudolf von Larisch und Rosalia Rothansl, die damals die erste weibliche Professorin an der Kunstgewerbeschule war. Prägend für Weiser war vor allem das dreijährige Architekturstudium bei Strnad, der sie in seinem Gesamturteil als »ein selten energisches, kluges und verläßliches Wesen« bezeichnete, die »sachliches Wissen mit gutem Geschmack«[67] verbindet. Während ihrer Studienzeit wohnte Weiser in der Radetzkystraße 3 im 3. Wiener Gemeindebezirk. In ihrem Abschlussjahr 1924 präsentierte sie mit der Strnad-Klasse in einer von Oswald Haerdtl gestalteten Architekten-Ausstellung im Österreichischen Museum für Kunst und Industrie den Entwurf für ein Landhaus. Dieser war »in Grundrißdisposition, äußerer Stiegenführung, Anordnung und Form der Fensterdurchbrüche unbedingt eine der glücklichsten Lösungen.«[68] Laut Weisers eigenem Tätigkeitsbericht war sie auch in der wegweisenden »Exposition internationale des arts décoratifs et industriels modernes« in Paris 1925 vertreten. Zudem wurde sie in Fachzeitschriften wie Deutsche Kunst und Dekoration, Frühlicht und Der Aufbau erwähnt.[69]

Nach ihrem Abschluss arbeitete Weiser von 1924 bis 1927 für den Österreichischen Verband für Siedlungs- und Kleingartenwesen in der Moeringgasse 7 im 15. Wiener Gemeindebezirk. Gegründet 1920 von Otto Neurath, engagierte sich der Verband für die Siedlungspolitik und deren Regulierung.

> Wir sind ununterbrochen bemüht, den Verband auszubauen, die Nahrungsmittelnot zu bekämpfen und die Wohnkultur zu heben, sei es dadurch, daß wir in zahllosen Versammlungen und Vorträgen erzieherisch und belehrend wirken, sei es dadurch, daß wir durch die Rechtsschutzstelle den Kampf gegen die Profitgier der Grundspekulanten führen, sei es dadurch, daß unser Baubüro gesunde, menschenwürdige Wohntypen entwirft, sei es dadurch, daß unsere Warentreuhand allem Schund den Krieg erklärt, unsere Siedler und Kleingärtner beim Kauf von Hausrat aller Art berät. Es soll unser Verband zu einem wirklichen Kulturmittelpunkt der fortgeschrittensten Arbeiter und Angestellten werden und aller, die sich ihnen anschließen[70],

so der Verband.

1925 war Weiser auf der »Hygiene-Ausstellung« im Wiener Messepalast vertreten. Im gleichen Jahr hielt sie einen Kurs über »Kleinhaus und seine Einrichtung« in der Bundeserziehungsanstalt (BEA) in Wien-Hernals. Im Auftrag des Gesellschafts- und Wirtschaftsmuseums gestaltete sie 1926 das Österreichische Haus auf der der »Großen Ausstellung für Gesundheitspflege, soziale Fürsorge und Leibesübungen« (GeSoLei) in Düsseldorf. Anschließend unternahm sie eine Studienreise nach Rotterdam und Amsterdam, um Material für die »Internationale Städtebau Ausstellung« in Wien 1926 zu sammeln, wo ebenfalls teilnahm.

Von 1927 bis 1930 arbeitete Weiser für das 1925 von Josef Frank und Oskar Wlach gegründete Einrichtungshaus Haus & Garten. 1930 wurde eine von Weiser konzipierte Küche und deren Grundriss in der mährischen Zeitschrift »Die Frau von heute« publiziert.[71] 1932 richtete sie im Rahmen der Wiener Werkbundsiedlung das dreigeschossige Reihenhaus Nr. 56 von Gerrit Thomas Rietveld ein. Im gleichen Jahr arbeitete Weiser an der Arenberg-Verbauung in Salzburg mit und stellte in der Ausstellung »Haus der Gegenwart« in Essen in Deutschland aus, wo sie später 1936 im Architekturbüro vom Hermann Weiser (1903–1984) tätig war.[72]

1933 machte sich Weiser als Architektin selbstständig. Im selben Jahr nahm sie an »Österreichs Wiederaufbau Ausstellung« in Salzburg 1933 teil. Weisers Schwerpunkt lag in der Entwicklung von Kleinhäusern mit optimierter Einrichtung. Daneben realisierte sie Wohnungseinrichtungen und Wohnungsumbauten für das gehobene Bürgertum in Wien und Salzburg, unter anderen für Ing. Walter Reisch in der Weimarer Straße 46 im 18. Wiener Gemeindebezirk (1929–1934), den Fabrikanten Josef Plaschkowitz in der Landstraßer Hauptstraße 64 im 3. Wiener Gemeindebezirk (1932), Dr. Fleischner in der Hadikgasse im 14. Wiener Gemeindebezirk (1932), F. Weiser in der Plainstraße 48 in Salzburg (1932), Karoline Huber in der Elßlergasse 15 im 13. Wiener Gemeindebezirk (1933), Josefine Hinterstoisser in der Mommsengasse 35 im 4. Wiener Gemeindebezirk (1933), Erich Wagner am Tabor 13 im 2. Wiener Gemeindebezirk (1934), Dr. Mittermayer in Hallein (1934), den Kammersänger Franz Völker in der Elßlergasse 15 im 13. Wiener Gemeindebezirk (1934), die Ärztin Dr. Marie Stühler in der Wollzeile 37 im 1. Wiener Gemeindebezirk (1934), den Professor H. Hamperl in der Silbergasse im 19. Wiener Gemeindebezirk (1934), den Chemiker Dr. Karl Rimböck in der Billrothstraße 39 im 19. Wiener Gemeindebezirk (1934), K. Popper in der Strohgasse im 3. Wiener Gemeindebezirk (1934), den Oberlandesgerichtsrat Dr. Hermann Weisswasser in der Schönbrunner Straße 22 im 5. Wiener Gemeindebezirk (1935), den Arzt Dr. K. Mittermayer am Robertplatz 48 in Hallein (1935), den Professor Hans Sedlmayer in der Landhausgasse 2 im 1. Wiener Gemeindebezirk (1935), den Mediziner Dr. Josef Pokorny in der Praterstraße 45 im 2. Wiener Gemeindebezirk (1936) und den Professor Schwarzgruber in der Armbrustergasse 2 im 19. Wiener Gemeindebezirk (1936). Weiters baute sie die Sommerhäuser für Franz Stürmer in Neumarkt am Wallersee (1931) und Dr. Josef Pokorny am Mondsee (1933). Von den öffentlichen Bauten sind zu nennen die Adaptierungen des Hotel Bristol in Salzburg (1928) und der Barock-Bar in der Schwarzstraße 6 in Salzburg sowie die Bauten des Kino Altmannsdorf im 12. Wiener Gemeindebezirk und die Bäckerei Andreas Stühler in der Wollzeile 37 im 1. Wiener Gemeindebezirk.

Am 31. Dezember 1949 wurde Weiser die Befugnis eines Architekten verliehen. Somit war sie nun Mitglied der Ingenieurkammer in Wien, Niederösterreich und Burgenland. Zu diesem Zeitpunkt lebte Weiser in der Billrothstraße 39 im 19. Wiener Gemeindebezirk. In den Jahren 1956 bis 1958 errichtete sie die Wohnhausanlage in der Breitenfurter Straße 556 im 23. Wiener Gemeindebezirk, die zu ihren Hauptwerken zählt. Ebenfalls für die Gemeinde Wien baute sie gemeinsam mit Hans Bichler 1963 bis 1965 die Wohnhausanlage am Montecuccoliplatz 1–3 im 13. Wiener Gemeindebezirk. Am 1. September 1965 ging Weiser als Architektin in den Ruhestand. Sie starb 1982 im Alter von 84 Jahren in Oberalm im Salzburger Land.[73]

ANMERKUNGEN

DIE BEFREITE EINRICHTUNG

1 Frank, Architektur als Symbol, (1931), Reprint, Wien 1981, S. 164.

2 Sigfried Giedeon, Befreites Wohnen, Zürich – Leipzig 1929.

3 Die Wohnung für das Existenzminimum, herausgegeben vom Kongress für Neues Bauen und dem Stadtbauamt Frankfurt, Frankfurt am Main, 1930.

4 Jacob Falke, Die Kunst im Hause. Geschichtliche und kritisch-ästhetische Studien über die Decoration und Ausstattung der Wohnung (1871), 2. Auflage, Wien 1973, S. 271.

5 Falke, ebenda, S. 173–174.

6 Falke, ebenda, S. 174.

7 Falke, ebenda, S. 176.

8 Adolf Loos, Interieurs in der Rotunde, (Neue Freie Presse, 12. Juni 1998), in: Adolf Loos: Ins Leere gesprochen (1921), Reprint, Wien 1981, S. 75.

9 Loos, ebenda, S. 77.

10 Otto Wagner, Die Baukunst unserer Zeit. Den Baukunstjüngern ein Führer auf diesem Kunstgebiete (1914, 4. Auflage von: Otto Wagner, Moderne Architektur, Seinen Schülern ein Führer auf diesem Kunstgebiete, 1895), Reprint, Wien 1979, S. 96–97.

11 Loos, Interieurs, (zit. Anm. 8), S. 81.

12 Adolf Loos, Von einem armen, reichen Manne, (Neues Wiener Tagblatt, 26. April 1900), in: Ins Leere gesprochen (zit. Anm. 8), S. 203.

13 Loos, Interieurs, (zit. Anm. 8), S. 78.

14 Adolf Loos, Das Sitzmöbel (1898), in: Adolf Loos, Ins Leere gesprochen, 1898–1900 (1921), Reprint, Wien 1981, S. 85.

15 Josef Frank, Die Einrichtung des Wohnzimmers, 1919, in: Johannes Spalt/Hermann Czech (Hg.), Josef Frank 1885–1967, Ausstellungskatalog, Wien 1981, S. 56.

16 Josef Frank, Die moderne Einrichtung der Wohnung, 1927, in: Josef Frank (zit. Anm. 15), S. 84 und 86.

17 Adolf Loos, Ornament und Verbrechen (1908), in: Adolf Loos, Trotzdem (1931), Reprint, Wien 1982, S. 79.

18 Walter Riezler (Hg.), Die Form ohne Ornament, Werkbundausstellung 1924, Stuttgart 1924.

19 Siehe: Eva B. Ottillinger (Hg.), Wohnen zwischen den Kriegen, Wiener Möbel 1914–1941, Wien – Köln – Weimar 2009, Abb. 26 und 27.

20 Frank, Architektur als Symbol, (zit. Anm. 1), S. 150.

21 Frank, ebenda, S. 166.

22 Josef Frank, Raum und Einrichtung, 1934, in: Josef Frank (zit. Anm. 15), S. 97.

23 Max Eisler, Das Wiener Möbel gestern und heute, in: Wiener Möbel in Lichtbildern und maßstäblichen Rissen, bearbeitet von Erich Boltenstern, Stuttgart 1935, S. VII–VII.

MÖBEL-GESCHICHTEN ERZÄHLT VON EVA B. OTTILLINGER UND FOTOGRAFIERT VON EDGAR KNAACK

1 Eva B. Ottillinger, Wagner, Hoffmann, Loos und das Möbeldesign der Wiener Moderne. Künstler, Aufraggeber, Produzenten, MMD-Publikationsreihe der Museen des Mobiliendepots, Band 37, Wien – Köln – Weimar 2018, S. 76–85.

2 Ebenda, S. 94–96.

3 Ich danke Anne Gregor für die Schenkung an die Sammlung der Bundesmobilienverwaltung und die Informationen zur Familiengeschichte.

4 Ich danke Marianne Gorge (†) für die Schenkung an die Sammlung der Bundesmobilienverwaltung, die Informationen über die Familiengeschichte und das persönliche Gespräch in Wien. Inge Podbrecky, »Funktionell und gefühlvoll«, Zwei Häuser von Hugo Gorge (1883–1934), in: Osterreichische Zeitschrift für Kunst und Denkmalpflege, LXXVII/2023, Heft 1, S. 80f.

5 Josef Frank, Architektur als Symbol (1931), Reprint, Wien 1981, S. 166.

6 Adolf Loos, Das Sitzmöbel (1898), in: Adolf Loos, Ins Leere gesprochen, 1898–1900 (1921), Reprint, Wien 1981, S. 85.

7 Eva B. Ottillinger, Bad Aussee – Alexandria – London – Wien. Eine Haus & Garten-Geschichte, in: Marlene Ott-Wodni, Josef Frank 1885–1967. Raumgestaltung und Möbeldesign, MMD – Publikationsreihe der Museen des Mobiliendepots, Band 33, Wien – Köln – Weimar 1909, S. 11–16.

8 Ich danke Celia Male-Cohen (†) für die Informationen, Unterlagen und das persönliche Gespräch in London.

9 Ich danke dem Archiv der Stadt Wien für die Einsicht in die Meldezettel von Rosl Weiser aus den 1920er- und 1930er-Jahren.

10 Eva B. Ottillinger/August Sarnitz, Ernst Plischke, Das Neue Bauen und die Neue Welt, Das Gesamtwerk, MMD-Publikationsreihe der Museen des Mobiliendepots, Band 15, München – Berlin – London – New York 2003, S. 94–96.

11 Ebenda, S. 96 und 100.

12 Ich danke Elli Gamerith für die Informationen, Unterlagen und persönlichen Gespräche in Eggenburg.

13 Die Adressen wurden Adolph Lehmann's allgemeinem Wohnungs-Anzeiger entnommen.

14 Ottillinger/Sarnitz, Ernst Plischke (zit. Anm. 10), S. 101–107; Eva B. Ottillinger, Wohnen zwischen den Kriegen, Wiener Möbel 1914–1941, MMD-Publikationsreihe der Museen des Mobiliendepots, Band 28, Wien – Köln – Weimar 2009, S. 110–112; Eva B. Ottillinger, Ernst Plischkes Wiener Wohnungen und das Beziehungsgeflecht zwischen den AuftraggeberInnen, in: Elana Shapira (Hg.), Design Dialog: Juden, Kultur und Wiener Moderne, Wien – Köln – Weimar 2018, S. 414–416.

15 Ernst A. Plischke, Ein Leben mit Architektur, Wien 1989, S. 103.

16 Ebenda, S. 153.

17 Ottillinger, Ernst Plischkes Wiener Wohnungen (zit. Anm. 14), S. 417–418.

18 Plischke, Ein Leben mit Architektur (zit. Anm. 15), S. 145; Ottillinger/Sarnitz, Ernst Plischke (zit. Anm. 10), S. 111–114.

19 Ich danke Maria Bohm-Jacobson (†) und Jonathan Bohm-Jacobson für Informationen, Unterlagen und Gespräche in New York und in Wien. Jonathan Bohm-Jacobson danke ich weiter für die Hilfe bei der Rekonstruktion der Gurte.

20 Ottillinger, Wohnen zwischen den Kriegen (zit. Anm. 14), S. 78–82.

21 Ich danke Robert Zykan (†) für Informationen und persönliche Gespräche in Wien.

22 Heimo Halbrainer (Hg.), Die Prenninger, Ein Beitrag zur steirischen Kultur- und Widerstandsgeschichte, Graz 2023.

23 Ich danke dem Meldeamt Graz für die Meldezettel von Dr. Karl Melnizky.

24 Antje Senarclens de Grancy/Heimo Halbrainer (Hg.), Totes Leben gibt es nicht, Herbert Eichholzer 1903–1943, Architektur, Kunst, Politik, Wien-New York 2004, S. 88/Abb. A, S. 182/Abb. C.

25 Ich danke Prof. Dr. Franziska Smolka für die Informationen und das persönliche Gespräch.

26 Die Rückübersiedlung ist ebenfalls am Grazer Meldezettel von Dr. Karl Melnizky vermerkt.

27 Ich danke Anne Karin Glass, Agostino und Vincenzo Biavati für die zahlreichen Informationen.

28 Die Adressen wurden Adolph Lehmann's allgemeinem Wohnungs-Anzeiger entnommen.

29 Katalog der Design Auktion im Dorotheum am 4. November 2015, Abb. S. 260.

30 Ich danke Alexander Zaforek für die Informationen.

31 Ich danke Lisa Illoway (†) und Monica Meyer-Illoway für die Schenkung, die Informationen, Unterlagen und das persönliche Gespräch in der Schweiz.

32 Ich danke Dipl. Ing. Knut Leitner für Unterlagen und Informationen.

33 Dr. E. H. (= Else Hofmann), Eine neue Wohnung der Architekten Ing. Karl Hofmann und Ing. Felix Augenfeld, in: Österreichische Kunst, Jg. 6/1935, Heft 7–8, S. 30–31.

34 Ich danke Frau Mag. Christine Kitzwegerer für Informationen, Unterlagen und die persönlichen Gespräche.

35 Monica Boman (Hg.), Estrid Ericson, Founder of Svenskt Tenn, Stockholm 1989.

36 Kristina Wängberg-Eriksson, Josef Frank, Textile Designs, Stockholm 1999, S. 99–127.

37 Wiener Möbel in Lichtbildern und maßstäblichen Rissen, bearbeitet von Erich Boltenstern, Stuttgart 1935, S. 39.

38 Siehe das Stichwort: Vugesta – Verwaltungsstelle für jüdisches Umzugsgut der Gestapo im Online-Lexikon der österreichischen Provenienzforschung, bearbeitet von Sabine Loitfellner am 29. Mai 2019.

39 Ottillinger, Wohnen zwischen den Kriegen, (Zit. Anm. 14), S. 64–71.

40 Ebenda, S. 84–89.

JOSEF FRANK UND DAS EINRICHTUNGSUNTERNEHMEN HAUS & GARTEN

1 Dieser Beitrag ist eine adaptierte Fassung des gleichnamigen Beitrags in: Eva B. Ottillinger (Hg.), Wohnen zwischen den Kriegen, Wiener Möbel 1914–1941, Wien – Köln – Weimar 2009, S. 121–130; siehe auch: Marlene Ott-Wodni, Josef Frank 1885–1967, Raumgestaltung und Möbeldesign, Wien – Köln – Weimar 2015.

2 Die Bezeichnung »Neues Wiener Wohnen« geht auf den Architekten Erich Boltenstern zurück. Dieser sprach 1935 in seinem Buch »Wiener Möbel in Lichtbildern und maßstäblichen Rissen« erstmals von der Entstehung des sogenannten »Neuen Wiener Möbels«.

3 Oskar Wlach, Zu den Arbeiten Josef Franks, in: Das Interieur, 6/1912, S. 41–48.

4 Oskar Strnad, Walter Sobotka, Oskar Wlach und Josef Frank absolvierten ihr Architekturstudium an der Technischen Hochschule in Wien bei Professor Karl König.

5 Österreichisches Staatsarchiv (= ÖStA), Archiv der Republik (= AdR), K. 484: Schreiben an das Bundesministerium für Handel und Verkehr vom 23. 11. 1923, S. 1; Freundlicher Hinweis von Dr. Maria-Luise Jesch. Weiterführend siehe: Maria-Luise Jesch, Wenn Möbel erzählen. Vom »K.u.k. Hofmobilien- und Material-Depot« zum »Möbel Museum Wien« 1899–2008, Dissertation der Universität Wien, 2008.

6 Ebenda, S. 4.

7 Ebenda.

8 Wiener Stadt- und Landesarchiv (= WStLA), Akt »Haus &

Garten«, HRA 8979: Antrag um Eintragung in das Handelsregister.

9 Aus welchem Grund Oskar Strnad nicht mehr an der Gründung des zuvor gemeinsam geplanten Unternehmens beteiligt war, bleibt ungewiss.

10 WStLA, Akt »Haus & Garten«, HRA 8979: Anmeldung des Austritts des Gesellschafters Walter Sobotka und der Änderung des Firmenwortlautes.

11 ÖStA, AdR, Akt »Frank & Wlach Möbelhaus«: Fragebogen vom 15.4.1938: Mit den Tischlerarbeiten wurden unter anderem Karl Schreitl, Franz Breit, Anton Darbujan, Stanislaus Kovarik, Anton Kral und Franz Langer beauftragt. Für die Fertigung von Bilder- und Spiegelrahmen war das Werkbundmitglied Max Welz verantwortlich. Die Entwürfe der Stuckaturen und Keramiken stammten von Robert Obsieger. Neben Franks eigenen Stoffentwürfen vertrieb Haus & Garten auch Dessins der englischen Firmen G.P. & J. Baker Ltd., Fairfield, Denny & Co Ltd., Walker und William Hollins.

12 ÖStA, AdR, Finanzlandesdirektion, Arisierungsakt »Haus & Garten«: Korrespondenz von J. T. Kalmár an die Vermögensverkehrsstelle vom 27.5.1938.

13 ÖStA, AdR, Finanzlandesdirektion, Arisierungsakt »Haus & Garten«: J. T. Kalmár, Exposé über die Firma »Haus und Garten«.

14 ÖStA, AdR, Finanzlandesdirektion, Arisierungsakt »Haus & Garten«: Gedächtnisprotokoll vom 25.5.1938.

15 Maria Welzig, Entwurzelt, Sobotka, Wlach und Frank in Pittsburgh und New York, in: Matthias Boeckl, Visionäre und Vertriebene, Österreichische Spuren in der modernen amerikanischen Architektur, Ausstellungskatalog, Wien 1995, S. 211–215.

16 Ott-Wodni, Josef Frank (zit. Anm. 1), S. 25.

17 Entwurf einer Stellage vom 17.4.1943 (Privatbesitz).

18 Korrespondenz von Josef Frank an Trude Waehner im Juni 1946 (Privatbesitz). Die Dauer der Betriebssperre kann mangels vorhandenen Quellenmaterials nicht bestimmt werden.

19 Die Architektin Anna Lülja Praun (1906–2004) studierte an der Technischen Hochschule in Graz bei Professor Zotter. Anschließend war sie unter anderem für Herbert Eichholzer und Clemens Holzmeister tätig. 1952 gründete sie ihr eigenes Atelier in Wien. Bei Haus & Garten war sie von Februar 1954 bis September 1958 beschäftigt. Weiterführend siehe: Martina Kandeler-Fritsch, Entwicklungslinien und Grundsätze im Werk von Anna Lülja Praun, Diplomarbeit der Universität Wien, 2008.

20 Gespräch mit Lea Calice am 21. Februar 2007 in Wien.

21 WStLA, Akt »Haus & Garten«, HRA 8979: Antrag auf Ausscheiden von öffentlichen Gesellschaftern mit gleichzeitigem Eintreten einer Kommanditgesellschaft vom 23.9.1958.

22 Das Einrichtungsgeschäft Payer Decor befand sich in der Jasomirgottstraße 4, 1010 Wien.

23 Oskar Payer (1903–1973) war in den 1950er-Jahren intensiv an der Entwicklung des SW-Möbelprogramms beteiligt. Darüber hinaus verfasste er 1953 den Wohnratgeber »Praktische Wohnungskunde«, welcher vom Institut für Wohnungs- und Haushaltsforschung herausgegeben wurde. Sohn Peter Payer (1932–2021) plante Siedlungen und führte Payer Decor weiter.

24 WStLA, Akt »Haus & Garten«: HRA 8979: Mitteilung vom 21.9.1960.

25 Das Unternehmen ist im »Amtlichen Telefonbuch Wien« von 1959 bis 1980/81 an dieser Adresse verzeichnet.

26 Siehe: Max Eisler, Neu-Wiener Innenräume, in: Moderne Bauformen, 1927, S. 388–405.

27 Siehe: Hans Tietze, Kunstschau 1927, in: Deutsche Kunst und Dekoration, 10/1927, S. 68–82.

28 Max Eisler, Neue Wiener Innenräume, in: Moderne Bauformen, 1930, S. 78–99.

29 Max Eisler, Österreichischer Werkbund 1930, in: Moderne Bauformen, 1930, S. 333–348.

30 Karl Konrad Düssel, Die Stuttgarter Weißenhof-Siedlung, in: Deutsche Kunst und Dekoration, 10/1927, S. 91–99.

31 Max Eisler, Die Werkbundsiedlung in Wien, in: Moderne Bauformen, 1932, S. 435–458.

32 Planarchiv der Baupolizei Wien: Adaptierungs- und Zubaupläne des Wohnhauses in Geylinggasse 13, 1130 Wien.

33 L. Greiner, Möbel und Einrichtung der Neuzeit. Arbeiten der Werkstätten »Haus & Garten« Wien, in: Innen-Dekoration, 10/1926, S. 348–381.

34 Max Eisler, Neue Bauten und Innenräume von Josef Frank, Oskar Wlach (»Haus und Garten«); Arnold Karplus, Wohnhaus auf der Hohen Warte, in: Moderne Bauformen, 1930, S. 429–448.

35 Josef Frank, Die moderne Einrichtung des Wohnhauses, in: Werner Graeff (Hg.), Innenräume, Räume und Inneneinrichtungsgegenstände aus der Werkbund-Ausstellung »Die Wohnung«, Stuttgart 1928, S. 126–127.

36 Else Hofmann, Das Haus H. und M. Blitz in Wien, in: Innen-Dekoration, 12/1928, S. 453.

37 Ebenda, S. 451.

38 Siehe: Josef Frank, Das Haus als Weg und Platz, in: Der Baumeister, 8/1931, S. 316–323; Wolfgang Born, Ein Haus in Wien-Hietzing von Prof. Dr. Josef Frank, Dr. Oskar Wlach, (»Haus & Garten«) – Wien, in: Innen-Dekoration, 10/1931, S. 362–398; weiterführend siehe: Maria Welzig, Josef Frank (1885–1967). Das architektonische Werk, Wien – Köln – Weimar 1998, S. 129–135.

39 Frank (zit. Anm. 35), S. 126–127.

40 Josef Frank, Decorative Arts, unpubliziertes Vorlesungsmanuskript an der New School for Social Research, 1942, S. 22 (Privatbesitz).

41 Nina Stritzler-Levine, Josef Frank. Architect and Designer, Ausstellungskatalog, New York 1996, S. 51, 109, 110, 121.

42 Josef Frank, Rum och Inredning, in: Form, 10/1934, S. 217–225; eine deutsche Übersetzung des Aufsatzes findet sich in: Josef Frank. 1885–1967, Ausstellungskatalog der Hochschule für angewandte Kunst, Wien 1981, S. 95–101.

43 Ebenda, S. 100.

44 Josef Frank verwendete diesen Stuhl in vielen seiner Interieurs. So zählte dieser beispielsweise zur Ausstattung des Frank-Hauses in der Weißenhof-Siedlung in Stuttgart 1927. Der Architekt Oskar Strnad griff bei der Einrichtung seines eigenen Wohnzimmers ebenfalls auf dieses Modell zurück.

45 Der Schreibtisch wurde 1926 in der Zeitschrift »Innen-Dekoration« erstmals publiziert.

46 Josef Frank, Architektur als Symbol. Elemente deutschen neuen Bauens, Wien, 1931, S. 132.

47 Josef Frank, Das neuzeitliche Landhaus, in: Innen-Dekoration, 12/1919, S. 410.

48 Ebenda.

49 Josef Frank, Die Einrichtung des Wohnzimmers, in: Innen-Dekoration, 12/1919, S. 416.

50 Josef Frank, Einzelmöbel und Kunsthandwerk, in: Innen-Dekoration, 11/1923, S. 336–338.

51 Frank (zit. Anm. 42), S. 96–97.

52 Frank (zit. Anm. 50), S. 338.

53 Josef Frank, Die Großstadtwohnung unserer Zeit, in: Mitteilungen aus der Fachwelt/Beilage zu Moderne Bauformen, 1927, S. 13.

54 Weiterführend siehe: Kristina Wängberg-Eriksson, Josef Frank. Livsträd i krigens skugga, Kristianstad 2006; Kristina Wängberg-Eriksson, Josef Frank. Textile Designs, Kristianstad 2005; Monica Boman (Hg.), Estrid Ericson. Founder of Svenskt Tenn, Stockholm 1989.

55 Im Stockholmer Firmenarchiv von Svenskt Tenn haben sich rund 140 diesbezügliche Zeichnungen erhalten.

FIRMENGESCHICHTEN

1 Arthur Roessler: Rudolf Lorenz und seine Arbeiten, in: Dekorative Kunst. Illustrierte Zeitschrift für angewandte Kunst, Bd. XXXVI, München 1928, S. 206.

2 Wiener Stadt- und Landesarchiv, Handelsgericht, A45: C 37/229.

3 Hans Tietze: Ausstellungen, in: Kunstchronik und Kunstmarkt. Wochenschrift für Kenner und Sammler, Jg. 55, Nr. 27, Leipzig 2.4.1920, S. 579.

4 Archiv Werner J. Schweiger, Berlinische Galerie.

5 Rudolf Lorenz: Was ist »Schönes Wohnen«, in: Innen-Dekoration. Die gesamte Wohnungskunst in Bild und Wort, Jg. XXXIX, Darmstadt 1928, S. 241.

6 Ebenda, S. 241.

7 Arthur Roessler: Arbeiten von Rudolf Lorenz – Wien, in: Innen-Dekoration. Die gesamte Wohnungskunst in Bild und Wort, Jg. XXXIX, Darmstadt 1928, S. 239–240.

8 Oscar Friedmann (Hg.): Prominenten Almanach, Bd. 1, Wien [u. a.] 1930, S. 181.

9 Adolph Lehmann's allgemeiner Wohnungs-Anzeiger, Jg. 75, Bd. 1, Wien 1934, S. 59.

10 Wiener Stadt- und Landesarchiv, Handelsgericht Wien, GZ Rg C 37–229.

11 Ebenda.

12 Mit freundlichen Hinweis Svenskt Tenn, Stockholm.

13 Viktor Matejka: 12 Fragen an Josef Frank, in: Bauwelt, Jg. 76, Berlin 12. 7. 1985, S. 1065.

14 Heinrich Ritter: Wohnräume aus Schweden, in: Innen-Dekoration. Die gesamte Wohnungskunst in Bild und Wort, Jg. XLVI, H. 3, Darmstadt 1935, S. 92.

15 Zitat aus: Christoph Thun-Hohenstein, Herrmann Czech u. Sebastian Hackenschmidt (Hg.), Josef Frank, Against Design. Das anti-formalistische Werk des Architekten, Ausst.-Kat., MAK, Wien 2015/16, S. 298.

16 Mit freundlichem Hinweis von Svenskt Tenn, Stockholm.

KURZBIOGRAFIEN DER ARCHITEKT*INNEN

1 Felix Augenfeld: Erinnerungen an Adolf Loos, in: Bauwelt, Jg. 72, Nr. 42, 06.11.1981, S. 1907.

2 Hauptkatalog der ordentlichen Hörer für das Studienjahr 1910/1911, Felix Augenfeld, Matrikelnummer 644, Archiv TU Wien.

3 Adolph Lehmann's allgemeiner Wohnungs-Anzeiger, Jg. 64, Bd. 1, Wien 1923, S. 32.

4 Adolph Lehmann's allgemeiner Wohnungs-Anzeiger, Jg. 68, Bd. 1, Wien 1927, S. 31.

5 Sigmund Freuds Schreibtischsessel befindet sich heute im Freud Museum London, Inv.-Nr. 3972.

6 Übersetzt aus dem Englischen. Brief Felix Augenfeld an Hans Lober am 8.2.1974, Sigmund Freund Museum, Wien, ohne Inventarnummer.

7 The Week-End Cabin As Built In Europe, in: House Beautiful, Vol. LXXII, No. 1, Boston Juli 1932, S. 30–31.

8 Studienblatt Herbert Eichholzer, Archiv TU Graz.

9 Herbert Eichholzer: Warum nicht Möbel aus heimischem Holz?, in: Bau- und Wohnberatung. Monatsschrift für Heimkunde, Bau, Garten und Stube, Jg. 2, H. 6, Graz 1933, S. 3.

10 Ebenda, S. 3.

11 Margarete Schütte-Lihotzky: Erinnerungen aus dem Widerstand. Das kämpferische Leben einer Architektin von 1938–1945, Wien 2014, S. 25–26.

12 Architekturarchiv Steiermark, Sammlung Herbert Eichholzer, TU Graz.

13 Josef Frank: Akzidentismus, in: Baukunst und Werkform, Jg. XIV, Nürnberg 1961, S. 218.

14 Hauptkatalog der ordentlichen Hörer für das Studienjahr 1903/04 [04/05, 05/06, 06/07, 07/08], Josef Frank, Archiv TU Wien.

15 Josef Frank: Über die ursprüngliche Gestalt der kirchlichen Bauten des Leone Battista Alberti, Diss. TU Wien, 1910.

16 Josef Frank: Der Gschnas fürs G'müt und der Gschnas als Problem, in: Deutscher Werkbund (Hg.): Bau und Wohnung. Die Bauten der Weißenhofsiedlung in Stuttgart, errichtet 1927 nach Vorschlägen des Deutschen Werkbundes im Auftrag der Stadt Stuttgart und im Rahmen der Werkbundausstellung »Die Wohnung«, Stuttgart 1927, S. 55.

17 Josef Frank: Über die Aufstellung des »Museums für Ostasiatische Kunst in Köln«, in: Der Architekt. Monatshefte für Bau- und Raumkunst, Jg. XXII, Wien 1919, S. 170.

18 Oskar Wlach: Zu den Arbeiten Josef Franks, in: Das Interieur. Wiener Monatshefte für Wohnungsausstattung und angewandte Kunst, Jg. XIII, Wien 1912, S. 45.

19 Josef Frank: Die Arbeiter-Kolonie in Ortmann, in: Deutsche Kunst und Dekoration. Illustrierte Monatshefte für moderne Malerei, Plastik, Architektur, Wohnungs-Kunst und künstlerische Frauen-Arbeiten, Bd. XLVIII, Darmstadt 1921, S. 310.

20 Josef Frank: Das Haus als Weg und Platz, in: Der Baumeister. Monatshefte für Architektur und Baupraxis, Jg. XXI, H. 8, München 1931, S. 316–317.

21 Hauptkatalog der ordentlichen Hörer für das Studienjahr 1929/1930, Heinrich Glass, Matrikelnummer 96, Archiv TU Wien.

22 Zitat aus: Oliver Schreiber: Zwischen Markt und Moderne. Das Werk von Henry P. Glass, Diplomarbeit TU Wien, 1999, S. 8.

23 Henry P. Glass: The Spirit of 1943, in: Upholstering. A Magazine For The Manufacturing & Jobbing Trades, New York, Jänner 1943, S. 6 (Übersetzt aus dem Englischen).

24 Brief des Dekans Dean Roger Gilmore vom 18.01.1971. Archiv ArchiTech Gallery, Chicago.

25 Henry P. Glass: The Shape of Manmade Things, Northfield 1996, S. 1–2

26 Oliver Schreiber: Zwischen Markt und Moderne. Das Werk von Henry P. Glass, Diplomarbeit TU Wien, 1999, S. 147–148.

27 Katalog der außerordentlichen Hörer für das Studienjahr 1906/1907 und 1907/1908, Hugo Gorge, Archiv TU Wien.

28 Universitätsarchiv Akademie der bildenden Künste Wien, Datenblatt Hugo Gorge.

29 Kunstsammlung und Archiv, Universität für angewandte Kunst Wien, Schüler*innen-Datenbank, Hugo Gorge.

30 Max Eisler: Österreichische Werkkultur, Wien 1916, S. 6–7

31 Wiener Stadt- und Landesarchiv, Handelsgericht, A45: C 37/229.

32 Hugo Gorge: Von bürgerlichen Wohnräumen, in: Deutsche Kunst und Dekoration. Wohnungskunst, Malerei, Plastik, Architektur, Gärten, künstlerische Frauen-Arbeiten, Bd. XXV, Darmstadt 1922, S. 37.

33 Max Eisler: Hugo Gorge, Wien, in: Moderne Baumformen. Monatshefte für Architektur und Raumkunst, Jg. XXVIII, Stuttgart 1929, S. 248.

34 Hugo Gorge: Zum Einfamilienhaus, in: Profil. Österreichische Monatsschrift für bildende Kunst, Jg. 1, H. 6, Wien Juni 1933, S. 181.

35 Hugo Gorge: Gegenwart, in: Innen-Dekoration. Die gesamte Wohnungskunst in Bild und Wort, Bd. XXXVI, H. 8, Darmstadt 1925, S. 289.

36 Kunstsammlung und Archiv, Universität für angewandte Kunst Wien, Schüler*innen-Datenbank, Walter Loos.

37 Walter Loos, Friedl Loos, Hermann Loos. Paraíso Argentino, Ausst. Kat. Architekturzentrum Wien, 2. 3.–22. 5. 2006, S. 112–113.

38 Katalog der außerordentlichen Hörer für das Studienjahr 1930/1931, Walter Loos, Archiv TU Wien.

39 Gisela Urban: Haus in einer Stromlandschaft, in: Innen-Dekoration. Die gesamte Wohnungskunst in Bild und Wort, Jg. XLVII, Darmstadt 1936, S. 350.

40 Max Eisler: Der Wiener Architekt Walter Loos, in: Moderne Baumformen. Monatshefte für Architektur Raumkunst, Jg. XXXII, Stuttgart 1933, S. 84.

41 Wohnen zwischen den Kriegen. Wiener Möbel 1914–1941, hg. v. Eva B. Ottillinger, Ausst. Kat. Möbelmuseum Wien, 14. 10. 2009–14. 2. 2010 (Museen des Mobiliendepots, 28), S. 100–105.

42 Ines Thurn (Hg.): Max Thurn. Erinnerungen aus meinem Leben 1910–1960, Wien 1993, S. 51 (Typoskript, Architekturzentrum Wien). Mit freundlichem Hinweis Mag. Sonja Pisarik.

43 Walter Loos, Fridl Loos, Hermann Loos. Paraíso Argentino, Ausst. Kat. Architekturzentrum Wien, 2. 3.–22. 5. 2006, S. 115–120.

44 Kunstsammlung und Archiv, Universität für angewandte Kunst Wien, Schüler*innen-Datenbank, Ernst Plischke.

45 Universitätsarchiv Akademie der bildenden Künste Wien.

46 Max Eisler: Ernst Plischke-Wien, in: Moderne Bauformen. Monatshefte für Architektur und Raumkunst, Jg. XXXI, Stuttgart 1932, S. 219–220.

47 Ernst Anton Plischke: Die Vielfalt der bildenden Kunst in der Welt von heute, in: Alte und Moderne Kunst, Jg. 11, H. 85, Wien 1966, S. 46.

48 Studienblatt Anna-Lülja Simidoff, Archiv TU Graz.

49 Interview mit Anna-Lülja Praun, in: Wohnen. Das österreichische Wohnmagazin, Nr. 10, Wien 2001, S. 41.

50 Kunstsammlung und Archiv, Universität für angewandte Kunst Wien, Schüler*innen-Datenbank, Richard Praun.

51 Universitätsarchiv Akademie der bildenden Künste Wien.

52 Adolph Lehmann's allgemeiner Wohnungs-Anzeiger, Jg. 82, Bd. 1, Wien 1941, S. 45.

53 Ab 1965 in der Bennogasse 8, Wien-Josefstadt.

54 Zitat aus: Martina Kandeler-Fritsch: Entwicklungslinien und Grundsätze im Werk von Anna Lülja Praun, Diplomarbeit Universität Wien, 2008, S. 84.

55 Zitat aus: Martina Kandeler-Fritsch: Entwicklungslinien und Grundsätze im Werk von Anna Lülja Praun, Diplomarbeit Universität Wien, 2008, S. 95.

56 Kunstsammlung und Archiv, Universität für angewandte Kunst Wien, Schüler*innen-Datenbank, Otto Prutscher.

57 Joseph August Lux: Professor Otto Prutscher-Wien, in: Innen-Dekoration. Die gesamte Wohnungskunst in Bild und Wort, Bd. XXVIII, H. 6, Darmstadt 1917, S. 212.

58 Kunstsammlung und Archiv, Universität für angewandte Kunst Wien.

59 Max Eisler: Otto Putscher, Leipzig [u. a.] 1925, S. 12–13 (Neue Werkkunst, II).

60 Adolph Lehmann's allgemeiner Wohnungs-Anzeiger, Jg. 52, Bd. 2, Wien 1910, S. 68.

61 Adolph Lehmann's allgemeiner Wohnungs-Anzeiger, Jg. 69, Bd. 2, Wien 1928, S. 23.

62 TU Wien, Hauptkatalog für das Studienjahr 1926/27, Matrikelnummer Nr. 503.

63 Helmut Weihsmann: In Wien erbaut. Lexikon der Wiener Architekten des 20. Jahrhunderts, 2005, S. 346; Archive State Library of Western Australia, Perth.

64 National Archives of Australia, Canberra, NAA: PP302/1, WA14772.

65 https://www.thekrantzlegacy.com/robert-sheldon (Stand: 30.01.2025).

66 https://www.thekrantzlegacy.com/krantz-and-sheldon; https://www.taylorarchitects.com.au/Biographies/AH%20Krantz%20for%20AIA%20(WA).pdf (30.01.2025).

67 Kunstsammlung und Archiv, Universität für angewandte Kunst Wien, Schüler*innen-Datenbank, Rosa Weiser.

68 Loenström: Eine Architektur-Ausstellung im Wiener Österreichischen Museum für Kunst und Industrie, in: Deutsche Kunst und Dekoration. Illustrierte Monatshefte für moderne Malerei, Plastik, Architektur, Wohnungs-Kunst und künstlerisches Frauen-Arbeiten, Jg. XXVII, Darmstadt 1924, S. 334.

69 Österreichisches Staatsarchiv, Wien, ÖStA/AdR, BMHuW/ZivTech, Zl. GESCHÄFTSZAHL/JAHR-GESCHÄFTSZEICHEN. Im offiziellen Pariser Ausstellungskatalog ist Rosa Weiser nicht dokumentiert.

70 Adolf Müller: Geleitwort, in: Österreichs Kleingärtner- und Siedler-Organisation, Wien 1923, S. 4.

71 Hans Vöth: Briefe eines Architekten, in: Die Frau von heute. Monatsschrift für Denkende, H. 8/9, August/September, Hohenstadt 1930, S. 173–174.

72 Aufgrund des gleichen Nachnamens und der Salzburger Herkunft ist anzunehmen, dass Rosa Weiser mit Hermann Weiser verwandt war.

73 Der Großteil der Angaben bezieht sich auf die Akten von Rosa Weiser im Österreichisches Staatsarchiv, Wien, Signatur: AT-OeStA/AdR HBbBuT BMfHuV Allg Reihe PTech Weiser Rosa 25.08.1897 GZl. 68800/1937.

PUBLIKATIONSREIHE DER MUSEEN DES MOBILIENDEPOTS

(STAND: 2025)

Band 0: Ilsebill BARTA-FLIEDL / Peter PARENZAN (Hg.), Lust und Last des Erbens. Die Sammlungen der Bundesmobilienverwaltung Wien, AG Museologie, Wien 1993, ISBN 3-901163-03-4

Band 1: Hubert Chryspolitus WINKLER, Ehemalige Hofsilber- & Tafelkammer 1: Silber, Bronzen, Porzellan, Glas, mit Beiträgen von Ilsebill Barta, Ingrid Haslinger und Maria-Luise Jesch, Böhlau Verlag, Wien – Köln – Weimar 1996, ISBN 3-205-98323-8

Band 2: Ingrid HASLINGER, Ehemalige Hofsilber- & Tafelkammer 2: Der kaiserliche Haushalt, Verlag Schroll, Wien 1997, ISBN 3-7031-0704-9

Band 3: Eva B. OTTILLINGER / Lieselotte HANZL, Kaiserliche Interieurs. Die Wohnkultur des Wiener Hofes im 19. Jahrhunderts und die Wiener Kunstgewerbeform, Böhlau Verlag, Wien – Köln – Weimar 1997, ISBN 3-205-98680-6

Band 4: Ilsebill BARTA-FLIEDL / Andreas GUGLER (Hg.), Tafeln bei Hofe. Zur Geschichte der fürstlichen Tafelkultur in Europa, Verlag Dölling und Galitz, Hamburg 1998, ISBN 3-930802-43-0

Band 5: Ingrid HASLINGER, Tafelkultur Marke Berndorf. Das niederösterreichische Erfolgsunternehmen Arthur Krupp, Verlag Ketterl, Wien 1998, ISBN 3-85134-007-8

Band 6: Ingrid HASLINGER, Tafeln mit Sisi. Rezepte und Eßgewohnheiten der Kaiserin Elisabeth von Österreich, Verlag Brandstätter, Wien 1998, ISBN 3-85447-811-9

Band 7: Ilsebill BARTA-FLIEDL / Herbert POSCH (Hg.), InventArisiert. Enteignung von Möbeln aus jüdischem Besitz, Verlag Turia+Kant, Wien 2000, ISBN 3-85132-265-7

Band 8: Ingrid HASLINGER, Tafeln wie ein Kaiser. Franz Joseph und die kulinarische Welt des Wiener Hofes mit den besten Rezepten aus der Hofküche, Verlag Pichler, Wien 1999, ISBN 3-85431-194-X

Band 9: Ingrid HASLINGER, Augenschmaus und Tafelfreuden. Geschichte des gedeckten Tisches, Verlag Norka, Klosterneuburg 2001, ISBN 3-85050-079-9

Band 10: Ingrid HASLINGER / Hermine und Michael WEISHAPPEL, Gulasch-Kochbuch. 103 Rezepte. Kulturgeschichte eines köstlichen Gerichts, Verlag Norka, Klosterneuburg 2001, ISBN 3-85050-078-0

Band 11: Ilsebill BARTA, Familienporträts der Habsburger. Dynastische Repräsentation im Zeitalter der Aufklärung, Böhlau Verlag, Wien – Köln – Weimar 2001, ISBN 3-205-05283-8

Band 12: Eva B. OTTILLINGER, Alvar Aalto: Möbel. Die Sammlung Kossdorff, Eigenverlag der Museen des Mobiliendepots, Wien 2002, ISBN 3-9501501-0-2

Band 13: Ingrid HASLINGER, Geheimnisse aus der Klosterküche. Wo sich Kultur mit Genuss verbindet, Verlag Norka, Klosterneuburg 2002, ISBN 3-85050-079-9

Band 14: Ilsebill BARTA (Hg.), Wohnen in Mies van der Rohes Villa Tugendhat fotografiert von Fritz Tugendhat 1930–1938, Eigenverlag der Museen des Mobiliendepots, Wien 2002, ISBN 3-9501501-1-0

Band 15: Eva B. OTTILLINGER / August SARNITZ, Ernst Plischke. Das Neue Bauen und die Neue Welt, Das Gesamtwerk, Prestel Verlag, München – Berlin – London – New York 2003, ISBN 3-7913-2741-0

Band 16: Eva B. OTTILLINGER (Hg.), Gebrüder Thonet. Möbel aus gebogenem Holz, Böhlau Verlag, Wien – Köln – Weimar 2003, ISBN 3-205-77102-8

Band 17: Lieselotte HANZL-WACHTER, Hofburg zu Innsbruck. Architektur, Möbel, Raumkunst, Repräsentatives

Wohnen in den Kaiserappartements von Maria Theresia bis Kaiser Franz Joseph, Böhlau Verlag, Wien – Köln – Weimar 2004, ISBN 3-205-77202-4

Band 18: Nina WERZHBINSKAJA-RABINOWICH, K. u. K. Hofmobiliendepot Bildergeschichten, Eigenverlag der Museen des Mobiliendepots, Wien 2004, ISBN 3-9501501-2-9

Band 19: Beatrix HAJOS, Schönbrunner Statuen 1773–1780. Ein neues Rom in Wien, Böhlau Verlag, Wien – Köln – Weimar 2004, ISBN 3-205-77228-8

Band 20: Eva B. OTTILLINGER, Möbeldesign der 50er Jahre. Wien im internationalen Kontext, Böhlau Verlag, Wien – Köln – Weimar, 2005, ISBN 3-205-77376-4

Band 21: Géza HAJÒS (Hg.), Der malerische Landschaftspark in Laxenburg bei Wien. Forschungen zu Laxenburg (Park und Franzensburg), Hg. vom Bundesdenkmalamt, der Bundesmobilienverwaltung und der Österreichischen Gesellschaft für historische Gärten, Teilband 1, Böhlau Verlag, Wien – Köln – Weimar 2005, ISBN 3-205-77444-2

Band 22: Ernst BACHER (Hg.), Die Franzensburg. Ritterschloss und Dynastisches Denkmal, Forschungen zu Laxenburg (Park und Franzensburg), Hg. vom Bundesdenkmalamt und der Bundesmobilienverwaltung, Teilband 2, Böhlau Verlag, Wien – Köln – Weimar (in Vorbereitung), ISBN 3-205-77458-2

Band 23: Ernst BACHER (Hg.) Architektur, Ausstattung und Kunstschätze der Franzensburg, Forschungen zu Laxenburg (Park und Franzensburg), Hg. vom Bundesdenkmalamt und der Bundesmobilienverwaltung, Teilband 3, Böhlau Verlag, Wien – Köln – Weimar (in Vorbereitung), ISBN 3-205-77457-4

Band 24: Eva B. OTTILLINGER (Hg.), Zappel, Philipp! – Kindermöbel. Eine Designgeschichte, Böhlau Verlag, Wien – Köln – Weimar 2006, ISBN 3-205-77529-5; englischsprachige Ausgabe: Fidgety Philip! A Design History of Children's Furniture, ISBN 3-205-77571-6

Band 25: Sabine FELLNER/Karin UNTERREINER, Rosenblüte und Schneckenschleim. Schönheitspflege zur Zeit Kaiserin Maria Theresias, Sonderzahl, Wien 2006, ISBN 3-85449-263-4

Band 26: Ilsebill BARTA (Hg.), Kronprinz Rudolf – Lebensspuren, Eigenverlag Schloß Schönbrunn Kultur und Betriebsges. m. b. H., 2008, Code 0005079

Band 27: Ingrid HASLINGER/Gerhard TRUMLER, So lebten die Habsburger. Kaiserliche und Königliche Schlösser in der österreichisch-ungarischen Monarchie, Christian Brandstätter Verlag, Wien 2007, ISBN 978-3-85447-651-1

Band 28: Eva OTTILLINGER (Hg.), Wohnen zwischen den Kriegen. Wiener Möbel 1914–1941, Böhlau Verlag, Wien – Köln – Weimar 2009, ISBN 978-3-205-78406-7

Band 29: Maria-Luise JESCH, Wenn Möbel erzählen. Vom »K. u. k. Hofmobilien- und Material-Depot« zum »Möbel Museum Wien« 1899–1989, Böhlau Verlag, Wien – Köln – Weimar 2014, ISBN 978-3-205-78465-4

Band 30: Eva B. OTTILLINGER (Hg.), Intime Zeugen. Vom Waschtisch zum Badezimmer, Böhlau Verlag, Wien – Köln – Weimar 2011, ISBN 978-3-205-78731-0

Band 31: Ilsebill BARTA (Hg.), Maximilian von Mexiko. Der Traum vom Herrschen, Eigenverlag Schloß Schönbrunn Kultur und Betriebsges. m. b. H., 2013, ISBN 3-901568-91-3

Band 32: Eva B. OTTILLINGER (Hg.), Küchen/Möbel. Design und Geschichte, Böhlau Verlag, Wien – Köln – Weimar 2015, ISDN 978-3-205-79540-4

Band 33: Marlene OTT-WODNI, Josef Frank 1885–1967. Raumgestaltung und Möbeldesign, Böhlau Verlag, Wien – Köln – Weimar 2015, ISDN 978-3-205-79647-3

Band 34: Ilsebill BARTA/Markus LANGER/Marlene OTT-WODNI, Das kaiserliche Jagdhaus Mürzsteg, Geschichte, Ausstattung und Politik, Böhlau Verlag, Wien – Köln – Weimar 2016, ISBN 978-3-205-20425-1

Band 35: Ausstellungskatalog RE-DESIGN 10 – VIRIBUS UNITIS, Hg. von der Bundesmobilienverwaltung und der Schloß Schönbrunn Kultur- und Betriebsges. m. b. H., Wien 2016

Band 36: 50 MEISTERWERKE der Möbelkunst aus fünf Jahrhunderten, Schätze des Wiener Hofmobiliendepots und ihre Geschichte, Hg. von der Bundesmobilienverwaltung und der Schloß Schönbrunn Kultur- und Betriebsges. m. b. H., Wien 2016, ISBN 978-3-9504176-7-8

Band 37: Eva B. OTTILLINGER (Hg.), Wagner, Hoffmann, Loos und das Möbeldesign der Wiener Moderne. Künstler, Auftraggeber, Produzenten, Böhlau Verlag, Wien – Köln – Weimar 2018, ISBN 978-3-205-20786-3

Band 38: Ilsebill BARTA / Marlene OTT-WODNI / Alena SKRABANEK, Repräsentation und (Ohn) Macht. Die Wohnkultur der habsburgischen Prinzen im 19. Jahrhundert, Kaiser Maximilian von Mexiko, Kronprinz Rudolf, Erzherzog Franz Ferdinand und ihre Schlösser. Mit Beiträgen von Alfred Benesch und Andreas Nierhaus, Böhlau Verlag, Wien – Köln – Weimar 2019, ISBN 978-3-205-20035-2

Band 39: Ilsebill BARTA / Martin MUTSCHLECHNER (Hg.), Bruch und Kontinuität, Das Schicksal des habsburgischen Erbes nach 1918, Hg. von der Bundesmobilienverwaltung und der Schloß Schönbrunn Kultur und Betriebsges. m. b. H., Eigenverlag, Wien 2019, ISBN 978-3-901568-94-7

Band 40: Marlene OTT-WODNI / Eva B. OTTILLINGER (Hg.), Schöner Essen, Amboss Design & Tischkultur 1950–1070, Czernin Verlag, Wien 2022, ISBN 978-3-7076-0771-0